Von der Kunst,
EINFACH ANZUFANGEN

Rheinwerk
Design

Wir hoffen, dass Sie Freude an diesem Buch haben und sich Ihre Erwartungen erfüllen. Ihre Anregungen und Kommentare sind uns jederzeit willkommen. Bitte bewerten Sie doch das Buch auf unserer Website unter **www.rheinwerk-verlag.de/feedback**.

An diesem Buch haben viele mitgewirkt, insbesondere:

Lektorat Ruth Lahres
Korrektorat Petra Bromand, Düsseldorf
Herstellung Vera Brauner
Typografie und Layout Eva Schmücker
Einbandgestaltung Mai Loan Nguyen Duy
Satz Hanno Elbert, rheinsatz, Köln
Druck Kösel, Krugzell

Dieses Buch wurde gesetzt aus der PT Serif (9,3 pt/14 pt) und der DIN Pro.
Gedruckt wurde es auf chlorfrei gebleichtem Offsetpapier (100 g/m²).
Hergestellt in Deutschland.

Bibliografische Information der Deutschen Nationalbibliothek:

Die Deutsche Nationalbibliothek verzeichnet diese Publikation in der Deutschen Nationalbibliografie; detaillierte bibliografische Daten sind im Internet über *http://dnb.d-nb.de* abrufbar.

ISBN 978-3-8362-5596-7

1. Auflage 2018

Informationen zu unserem Verlag und Kontaktmöglichkeiten finden Sie auf unserer Verlagswebsite **www.rheinwerk-verlag.de**. Dort können Sie sich auch umfassend über unser aktuelles Programm informieren und unsere Bücher und E-Books bestellen.

Liebe Leserin, lieber Leser,

ständig und überall müssen wir anfangen. Natürlich in Beruf oder Studium, aber auch privat, sei es beim Sport, beim Aufräumen oder bei der Gartenarbeit. Aber Anfangen ist schwer! Den inneren Schweinehund zu besiegen und sich nicht faul aufs Sofa zu setzen, kostet wirklich Kraft. Und Sie wissen es: allzu oft siegt in diesem inneren Kampf die Aufschieberitis.

Doch damit ist jetzt Schluss. Dieses Buch bietet hilfreiche Strategien und Übungen, mit denen Sie den Kampf gewinnen. Sie müssen mir allerdings eins versprechen: Lassen Sie sich auf die manchmal ungewöhnlichen Methoden wirklich ein: Schimpfen Sie wirklich laut mit Ihrer Aufschieberitis, reduzieren Sie Ihre Arbeitszeit auf 60 Minuten oder denken Sie sich Ihren persönlichen Coach aus – Sie werden sehen, es funktioniert!

Mir hat das Lesen des Buchs viel Freude und manchen Aha-Effekt bereitet. Schauen Sie doch beispielsweise einmal in Kapitel 6 hinein. Hier spricht die Aufschieberitis zu uns, und man muss wirklich lachen, wenn sie sagt: »Ja, mein Lieber, Du hast vollkommen Recht. Du solltest dieses Projekt wirklich angehen. Also: Setz' Dich gleich morgen früh hin und gib' richtig Gas! Aber nicht jetzt, jetzt kommt doch gleich der Tatort im Fernsehen.« Na, erkennen Sie sich auch wieder?

Ihre Ruth Lahres
Lektorat Rheinwerk Design

ruth.lahres@rheinwerk-verlag.de
www.rheinwerk-verlag.de
Rheinwerk Verlag · Rheinwerkallee 4 · 53227 Bonn

Inhalt

Aufschieberitis ist heilbar

FANGEN SIE JETZT MIT DEM ANFANGEN AN

Glückwunsch!
SIE HABEN ANGEFANGEN

Wunderbar: Sie haben begonnen, dieses Buch zu lesen. Super, war doch gar nicht so schwer, oder? Und auch ich kann mir gratulieren, denn ich habe gerade begonnen, dieses Buch zu schreiben. Dabei gab es für uns beide sicher gute Gründe, unser Vorhaben aufzuschieben oder ganz darauf zu verzichten. Sie zum Beispiel hätten sich denken können: Wie? Ich soll schon wieder ein Buch lesen? Ich habe doch noch einen ganzen Stapel Bücher, mit denen ich noch nicht fertig bin. Oder: Okay, das Thema interessiert mich zwar, aber ich habe einfach keine Zeit für so einen dicken Wälzer. Wann um alles in der Welt soll ich den denn lesen? Heute jedenfalls nicht! Vielleicht morgen, mal sehen.

Gute Gründe, die uns vom Anfangen abhalten, gibt es immer.

Ich hätte ebenfalls Gründe gehabt, das Buch nicht heute zu beginnen, sondern morgen. Da wäre zum Beispiel die Uhrzeit: Die Digitaluhr meines Notebooks, auf dem ich diese Zeilen schreibe, zeigt gerade 23.32 Uhr an. Komm, hätte ich zu mir sagen können, jetzt ist mal gut. Morgen ist auch noch ein Tag. Zumal der Abgabetermin für das Buchmanuskript erst in einem halben Jahr ist, also in einer halben Ewigkeit. Warum sollte ich dann schon heute damit anfangen? Warum ist es ganz grundsätzlich ratsam, die Dinge sofort anzugehen und sie nicht zu verschieben?

Warum heute und nicht morgen? Die Antwort ist: Weil Menschen, die das Anfangen kultiviert haben, mehr schaffen als andere. Sie sind effizienter, schneller, erfolgreicher und vor allem: zufriedener. Es ist einfach ein gutes Gefühl, sich selbst überwunden zu haben, seine Projekte im Griff zu haben, jeden Tag ein Stück voranzukommen und persönlich zu wachsen. Und es ist ein gutes Gefühl, zu wissen, dass man frei und selbstbestimmt ist. Das Gegenteil von Freiheit ist Sklaverei. Wer möchte schon der Sklave einer geheimnisvollen inneren Macht sein, die einen täglich manipuliert und davon abhält, voranzukommen? Einer Macht, die uns daran hindert, unser volles Potential auszuschöpfen und der zu sein, der wir sein wollen. Einer Macht, die uns ein Bein stellt, uns scheitern lässt und – überspitzt gesagt – unser Leben verpfuscht.

In diesem Buch möchte ich Sie mit auf eine Reise nehmen. Lassen Sie uns gemeinsam herausfinden, wie man dieses »So! Ich fang jetzt einfach an!« zu einer festen Gewohnheit im Leben machen kann. Sie werden sehen: Das fühlt sich wirklich befreiend an!

Aufschieberitis ist menschlich. Nun denken Sie vielleicht, ich sei ein Meister im Anfangen. Schließlich habe ich ja ein Buch darüber geschrieben. Die Wahrheit ist: Nein, das bin ich nicht. Auch ich muss immer wieder neu mit mir kämpfen. Ganz ehrlich: Anfangen ist richtig, richtig schwer.

Jedes Projekt beginnt mit dem ersten Schritt. Aber der erste Schritt ist auch der schwerste. Bevor wir ihn gehen, machen wir gerne Umwege und tanzen um den heißen Brei herum. »Aller Anfang ist schwer«, sagt der Volksmund. Recht hat er. Dabei kommt es nicht auf das Projekt selbst an. Es kann sich dabei um alles Mögliche handeln: einen Designentwurf, ein Drehbuch, ein Musikstück, eine Semesterarbeit, Forschungsbericht, Spesenabrechnung, Steuererklärung, Gartenarbeiten, das Aufräumen des Kellers oder der Gang

ins Fitnessstudio. Jeder kennt das Gefühl, wenn der innere Schweinehund die Oberhand gewinnt und man den Beginn wieder einmal auf die lange Bank schiebt.
Es ist schon erstaunlich, wie lange es oft dauert, bis wir ein Projekt endlich in Angriff nehmen. Dabei würden wir oft nur wenige Minuten benötigen, um den Anfang zu machen. Geradezu absurd erscheint es, wenn wir den langen Zeitraum unseres Zögerns mit dem Zeitraum des Anfangens vergleichen. Wochenlang schieben wir eine Aufgabe vor uns her, vermeiden das Anfangen, fühlen uns deswegen schlecht und lassen uns von Gewissensbissen plagen – dabei würde es oft nur Minuten dauern, tatsächlich anzufangen. Unser Verstand versteht, wie irrational wir uns verhalten. Aber trotzdem: Wir schaffen es einfach nicht, uns zu überwinden.

Die Nebenwirkungen der Aufschieberitis: nervige Gewissensbisse.

Warum ist das so? Warum gilt noch immer das Sprichwort »Morgen, morgen, nur nicht heute, sagen alle faulen Leute«? Der Grund ist: Weil der Mensch ein Mensch ist. Es ist menschlich, den bequemen Weg zu wählen. Es ist menschlich, träge zu sein. Es ist menschlich, am liebsten alles beim Alten lassen zu wollen und jeder Neuerung erst einmal skeptisch gegenüberzustehen. Kurz gesagt: Die Aufschieberitis ist eine Krankheit, mit der wir Menschen auf die Welt kommen. Nicht umsonst kommt der Fachbegriff für Aufschieberitis, Prokrastination, vom lateinischen Wort »procrastinare« für »vertagen«). Sie gehört zu unserer Existenz dazu und war zu allen Zeiten unser ständiger Begleiter.
Sie hält uns zurück und verhindert, dass wir unser volles Potential entfalten können. Das geht nicht nur Ihnen so, sondern allen Menschen. Es besteht also kein Grund, sich deswegen Vorwürfe zu

machen. Nein, ehrlich nicht. Lehnen Sie sich zurück und entspannen Sie sich. Allen anderen geht dieses Phänomen genauso auf den Geist wie Ihnen. Nur die wenigsten haben gelernt, wie sie sich von der Aufschieberitis befreien können. Wenn Sie dieses Buch lesen und nicht nur überfliegen, können Sie einer von ihnen werden. Denn die gute Nachricht ist: Die Aufschieberitis ist heilbar.

Jeder Mensch leidet irgendwann einmal an Aufschieberitis. Dieses Buch liefert Ihnen das Gegenmittel.

Inzwischen ist es – oh, das ist jetzt wirklich Zufall, ehrlich – genau Mitternacht. »00:00« steht auf meinem Computer. Ich fühle mich gut. Zwar bin ich ein bisschen müde, aber auch zufrieden. Mein Plan sieht vor, dass ich jeden Tag drei Seiten schreibe. Jetzt bin ich schon bei Seite 5. Zugegeben: Seite 1 war das Inhaltsverzeichnis und Seite 2 die Kapitelüberschrift, die auf einem eigenen Blatt steht. Aber wir werden sehen, dass es kleine Tricks wie diese sind, die dem Anfang den Schrecken nehmen. 00.05 Uhr. Der Anfang ist geschafft, ich verabschiede mich an dieser Stelle ins Bett.

Wie früher ein Häftling **seine schwere Eisen-kugel** hinter sich herziehen musste, so haben wir uns mit der ständigen Aufschieberitis abzumühen.

So tickt
DIE AUFSCHIEBERITIS

Jede Bewegung kostet Energie. Deshalb neigt der Mensch dazu, sich möglichst wenig zu bewegen. Denn wenn der Mensch viel Energie verliert, ist er womöglich in seiner Existenz gefährdet. Nun mögen Sie vielleicht einwenden, dass Sie in letzter Zeit ordentlich gegessen haben und noch dazu über einen gut gefüllten Kühlschrank verfügen. Zudem, da bin ich sicher, ist der nächste Supermarkt oder Bäcker nicht allzu weit entfernt. Energiezufuhr ist also ganz sicher kein Problem. Das mag alles richtig sein. Aber sagen Sie das mal Ihren Körperzellen! Unsere DNA hat sich seit der Steinzeit kaum verändert. Noch immer folgen wir unbewusst Programmen, die sich in der Evolution als erfolgreich herausgestellt haben. Das können wir nicht ändern. Kurz gesagt bedeutet das: Der Mensch neigt zum Energiesparen, zum Faulsein, zum Nichtstun.

Faul sein heißt Energie sparen. In der Steinzeit war das klug, heute ist es alles andere als schlau.

Der Molekularbiologe und Evolutionsmediziner Professor Detlev Ganten fasst das Thema im Interview mit der Zeitung »Die Welt« so zusammen: »Faulheit ist auch evolutionär in uns veranlagt. Ein Fauler sucht sich den einfachsten Weg, eine Arbeit zu erledigen. Insofern ist Faulheit evolutionär betrachtet auch eine Form der Intelligenz. Faulheit heißt ja, Energie zu sparen. Als unsere Vorfahren noch in einer Mangelsituation gelebt haben, waren diejenigen, die nicht so viel Energie verbraucht und trotzdem überlebt und sich reproduziert haben, die am besten angepassten. In unserer Gesellschaft ist das nur noch begrenzt sinnvoll.«[1]

Es ist nahezu ein Naturgesetz, dass alles so bleiben will, wie es ist. Das beginnt schon in unserem Körpersystem: Temperatur und Blutdruck sollen stabil bleiben. Änderungen? Unerwünscht. Wir befinden uns in einem Normalmodus, den wir gern beibehalten wollen (Homöostase). Deshalb bedarf es gründlicher Planung und Vorbereitung, wenn wir uns verändern wollen. Mit einem einzigen Impuls ist es dabei nicht getan. Veränderungen gelingen nur dann nachhaltig, wenn wir sie über einen längeren Zeitraum fest in unserem Alltag verankern. Erst dann können sie zu einer Gewohnheit werden, die am Ende nahezu automatisch abläuft.

Dumm für uns: Die Aufschieberitis ist genauso intelligent wie wir selbst.

Wir werden im Verlauf dieses Buchs sehen, dass der Veränderungsprozess immer wieder ein Schlüsselelement hat: eben einen *Anfang*. Wir müssen ständig neu anfangen. Deshalb ist es so wertvoll, Strategien und Tricks an der Hand zu haben, wie das Anfangen leichter fällt.

Nichts soll sich bewegen. Die Aufschieberitis ist die Hüterin des Status quo. Alles soll so bleiben, wie es ist. Die Aufgabe dieser geheimnisvollen Macht ist es, unseren Geist davon zu überzeugen, *jetzt* nichts zu tun und keine Energie zu verbrauchen. Dabei geht die Aufschieberitis unvergleichlich einfallsreich und listig vor. Sie ist schlau. Denn schließlich ist sie ja ein Teil von uns. Das macht es doppelt schwer für uns, denn wir treten sozusagen gegen uns selbst an.

1 Opitz, Manuel: »Unser Körper taugt nicht für diese moderne Welt«. In: Die Welt, 9.4.2013. Quelle: https://www.welt.de/wissenschaft/article115126406/Unser-Koerper-taugt-nicht-fuer-diese-moderne-Welt.html

Unser Gegenspieler ist wie ein dunkles Spiegelbild von uns. Er ist genauso kreativ wie wir und kennt uns genau. Ihm können wir nichts vormachen. Seine wichtigste Fähigkeit: Er kann sich perfekt tarnen. Am liebsten ist es ihm, wenn wir ihn gar nicht wahrnehmen. Unentdeckt und unerkannt ist er am gefährlichsten. Deshalb ist der erste Schritt, um ihn unschädlich zu machen, ihn überhaupt zu erkennen und zu enttarnen. Denn wie kann man etwas bekämpfen, von dem man gar nicht weiß, dass es da ist?

Die 120-Minuten-Übung. Lassen Sie uns die nächsten 120 Minuten nutzen, um eine Übung zu machen. Ja, ich gebe zu, diese 120-Minuten-Übung ist recht anstrengend und wird Ihnen einiges abverlangen. Sie müssen sich jede Sekunde voll konzentrieren, um dabei erfolgreich sein zu können. Ich empfehle Ihnen, diese Übung 14 Tage lang jeden Abend durchzuführen. Zugegeben: Es ist eine Herausforderung. Aber wenn Sie sich richtig Mühe geben und es wirklich wollen, dann …

Halt! Haben Sie's gemerkt? Haben Sie den inneren Unwillen gespürt, diese anstrengende Übung absolvieren zu sollen? War ein innerer Widerstand da? Ja? Gut, dann haben Sie gerade die Aufschieberitis bewusst erlebt. Keine Sorge, Sie können aufatmen: Es gibt keine Übung. Das war nur ein kleiner Trick, der Ihren inneren Wiederstand provozieren sollte. Ich bin doch nicht verrückt und verlange Ihnen 120 Minuten Aufmerksamkeit am Stück ab. Und das auch noch 14 Tage lang! Das macht kein Leser mit – zu Recht, würde ich schließlich auch nicht machen. Aber so haben Sie vielleicht gesehen, wie schnell die Aufschieberitis zur Stelle ist. Alles, was anstrengend ist und Mühe kostet, wird von der Aufschieberitis attackiert. Manchmal geradeheraus und offensiv, aber meistens schlau, versteckt und kaum merkbar. Sie können sich nicht direkt dagegen wehren.

Wer ist die Aufschieberitis? Wie erwähnt ist die Aufschieberitis ein Teil von Ihnen. Sie als böse anzusehen, wird der Sache nicht ganz gerecht und ist langfristig auch nicht empfehlenswert. Besser erscheint es mir, sie als griesgrämige Nachbarin zu betrachten. Diese Nachbarin werden Sie nicht los. Wie auch, sie steckt ja in Ihrem Kopf. Sie müssen also lernen, mit ihr klarzukommen. Hören Sie höflich zu, wenn sie Ihnen etwas sagen möchte. Aber machen Sie nicht den Fehler, auf ihre 1000 genialen Verkleidungen hereinzufallen. Ja, es ist in Wahrheit immer die griesgrämige Nachbarin, die Sie in einfallsreichen Tarnidentitäten davon überzeugen möchte, *jetzt* nichts zu tun. Das Wort »jetzt« ist übrigens wichtig bei dieser Betrachtung, das ist Ihnen durch die kursive Schreibweise vielleicht schon aufgefallen.

Die Aufschieberitis ist eine Meisterin der Tarnung und Täuschung. Sie ist so schlau wie Sie und erstaunlich überzeugend.

Eine gute Strategie, die lästige Nachbarin zu überwinden, ist: Vergessen Sie nie, wer sie ist, was sie will und warum sie es will. Noch einmal ganz kompakt: Die Gedanken, die immer zahlreiche, sehr gute und absolut überzeugende Gründe dafür liefern, *jetzt nichts zu tun* – das ist die Aufschieberitis. Ihr ewiger Auftrag ist es, dafür zu sorgen, dass Ihr Körper *jetzt* nichts macht. Denn wenn Ihr Körper nichts macht, spart er Energie und lebt dadurch länger. Ich weiß, Sie schmunzeln immer noch darüber, dass Ihr Körper Energie sparen möchte, um länger zu leben. Sie haben recht: Das mag vielleicht vor Tausenden von Jahren sinnvoll gewesen sein, aber heute ist es ganz sicher nicht mehr klug. Deshalb macht die Aufschieberitis heutzutage keinen logischen Sinn mehr. Das Problem ist nur: Unsere DNA wird noch viele, viele Jahre darauf programmiert sein. Kurzum: In diesem Leben werden Sie die Aufschieberitis nicht mehr los.

So clever geht die Aufschieberitis vor. Um Ihnen noch bewusster zu machen, wie intelligent und listig die Aufschieberitis uns überredet, *jetzt* nichts zu tun, habe ich für Sie einige Beispiele aufgeschrieben. So flüstert uns die Aufschieberitis zum Beispiel Folgendes zu:

»Ja, mein Lieber, Du hast vollkommen recht. Du solltest dieses Projekt wirklich angehen. Ich stimme Dir zu, das ist wirklich sehr sinnvoll und Du nimmst es Dir ja auch schon lange vor. Also: Setz Dich gleich morgen früh hin und gib richtig Gas! Aber jetzt nicht, jetzt kommt doch gleich der Tatort im Fernsehen.«

»Ja, mein Lieber, ich verstehe Dich. Und ich stimme Dir voll zu: Du solltest wirklich anfangen, Dich gesünder zu ernähren. Ja, absolut! Aber heute Morgen passt es zeitlich nicht so gut. Himmel! Du musst ja gleich los! 15 Minuten, um Dir ein gesundes Müsli zu machen? Das könnte knapp werden. Du möchtest doch nicht etwa zu spät ins Büro kommen, oder? Also: Geh lieber rechtzeitig aus dem Haus und hol Dir etwas Leckeres vom Bäcker. Genieß ein letztes Mal ein leckeres Croissant. Das hast Du Dir verdient, schließlich hast Du am Wochenende den Rasen gemäht. Klar, keine Frage, ab morgen ernährst Du Dich dann endlich richtig gesund und machst Dir ein gesundes Müsli. Aber heute nicht, heute ist es einfach zeitlich schwierig.«

»Großartig! Endlich hast Du Dich überwunden und an den Computer gesetzt, um jetzt endlich loszulegen. Sehr gut, mein Lieber, ich bin stolz auf Dich. Das hat ja prima geklappt, super! Sehr schön, aber bevor Du loslegst, kannst Du eigentlich auch noch mal kurz auf Facebook schauen, ob es etwas Neues gibt. Wollte Anja nicht Fotos aus ihrem Urlaub posten? Und Stefan wollte sich doch melden wegen Dienstagabend. Schau am besten gleich mal nach.«

Haben Sie gemerkt, wie schlau, einfühlsam und charmant die Aufschieberitis mit Ihnen redet? Auf den ersten Blick scheint sie uns zuzustimmen und sogar unterstützen zu wollen. Das ist ein beliebter Trick von ihr, um von uns als Verbündeter wahrgenommen zu werden. In Wirklichkeit aber ist es nur ein geschickter Schachzug, um zu verhindern, dass wir *jetzt* tatsächlich anfangen.

Fazit. In diesem Kapitel haben wir aufgedeckt, wer diese unsichtbare Bremse ist, die uns davon abhält, durchzustarten. Wir haben erfahren, warum die Aufschieberitis so darauf aus ist, dass wir *jetzt* nichts tun. Und wir haben uns angeschaut, wie clever sie uns immer wieder auszutricksen versucht.

Ich freue mich schon darauf, Ihnen in diesem Buch verschiedene Strategien zu erläutern, wie wir die Aufschieberitis überlisten und sogar mit ihren eigenen Waffen schlagen können! Es juckt mich richtig in den Fingern und ich würde am liebsten sofort damit beginnen, Ihnen diese Lösungen vorzustellen.

Doch bevor wir uns die einzelnen Maßnahmen ansehen, brauchen wir zunächst ein festes Fundament, auf dem wir unseren Widerstand organisieren können. Dabei geht es vor allem um die Frage: Warum sollen wir uns überhaupt wehren? Was ist der Grund, warum wir uns die ganze Mühe machen? Was motiviert uns? Was veranlasst uns, doch Energie aufzuwenden und einfach anzufangen?

× × ×

02

Das Ziel klar vor Augen

DER GRUND, EINFACH ANZUFANGEN

Die Mohrrübe
VOR IHRER NASE

Willkommen im nächsten Kapitel. Sie werden sehen: Kapitel 2 zu lesen, lohnt sich richtig. Ich werde Ihnen hier praktische Hinweise und Tipps geben, die Sie im Alltag entscheidend voranbringen können. Dieses Versprechen setze ich bewusst an den Anfang, um Sie ein bisschen zu motivieren. Und auch, um das Prinzip deutlich zu machen, wie Motivation im Wesentlichen funktioniert. Motivation ist nichts anderes als das Versprechen, dass das Leben besser wird, wenn man dieses und jenes macht. Der Gedankengang ist simpel. Wenn du das machst, dann passiert jenes. Versprochen. Hand drauf. – Natürlich muss so ein Versprechen glaubwürdig sein, sonst zieht es nicht.

Wer keinen Grund hat, sich zu bewegen, der wird es auch nicht tun.

Vergleichen kann man das Ganze mit einem störrischen Esel. Wie wir in Kapitel 1 gesehen haben, macht es durchaus Sinn, uns den Menschen so vorzustellen. Wir Menschen wollen uns nicht anstrengen. Wir wollen lieber stehen bleiben und nichts tun. Damit wir uns doch bewegen, müssen wir motiviert werden. Wir brauchen – um beim Bild mit dem Esel zu bleiben – eine Mohrrübe vor dem Kopf. Wahrscheinlich kennen Sie das Bild vom Esel, der die Mohrrübe sieht, die an einer Schnur befestigt an einem Stock hängt und vor seinen Augen hin und her baumelt. Der Esel will die Rübe futtern und bewegt sich. Darum geht es. Wir brauchen eine Mohrrübe. Einen guten Grund, uns zu bewegen. Anders ausgedrückt: Wir brauchen etwas, was uns motiviert. Etwas, was uns Energie zufließen lässt, die stark genug ist, uns zu einer Bewegung zu veranlassen. Das Ziel ist, die Wahrnehmung von »Ich *muss* das machen« zu verwandeln in »Ich *will* das machen«.

Die Kraft der Träume. Fangen wir mit einem Beispiel von mir an. Ich habe 13 Jahre bei der Werbeagentur Jung von Matt gearbeitet. Viele Jahre davon war ich als Creative Director auch dafür zuständig, die Kreativen in meinem Team zu Höchstleistungen anzuspornen und entsprechend zu motivieren. Das große Ziel eines Kreativen in der Werbung ist, eine Kampagne zu entwickeln, die drei Punkte erfüllt. Erstens: Die Werbung soll dem Kunden helfen, seine Produkte zu verkaufen. Zweitens: Die Kampagne soll dem Publikum nicht auf die Nerven gehen, sondern unterhaltsam sein. Und drittens soll die Idee so einfallsreich und begeisternd sein, dass die Agentur und das Team sich dafür einen Preis abholen können. In der Werbebranche gibt es nämlich zahlreiche nationale und internationale Wettbewerbe, in denen die kreativsten, schlausten, interessantesten Werbekampagnen ausgezeichnet werden. Allein beim ADC-Festival, dem wichtigsten Wettbewerb in Deutschland, treten rund 7000 Ideen gegeneinander an, um Gold, Silber oder Bronze zu gewinnen. Rund 10 Prozent der Einsendungen werden ausgezeichnet, 90 Prozent gehen leer aus.

Der Hebel, einen Kreativen zu exzellenten Ideen zu motivieren, ist nicht, ihm vorzuschwärmen, wie glücklich der Kunde sein wird, wenn er durch die Kampagne nun signifikant mehr verkauft. Das ist zwar erfreulich, aber da der Kreative nicht am Gewinn beteiligt ist, wird seine Motivation davon nicht gerade explodieren. Es wird ihn auch kaum bewegen, dass der Chef stolz auf ihn ist oder die Agentur dank der tollen Kampagne beim Kunden fest im Sattel sitzt. Ganz anders sieht es da bei der Aussicht aus, für eine großartige Kampagne einen Award zu bekommen und von der Branche bei der Preisverleihung gefeiert zu werden.

Motivation ist das Versprechen eines relevanten, persönlichen Vorteils.

Das Bild, in einer riesigen Halle unter tosendem Beifall namentlich von einer bekannten Moderatorin auf die Bühne gebeten zu werden, damit man im Scheinwerferlicht seine Trophäe entgegennehmen kann, ist verlockend. Es ist Anerkennung pur und schmeichelt dem Ego. Zudem kann man als Kreativer sein Gehalt deutlich steigern, wenn man einen der begehrten Awards gewonnen hat. Kurzum: Einen Kreativen kann man wunderbar motivieren, indem man ihm in Aussicht stellt, beim ADC-Festival oder gar in Cannes als strahlender, umjubelter Sieger auf der Bühne stehen zu dürfen. Das ist nicht übertrieben, die Preisverleihung läuft tatsächlich so ab. Und manche Agenturen sind schlau genug, ihren Mitarbeitern die Tickets dafür zu spendieren. Denn kaum etwas motiviert stärker, als so eine Preisverleihung selbst erlebt zu haben. Awards sind die Drogen der Werbebranche. Man kann süchtig danach werden. Sie sind ein exzellentes Beispiel dafür, zu welchen geistigen Höchstleistungen Menschen fähig sind, wenn man sie entsprechend motiviert.

Gehen Sie auf Traumsuche. Fragen Sie sich: Was wünsche ich mir? Was wäre eine traumhafte, großartige Situation? Was würde mich so stark motivieren, mich zu überwinden und einfach anzufangen?
Bei der Auswahl Ihres Traumbilds kommt es auf die richtige Mischung zwischen ambitioniert und glaubhaft an. Seien Sie ehrgeizig. Denken Sie groß. Eine Studie im »Journal of Consumer Research«

belegt, dass Menschen, die sich realisierbare, aber trotzdem hohe Ziele setzen, glücklicher sind als Personen, die sich niedrige Ziele setzen.

Kitzeln Sie Ihren Ehrgeiz. Geben Sie ihm eine Richtung und sehen Sie zu, wie er sie voranbringt.

Wenn Sie davon träumen, wie Ihr Chef Ihnen anerkennend zunickt und Ihnen einen Hustenbonbon zusteckt, dann erscheint mir dieser Gedanke nicht besonders ehrgeizig. Andererseits wäre es kaum glaubhaft, sich auszumalen, wie der Chef Sie freudig umarmt, Sie auf eine Waage stellt, mit Gold aufwiegt und außerdem sogar noch adoptieren und als seinen Erben einsetzen möchte. Nein, das ist nun doch etwas unwahrscheinlich. Also: Finden Sie einen Traum, an den Sie ehrlich glauben können. Denn wie sagte schon Ferdinand Foch (1851–1929): »Die stärkste Waffe der Welt ist die entflammte menschliche Seele.«

Achten Sie dabei darauf, dass Sie es selbst in der Hand haben, diesen Traum zu verwirklichen. Sie müssen es aus eigener Kraft schaffen können und dürfen nicht auf eine glückliche Fügung oder auf Hilfe von außen hoffen, damit sich der Traum realisiert. So ist es zum Beispiel möglich, an der eigenen Fitness zu arbeiten. Es ist möglich, auf positive Charaktereigenschaften, Fähigkeiten und Projekte aller Art hinzuarbeiten. Ein Lottogewinn jedoch ist nicht aus eigener Kraft erreichbar. Setzen Sie sich nur Ziele, die Sie selbst beeinflussen können!

Interessant ist in diesem Zusammenhang die Bedürfnispyramide nach Maslow. Abraham Harold Maslow (1908–1970) geht davon aus, dass der Mensch zunächst seine Grundbedürfnisse stillen möchte. Deshalb befinden sich an der Basis der Pyramide Grundbedürfnisse wie Essen, Trinken, Schlafen. Dann kommen die Sicherheitsbedürf-

nisse wie »Wohnen« und »Arbeit«. Sind diese Bedürfnisse gestillt, wendet sich der Mensch sozialen Bedürfnissen zu: Freundschaft, Liebe, Gruppenzugehörigkeit. Weiter oben stehen Ich-Bedürfnisse wie Anerkennung oder Geltung. Die Spitze der Maslow'schen Bedürfnispyramide stellt am Ende der Punkt »Selbstverwirklichung« dar. Wo in der Pyramide liegt Ihr Traum?
Versetzen Sie sich in die traumhafte Situation hinein. Versuchen Sie dabei, alle Sinne einzubeziehen, denn dadurch wirkt die Situation noch realer und wird noch besser im Kopf verankert.

- Was sehen Sie?
- Was hören Sie?
- Gibt es einen bestimmten Geruch?
- Halten Sie etwas in der Hand? Berühren Sie etwas?
- Was fühlen Sie?
- Wie ist die Temperatur?

Achten Sie auf Kleinigkeiten, durch sie wird das Bild noch plastischer. Im Prinzip ist es wie bei einer Zeichnung: Je mehr Details Sie hinzufügen, desto klarer wird das Traumbild. Sie sehen schon: Für so ein Traumbild brauchen Sie vor allem zwei Dinge: Vorstellungskraft und Zeit. Nehmen Sie sich diese Zeit, denn ein Bild, das Sie schnell zwischen Tür und Angel entwerfen, wird nicht so intensiv wirken wie eines, das Sie in Ruhe durchdacht haben.

Je mehr Sinne Sie in Ihrem Traumbild ansprechen, desto lebendiger wird es Ihnen vorkommen.

Scheuen Sie sich nicht, das Traumbild von gestern gegen ein neues auszutauschen. Sie können viele Träume haben, die Sie motivieren. Entscheidend ist, dass die Mohrrübe vor Ihrer Nase stark genug ist, eine Bewegung bei Ihnen auszulösen. Wenn Sie zwei oder drei Mohrrüben vor der Nase haben – umso besser. Zu viele sollten es aber auch nicht sein, sonst verlieren Sie den Überblick.

Ein Wissenschaftler könnte zum Beispiel das Bild entwerfen, wie er eine bahnbrechende Entdeckung macht. Er könnte sich lebhaft vorstellen, wie er freudestrahlend ins Büro seines Kollegen stürzt, um ihm davon zu erzählen. Der Wissenschaftler könnte sich auch ausmalen, wie es wäre, wenn er mit seiner Entdeckung dazu beitragen würde, Kranke zu retten. Welches der beiden Szenarien fühlt sich besser an? Am besten, Sie hören einfach auf Ihren Bauch und arbeiten mit dem Bild, mit dem Sie sich am wohlsten fühlen.

Hier ein weiteres Beispiel: Eine selbstständige Designerin könnte sich die Situation vor Augen führen, wie großartig es wäre, wenn sie endlich die lästige Steuererklärung hinter sich gebracht hätte. Eine zentnerschwere Last ist von ihr abgefallen, und sie hat nun allen Grund, sich für ihre Leistung zu belohnen. Vielleicht mit einem ausführlichen Besuch in einem schönen Wellnesstempel. Wichtig ist an dieser Stelle der Hinweis darauf, dass sich die Frau nicht auf die schwierige Situation fokussieren sollte, also nicht darauf, wie sie sich durch die Steuererklärung kämpft. Vielmehr sollte sie sich ein positives, schönes Traumbild ausdenken. In diesem Fall wäre das die Belohnung, der Besuch im Wellnessbad.

»Without having a goal it's difficult to score.«

Paul Arden

Lassen Sie uns nun das Wunschbild noch präziser fokussieren. Legen Sie genau fest, bis wann Sie diesen Traum Wirklichkeit werden lassen wollen. Überlegen Sie sich einen ehrgeizigen, aber realistischen Zeitpunkt, und schreiben Sie ihn auf. Notieren Sie Ihr Traumbild und bis wann Sie sich fest vorgenommen haben, es zu erreichen. »Ich möchte mehr Sport machen« ist ein unpräzises Ziel. »Ich laufe am 23. August beim Firmen-Marathon mit« ist dagegen klar und konkret.

Werden Sie so konkret wie möglich. Nageln Sie sich fest. Lassen Sie kein Hintertürchen offen, um sich herauszureden.

Beschreiben Sie das Bild so präzise wie möglich. Verwenden Sie dazu die Jetzt-Zeit. Also nicht: »Ich werde dieses und jenes erleben«, sondern: »Ich erlebe jetzt gerade dieses und jenes.« Wenn Sie in der Gegenwart formulieren, dann gräbt sich das Bild noch tiefer in den Kopf ein, als wenn Sie von irgendeiner Zukunft schreiben. Nehmen Sie sich genügend Zeit dazu. Ganz ehrlich: Wenn Sie diese Aufgabe eilig und schnell-schnell erledigen, können Sie es gleich ganz lassen!

Überlegen Sie sich Details. Denken Sie daran, möglichst alle Sinne einzubeziehen. Sie müssen das Traumbild nicht auf einmal fertigstellen. Das Ganze soll ja nicht anstrengend sein, sondern Spaß machen. Ideal ist es zum Beispiel, wenn Sie Ihre Vorstellungen mit einem Schreibprogramm am Computer festhalten und das Bild dann immer wieder ergänzen, wenn Sie Lust dazu haben. Schreiben Sie eine Szene auf oder gern auch eine kleine Geschichte. Geschichten haben den Vorteil, dass man sie sich noch besser merken kann. Halten Sie sich aber kurz und machen Sie es einfach. Komplizierte und lange Geschichten funktionieren nicht. Zum besseren Verständnis schauen wir uns gleich ein konkretes Beispiel an.

Wenn Sie das Gefühl haben, fertig zu sein, dann drucken Sie Ihre Aufzeichnungen aus und stecken Sie sie in einen Briefumschlag, oder fassen Sie sie in einer Mappe oder einem Aktenordner zusammen. Wenn Sie gut zeichnen können, dann ergänzen Sie eine Skizze. Erlaubt ist alles, was dazu beiträgt, dass Sie Ihren Traum visualisieren können. Texte, Zeichnungen, Zeitungsausschnitte, gegoogelte Fotos – alles. Machen Sie es sich zur Gewohnheit, den Umschlag mit Ihrem präzise festgelegten Traumbild möglichst immer dabeizuhaben.

Dokumentieren Sie Ihr Traumbild, sonst vergessen Sie es oder die Vorstellung davon verschwimmt.

Sie haben kein Talent dafür, Situationen zu beschreiben? Sie schreiben überhaupt sehr ungern? Höchstens mal eine Postkarte? Gut, dann gehen Sie eben einen anderen Weg zu Ihrem Traumbild. Schließen Sie die Augen, und stellen Sie sich die Situation vor, die Sie motivieren würde. Gestalten Sie das Ganze wie einen Film, der ganz nach Ihren Wünschen vor Ihrem inneren Auge abläuft. Sie sind der Regisseur. Sie bestimmen alles. Achten Sie auch hier auf Details, die den Film noch realistischer werden lassen. Eine gute Möglichkeit, regelmäßig an Ihrem Traumbild zu arbeiten, ist abends, wenn Sie im Bett liegen und das Licht ausgeschaltet haben. Machen Sie es sich bequem. Träumen Sie sich ein schönes Bild herbei.

Wenn Sie einen klaren Film vor Augen haben, dann finden Sie einen Weg, sich daran zu erinnern. Sie können nach einem Foto suchen, der das Wesen Ihres Traums auf den Punkt bringt. Sie können einige Stichpunkte notieren. Oder eine Skizze zeichnen. Ganz gleich, was Sie tun: Finden Sie einen Weg, Ihr Traumbild festzuhalten und sich daran zu erinnern. Das ist wichtig, denn Sie wissen ja, was passiert, wenn Sie morgens aufwachen. Richtig, je länger Sie wach sind, desto undeutlicher wird der Traum – bis er schließlich ganz verschwunden ist.

Praxistipp. Es ist also wichtig, dass Sie sich regelmäßig Ihr Traumbild vor Augen halten. Mindestens einmal am Tag. Denn: Wir Menschen sind vergesslich und haben nie Zeit. Besonders sinnvoll ist es daher, das Bild geschickt in den Alltag zu integrieren. Und zwar so, dass es Sie keine Mühe und keine Zeit kostet, sich damit zu beschäftigen. Laden Sie Ihr Traumbild zum Beispiel als Bildschirmhintergrund auf Ihren Computer und als Hintergrundbild auf Ihr Smartphone. Überlegen Sie sich ein Schlagwort, das Ihren Traum auf den Punkt bringt, und stellen Sie dieses Wort als Passwort für Ihren Computer und Ihre Social-Media-Kanäle wie Facebook, Instagram oder Twitter ein. Auf diese Weise müssen Sie das Schlagwort immer wieder eintippen. Der Traum prägt sich mit der Zeit tief bei Ihnen ein.

Wenn Sie Ihren Plan lange nicht sehen, wird es so sein, als hätten Sie ihn nie gefasst.

Das Beispiel »Go for Gold«. Greifen wir das Beispiel des Kreativen in der Werbeagentur auf, der sich dazu motivieren möchte, Höchstleistung zu bringen. Nehmen wir an, der Kreative heißt Jonas Schwirnikowsci, ist 26 Jahre alt und Grafikdesigner. Welchen Traum könnte er sich zurechtlegen? Sein Wunschbild könnte vielleicht so aussehen:

Ich sitze abends bei der ADC-Preisverleihung im Kampnagel, einer alten Maschinenfabrik in Hamburg-Winterhude. Nicht im Publikum, sondern mit den anderen Gewinnern in der ersten Reihe unmittelbar vor der Bühne. Ich schaue auf die Uhr: Schon 22.17 Uhr! In 13 Minuten soll eigentlich die After-Show-Party beginnen, aber rechtzeitig wird das bestimmt nicht mehr klappen. Den Moderatoren, Barbara Schöneberger und Jörg Thadeusz, ist das herzlich egal. Die beiden witzeln herum, als hätten sie alle Zeit der Welt.
»Was kommt jetzt, Barbara?«, gibt sich Thadeusz ahnungslos und zupft seine elegante dunkelblaue Seidenkrawatte zurecht. »Jetzt kommt eine Arbeit, die gleich

in mehreren Kategorien abgeräumt hat«, erklärt Barbara Schöneberger und wirft einen Blick auf ein Kärtchen in ihrer Hand, das im gleichen Rotton gehalten ist wie ihr Abendkleid. »Ein Film, der einfach gute Laune macht. Ein Film, der ganz wunderbar damit spielt, dass der Berliner Funkturm auch ein bisschen aussieht wie der Pariser Eiffelturm – zumindest für die Japaner im Film.«
BAM! Wahnsinn! Das ist ja unser Film, durchzuckt es mich. Das ist meine Idee! Meine Idee! Ich werd verrückt. Meine Hände kribbeln, mein Puls rast, ich bin plötzlich angespannt wie eine Sprungfeder. Hitze steigt in mir auf. Wie geil ist das denn? Mit einem Mal ist mein Hals ganz trocken. Auch meine Lippen sind trocken. Ich befeuchte sie mit der Zunge; es schmeckt seltsam salzig, als ob ich gerade aus dem Meer aufgetaucht wäre.
»Und auf die Bühne bitte ich jetzt denjenigen, der die Idee dazu hatte ...« Im Hintergrund ertönt ein Trommelwirbel, der immer schneller und dramatischer anschwillt. »Auf die Bühne kommt jetzt ... von der Agentur BDP ... aus der Freien und Hansestadt Hamburg ...« Irritiert und mit zusammengekniffenen Augen starrt sie auf die rote Karte in ihrer Hand. »Tschuldigung«, lacht Barbara Schöneberger. »Ich kann das einfach nicht aussprechen ...« Ratlos hält sie die Karte Thadeusz hin. »Wieso? Ist doch ganz einfach«, meint er nach einem flüchtigen Blick. »Einmal Gold, zweimal Silber und einmal Bronze für diese großartige Arbeit holt sich ab: Jonas S-Punkt!«
Die Halle jubelt. Der Typ neben mir klopft mir auf die Schulter und ruft mir etwas zu, aber der Jubel übertönt es. Ich atme tief durch, stehe auf und gehe nach links zur schmalen Holztreppe. Tattaaa: gewonnen! Geil! Die Bühne ist unfassbar lang. Ich gehe schnell, schließlich muss man ja nicht länger überziehen als unbedingt nötig. »Herzlichen Glückwunsch!«, sagt Barbara Schöneberger, umarmt mich und drückt mich für einen kurzen Augenblick fest an sich. Nicht schlecht, das hat man auch nicht alle Tage. Ihr süßlich duftendes Parfum steigt mir in die Nase. »Danke schön!«, sage ich und werde nun auch von Thadeusz geherzt. Na, die Barbara hat sich irgendwie besser angefühlt. »Super Sache!«, sagt der Moderator, drückt mir vier ADC-Nägel in die Hand und klopft mir auf den Rücken.

Wahnsinn! Mit einem einzigen Film gleich vier ADC-Nägel abgestaubt! Ungläubig blicke ich auf die vier Nägel in meiner Hand. Sie sind vielleicht 19 cm lang und dick wie ein Kugelschreiber. Am Kopf ist jeweils ein ADC-Logo eingeprägt. Der goldene Nagel blitzt im Scheinwerferlicht besonders schön. Die Leute klatschen immer noch, supergeil! Einmal Gold, zweimal Silber, einmal Bronze, Hammer! Dass der Film was gewonnen hat, das wusste ich ja schon vorher. Aber dass es gleich so viel ist, das hätte ich nie im Leben für möglich gehalten. Und dann auch noch Gold! Gold, sagt man, Gold muss man gönnen können. Gold bekommst du nur von der Jury, wenn die Jury gut drauf ist und kein Neid aufkommt. Gold hat auch was mit Glück zu tun. Erstaunlich, wie schwer diese Nägel sind. Ich recke sie nach oben und strahle ins Publikum.

Augenblicklich, als ob ich ein geheimes Zeichen gegeben hätte, bricht das Blitzlichtgewitter der Fotografen los und ich muss mich zusammennehmen, nicht wegzuschauen, weil die Blitze so grell sind. Der Applaus brandet von Neuem auf. Kein Zweifel: Die Leute lieben den Film. Ich schaue ins Publikum, aber das Scheinwerferlicht ist so stark, dass ich kaum etwas erkennen kann. Das ist ja interessant. Wer hätte gedacht, dass man gegen das Licht gerade mal die Umrisse der Zuschauer sehen kann? Ganz schön heiß hier oben im Scheinwerferlicht. Oder ist das die Aufregung?

Ohne nachzudenken, trete ich an das schwarze Metallpult und sage langsam und deutlich ins Mikrofon: »Schwirnikowsci.« Erneut brandet Jubel auf. »So sorry«, meint Barbara Schöneberger und schenkt mir ihr schönstes Lächeln. »Jonas Schwirnikowsci, meine Damen und Herren«, sagt Jörg Thadeusz. »Mit einer wunderbaren Geschichte über den Berliner Funkturm.« Von der linken Seite höre ich Leute »Jo-nas! Jo-nas!« skandieren. Cool, das ist bestimmt das Team. Sebastian, Claudia, Svenja, Michi, Sven und Annette. Sehr, sehr geil. Ich schließe meine Faust ganz fest um die Nägel und reiße noch einmal den Arm nach oben. Genieß es, denke ich mir und versuche, möglichst viel von der Atmosphäre in mich aufzusaugen. Wer weiß, wie oft du das noch erleben darfst. Vielleicht stehst du nur dieses eine Mal auf dieser Bühne. Also: Genieß es! »Vielen Dank«, sage ich schließlich, als der

Beifall abebbt. »Jonas Schwirnikowsci«, sagt Barbara Schöneberger, als ich die Bühne verlasse.
Geschafft und überwältigt von den Eindrücken lasse ich mich in meinen Sitz fallen. Mein Herz schlägt so wild, als hätte ich gerade eine Joggingrunde mit Endspurt hinter mir. »Super Film!«, sagt die junge Frau rechts neben mir und lächelt mich an. Von hinten klopft mir jemand auf die Schultern. Meine vier Nägel halte ich noch immer so fest umklammert, als hätte ich Angst, jemand könnte sie mir wegnehmen. Die Fingerknöchel meiner Faust treten weiß hervor. Adrenalin durchströmt meinen Körper, aber auch Euphorie. Gold ist einfach geil.
– Das ist mein Ziel. Und ich habe mir bis zum 30. Oktober eine Idee ausgedacht, mit der ich dieses Ziel erreiche.

So weit das Beispiel des Grafikdesigners, der davon träumt, beim wichtigsten Kreativwettbewerb Deutschlands zu gewinnen.

Praxistipp. Ihre Beschreibung ist genau dann gelungen, wenn Sie nach dem Lesen das Gefühl haben, die Szene wirklich erlebt zu haben. Wenn Sie dieses Gefühl noch nicht haben, empfehle ich Ihnen, weitere Details einzubauen. Fragen Sie sich außerdem, welche Sinneseindrücke Sie noch aufgreifen oder noch besser beschreiben können. Was hören Sie? Was fühlen Sie? Was ertasten Sie? Was riechen Sie? Was sehen Sie? Was schmecken Sie? Setzen Sie sich nicht unter Druck. Arbeiten Sie die Szene in aller Ruhe aus. Michelangelo hat seine Bilder schließlich auch nicht an einem Tag gemalt.
Was kann Jonas Schwirnikowsci außerdem tun, um seinen Traum immer fest vor Augen zu haben? Er kann nach einem Foto der ADC-Preisverleihung googeln und es als Hintergrund für seinen Computer und sein Smartphone speichern. Er kann Berichte aus der Fachpresse über die Preisverleihung sammeln, auf YouTube nach Videos davon recherchieren und die nächste Verleihung selbst besuchen, um noch einen besseren Eindruck davon zu bekommen.

Das Beispiel »Haushalt«. »Das bisschen Haushalt macht sich von allein – sagt mein Mann«, sang Johanna von Koczian 1977. Im Lied heißt es: »Das bisschen Kochen ist doch halb so wild – sagt mein Mann –, was für den Abwasch ganz genauso gilt.«
Ein schönes Lied, aber wie wir vermutlich alle wissen, ist leider genau das Gegenteil richtig. Kein Mensch putzt gerne. Zumindest ist mir keiner bekannt. Es macht daher wenig Sinn, sich das Putzen als großartige Beschäftigung vorzustellen, die unglaublich viel Spaß macht. Viel besser wäre es, sich auf die Situation zu konzentrieren, wenn *nach* dem Putzen alles glänzt und strahlt. Versetzen wir uns für einige Augenblicke in eine Frau hinein, die sich endlich überwinden und die Wohnung wieder auf Hochglanz bringen möchte. Ihr Wunschbild könnte zum Beispiel so aussehen:

Erschöpft lasse ich mich aufs Sofa fallen. Puh! Ich bin geschafft – aber der Berg Arbeit ist es auch. Müde, aber glücklich lege ich meinen Kopf auf ein Kissen. Von draußen spitzt die Sonne in die Wohnung hinein und breitet ihr goldenes Licht auf dem blitzblanken Parkettboden aus. Mein Blick schweift durch den Raum. Der Boden: gewischt. Die Urlaubssouvenirs auf dem Sideboard: abgestaubt. Der Sofateppich: gesaugt. Die kaputte Glühbirne: ausgewechselt. Das Bad: geputzt. Der Kühlschrank: gefüllt. Der Mülleimer: geleert. Ich seufze erleichtert auf und bade im Gefühl, endlich alles geschafft zu haben. Eine tolle Wohnung ist das! Alles blitzt und strahlt. Alles ist ordentlich und sauber. Super! So kann man sich wohl fühlen.

Zusammenfassung: Der Weg zum Traumbild. Bringen wir den Inhalt des Kapitels noch einmal kurz und knapp auf den Punkt. Hier die wichtigsten zehn Schritte auf dem Weg zum Traumbild.

1. Fragen Sie sich, was Sie motivieren würde, die Aufgabe anzugehen. Was würde die Perspektive verschieben von »Ich *muss* das machen« hin zu »Ich *will* das machen«?

2. Setzen Sie sich ein ambitioniertes, hohes Ziel, das aber realistisch ist. Sie sollten dadurch herausgefordert werden, aber auch das Gefühl haben, es wirklich schaffen zu können.
3. Achten Sie darauf, dass Sie das Ziel aus eigener Kraft erreichen können und dabei nicht abhängig sind von anderen Personen oder vom Zufall bzw. Schicksal.
4. Legen Sie schriftlich und so konkret wie möglich fest, bis wann Sie diesen Traum umsetzen wollen.
5. Erwecken Sie Ihr Traumbild zum Leben, indem Sie sich eine Szene oder eine kurze Geschichte ausdenken, die diesen Traum zum Ausdruck bringt.
6. Wenn Sie die Grundidee für das Bild gefunden haben, dann beschreiben Sie das Bild so detailliert wie möglich. Sprechen Sie dabei alle Sinne an: Was hören, fühlen, sehen, schmecken, riechen Sie in dieser Situation? Schreiben Sie in der Jetzt-Zeit, so, als würde die Handlung jetzt gerade ablaufen. Beziehen Sie Details ein, das macht das Bild noch realistischer. Sie können das Bild mit Worten darstellen, als Skizze oder auch als Film in Ihrem Kopf.
7. Arbeiten Sie so lange daran, bis Sie sich die Szene wirklich lebhaft vorstellen können.
8. Schmücken Sie das Traumbild mit Fotos, Zeichnungen und anderen Dingen aus, und fassen Sie alles in einem Briefumschlag oder in einem Aktenordner zusammen. Dieses Material hilft Ihnen, sich das Bild einzuprägen.
9. Erinnern Sie sich immer wieder an Ihr Traumbild. Zum Beispiel, indem Sie es als Bildschirmhintergrund auf Ihrem Computer, Tablet und Smartphone speichern. Sehen Sie sich Ihren Text und die Bilder mindestens einmal am Tag an, um Ihr Bild im Kopf zu verankern.

10. Hinterfragen Sie Ihr Traumbild ab und zu. Ist es noch das, was Sie wirklich wollen? Oder haben Sie inzwischen einen neuen Traum, der Sie weitaus stärker motivieren würde? Traumbilder sind nicht unveränderlich in Stein gemeißelt, im Gegenteil. Es ist ganz normal, wenn sich Ihr Traum verändert. Halten Sie also nicht starr an einem Bild fest, sondern verändern Sie es flexibel. Das Ziel ist, sich zu motivieren.

Die Übung »Was motiviert mich wirklich?«. Bei dieser Übung geht es darum, herauszufinden, welches Traumbild bei Ihnen wirklich funktioniert. Warum sollten Sie das erstbeste nehmen, das Ihnen einfällt? Klar, das können Sie zwar machen, aber vielleicht wäre Ihnen noch ein stärkeres eingefallen, wenn Sie weiter überlegt hätten. Um das wirklich kraftvollste Bild zu finden, brauchen Sie eine Auswahl.

Nehmen Sie sich Zeit für Ihr Traumbild. Es ist die Basis Ihrer Motivation.

Nehmen Sie ein Notizblatt, und überlegen Sie, welches Ziel Sie morgens dazu bringen würde, sich nach dem Aufwachen nicht noch einmal müde umzudrehen, sondern voller Elan aus dem Bett zu springen. Gut, diese Formulierung mag dem einen oder anderen etwas übertrieben erscheinen, aber im Prinzip geht es genau darum. Welche Vorstellung Ihrer Zukunft bringt Sie dazu, hochmotiviert an die Arbeit zu gehen? Überlegen Sie in Ruhe. Nur keine Eile. Sammeln Sie zunächst so viele Ideen für Traumbilder wie möglich. Am besten, Sie sortieren erst dann aus, wenn Sie mal darüber geschlafen haben. Fassen Sie jedes Traumbild mit einem Satz oder wenigen Stichworten zusammen, und bilden Sie eine Auswahl aus den zehn vielversprechendsten Ideen. Wägen Sie ab, was am meisten in Ihnen auslöst. Was hat die meiste Kraft, Sie zu bewegen? Welche Vorstellung verändert Ihre Haltung von »Mist! Ich *muss* das machen« hin zu »Super! Ich *will* das machen«? Was lässt Sie morgens begeistert aus dem Bett springen? Notieren Sie hier Ihre Auswahl.

Sie können theoretisch auch mehrere Traumbilder haben, die Sie motivieren. Am Anfang ist es jedoch einfacher, wenn Sie sich auf ein einziges Bild konzentrieren.

Meine Auswahl an Traumbildern

Mein Traumbild 1: ______________________________

____

Mein Traumbild 2: ______________________________

____

Mein Traumbild 3: ______________________________

____

Mein Traumbild 4: ______________________________

____

Mein Traumbild 5: ______________________________

____

Mein Traumbild 6: ______________________________

____

Mein Traumbild 7: ______________________________

____

Meine Entscheidung: ______________________________

____

Vom Traumbild ZUR VISION

Lassen Sie uns nun Möglichkeiten betrachten, wie Ihr Traumbild oder Traumziel noch mehr Wirkung entfalten kann. Ordnen Sie dazu Ihr Ziel in einen größeren Zusammenhang ein. Fragen Sie sich, welches große, übergeordnete Wunschbild Sie haben. Welche Vision verfolgen Sie? Wie oder wo sehen Sie sich in der Zukunft?
Es geht also darum, das bereits definierte Traumziel als Zwischenziel auf dem Weg zu einem noch größeren Ziel einzuordnen. Wenn Sie sich irgendwann fragen: »Warum das alles? Warum soll ich mich so anstrengen?«, dann gibt Ihnen dieses umfassende Bild eine gute Antwort.

Grafikdesigner Jonas Schwirnikowsci könnte sich zum Beispiel wünschen, am 1. Mai in zehn Jahren seine eigene Werbeagentur zu gründen, die am 1. Mai in 14 Jahren in der Branche für ihre besonders einfallsreichen Kampagnen berühmt ist. Der Gewinn eines ADC-Nagels ist also nur ein wichtiger Zwischenerfolg auf seinem Weg zur eigenen, erfolgreichen Kreativagentur. Diese Vision könnte ihm helfen, seine Motivation dauerhaft aufrechtzuerhalten. Das Bild, das er zu seiner Motivation gezeichnet hat, ist noch größer und umfassender geworden. Es hat eine neue Dimension erreicht und ist nun so etwas wie ein Lebensentwurf.
Ihre große Vision formulieren Sie am besten ebenso wie das erste Traumziel in der Gegenwart, so präzise wie möglich und mit einer exakten Zeitangabe. Machen Sie Nägel mit Köpfen. Sprechen Sie

Ein Mensch ohne Vision ist wie ein führungsloses Schiff, das von den Wellen hin- und hergeworfen wird. **Lichten Sie den Anker. Setzen Sie Segel.** ***Brechen Sie auf zu einem Ziel.***

nicht von »irgendwann in der Zukunft«. Das wirkt beliebig und unentschlossen. Legen Sie sich eindeutig fest.

Vielleicht haben Sie sich beim letzten Beispiel gefragt: Was soll denn das mit dem 1. Mai? Er wird ja wohl kaum schon zehn Jahre im Voraus wissen, dass er genau am 1. Mai seine Firma gründen wird. Damit haben Sie völlig recht. Höchstwahrscheinlich wird Jonas Schwirnikowsci seine Agentur nicht an einem 1. Mai gründen. Aber darauf kommt es auch gar nicht an. Ob das Datum stimmt oder nicht, ist egal. Es kommt allein darauf an, dass der Termin theoretisch möglich erscheint und klar festgelegt ist. Wir brauchen konkrete, klare Ziele, auf die wir hinarbeiten können. Sie sind unsere Fixsterne, an denen wir uns orientieren. Wenn Sie nebulös von »irgendwann in ein paar Jahren« sprechen, dann werden Sie Ihr Ziel niemals erreichen. Jedenfalls nicht zielgerichtet und effizient.

Der Visions-Boost: Gutes tun. Beim Abschnitt mit der Mohrrübe habe ich von einer Energie gesprochen, die uns dazu bewegt, aktiv zu werden. Von einer Vision kann eine starke Energie ausgehen. Hier ein Tipp, wie Sie diese Kraft zusätzlich noch verstärken können: Koppeln Sie Ihre Vision an etwas, was auch anderen nützt. Genauer: Wenn Sie Ihre Vision umsetzen, sollten auch andere davon profitieren. Sie sollten dann das Gefühl haben, anderen geholfen oder ganz allgemein etwas Gutes getan zu haben. Für sich selbst aktiv zu werden, ist schön. Aber anderen damit zu helfen, ist noch viel schöner. Sie werden sehen: Das wird Ihrer Motivation einen gewaltigen zusätzlichen Schub geben. Denn nun arbeiten Sie nicht nur für sich, Sie arbeiten auch, um anderen zu helfen, um anderen etwas Gutes zu tun, um andere voranzubringen. Das ist ein außerordentlich gutes Gefühl, das eine starke Motivation hervorruft.

Grafikdesigner Jonas aus unserem Beispiel könnte etwa beschließen, jedes Jahr 10 Prozent des Firmengewinns an ein Kinderhilfswerk zu spenden. Oder er könnte sich dafür entscheiden, eine Agentur zu eröffnen, die nur Aufträge von Firmen annimmt, die sich für das Gute in der Welt starkmachen. Förderbanken, Social Businesses, Umweltschutzorganisationen und so weiter. Auf diese Weise würde seine Agentur nicht nur für Spaß und Gewinnmaximierung arbeiten, sondern auch für etwas Gutes.

Jeder normal gepolte Mensch freut sich, wenn er anderen helfen kann. Das nutzen wir.

Achten Sie darauf, etwas auszuwählen, dem Sie sich wirklich im Herzen verbunden fühlen. Erst dann springt das zusätzliche Triebwerk an und sorgt für den Extraschub Motivation. Wenn Sie mit Ihrem Projekt auch einer Tierschutzorganisation nützen, aber in Wirklichkeit keinen Draht zu Tieren haben, dann stellen Sie sich mit diesem Vorgehen selbst ein Bein. Dann wird diese Maßnahme eher zu einer Bremse als zu einer Rakete.

Es liegt nahe, zunächst nach seinem eigenen Vorteil zu schauen, um sich zu motivieren. Noch schöner ist es aber, nicht nur an sich zu denken, sondern auch an andere. Fragen Sie sich: Wie kann ich dieses Projekt nutzen, um anderen eine Hilfe oder Inspiration zu sein? Was auf den ersten Blick wie ein Akt der selbstlosen Nächstenliebe erscheinen mag, löst in Wirklichkeit ein Gefühl aus, von dem Sie selbst am meisten profitieren. Der Filmemacher Steven Spielberg hat das einmal so erklärt:

»Das letztendliche Geheimnis, das die Quintessenz von Star Wars und den anderen Filmen darstellt, lautet folgendermaßen. In dieser Welt gibt es zwei Arten von Menschen: mitfühlende Menschen und egoistische Menschen. Egoisten leben auf der dunklen Seite. Mitfühlende Menschen leben auf der hellen Seite. Und wenn du auf die Seite des Lichts gehst, wirst du glücklich sein. Weil Mitgefühl,

anderen Menschen helfen, nicht an sich selbst denken, sondern an andere, das verschafft dir eine Freude, die du auf andere Art und Weise nicht erreichen kannst.
Egoistisch sein, seinem eigenen Vergnügen folgen, sich immer selbst mit Vergnügungen unterhalten und sich Dinge kaufen und Sachen machen, das wird dich immer unglücklich machen. Du wirst nie zum Punkt kommen. Du wirst diesen kleinen, sofortigen Schuss Vergnügen bekommen, aber dieses Vergnügen verschwindet – und dann bist du in der Sackgasse, in der du vorher schon warst. Und je mehr du so lebst, desto schlimmer wird es. Du bekommst am Ende alles, was du willst, und du fühlst dich erbärmlich, weil am Ende dieser Straße nichts ist. Wenn du dagegen mitfühlend bist, dann wirst du ans Ende der Straße gelangen, du hast so vielen Menschen geholfen.«[2]

Die Übung »Meine Vision«. Ähnlich wie bei der Suche nach Ihrem Traumbild sollten Sie sich auch bei der Suche nach Ihrer Vision Zeit nehmen. Nehmen Sie ein Notizblatt zur Hand, und überlegen Sie sich, wie die Erfolgsgeschichte aussehen soll, die Ihr Leben schreibt. Was ist Ihre große Vision? Denken Sie daran, dass Ihre Vision noch kraftvoller ist, wenn davon nicht nur Sie profitieren, sondern auch andere. Schaffen Sie eine Auswahl an Ideen, und schlafen Sie erst einmal darüber. Mit etwas Abstand kann man die Dinge meistens besser beurteilen. Schreiben Sie hier Ihre zehn besten Ideen auf. Versuchen Sie, jede Vision in einem Satz zu formulieren. Das hilft Ihnen, die Idee auf den Punkt zu bringen und den Kern herauszuarbeiten. Legen Sie sich dann auf die eine große Vision fest, die Sie am meisten bewegt und anspricht. Hören Sie dabei vor allem auf Ihren Bauch. Der hat meistens recht.

2 Quelle des Videos: https://www.goalcast.com/2017/01/06/georges-lucas-choose-your-path/

Meine Auswahl an Visionen

Meine Vision 1: ______________________________

____

Meine Vision 2: ______________________________

____

Meine Vision 3: ______________________________

____

Meine Vision 4: ______________________________

____

Meine Vision 5: ______________________________

____

Meine Vision 6: ______________________________

____

Meine Vision 7: ______________________________

____

Meine Vision 8: ______________________________

____

Meine Vision 9: ______________________________

____

Meine Vision 10: ______________________________

____

Meine Entscheidung: ______________________________

____

Von der Vision zur Haltung. Bleiben wir bei unserem Beispiel: Jonas hat ein Traumbild, das ihn motiviert, beruflich Gas zu geben. Er hat dieses Ziel in einen größeren Kontext eingeordnet und damit noch stärker gemacht. Schön und gut, aber damit ist es noch nicht getan. Er muss auch einen Weg finden, sich täglich daran zu erinnern und so das Bild lebendig zu halten. Denn mit diesen Wunschbildern verhält es sich wie mit vielen aktuellen Nachrichten. Heute sind die Medien noch voll davon und alle reden darüber. Doch schon morgen oder übermorgen geht es wieder um ganz andere Themen. So ist es auch mit Wunschbildern und Visionen. Damit sie nachhaltig wirken, muss man sich Tag für Tag mit ihnen beschäftigen.

Außerdem genügt es nicht, ein Wunschbild als Hintergrund auf seinem Notebook und Smartphone zu haben und seine Passwörter in das Schlagwort des Traums umzuändern. Das dient nur zur Erinnerung. Was Sie unbedingt tun müssen, ist, eine innere Haltung aus dem Ziel abzuleiten:

- Wie müssen Sie sich verhalten, damit Sie Ihre Ziele erreichen?
- Welche Eigenschaften müssen Sie erwerben?
- Was für einen Charakter brauchen Sie?

Jonas möchte seine eigene erfolgreiche Kreativagentur aufbauen. Welche innere Haltung kann man nun aus dieser Vision folgern?

Welche Ziele Sie wählen, definiert, wer Sie sind.

Wer so ein ambitioniertes Ziel hat, kann sich nicht mit mittelmäßigen Ideen zufriedengeben. »Das ist schon okay« ist für Jonas eben nicht okay. Ihm muss es darum gehen, eine Haltung einzunehmen, nach der für ihn nur außergewöhnliche Ideen akzeptabel sind, die begeistern. Alles andere hilft ihm nicht, sein Traumbild und seine Vision umsetzen zu können. Außerdem ist es ratsam, sich schon jetzt Führungskompetenz anzueignen und zu lernen, Verantwortung zu übernehmen. Die Haltung ist also: Ich ducke mich nicht weg und verkrieche mich hinter meinem Rechner, nein, ich nehme die Dinge in die Hand und übernehme Verantwortung. Neben der fachlichen Kompetenz sollte sich Jonas darum kümmern, ein Netzwerk aufzubauen und Kontakte in die Branche zu knüpfen. Er braucht Eigenschaften wie Offenheit, Kontaktfreude, Neugierde, Mut und Leidenschaft für seine Arbeit.

Die Übung »Meine Haltung«. Nehmen Sie ein Notizblatt zur Hand, und überlegen Sie, welche innere Haltung Sie aus Ihren Zielen ableiten sollten. Wie müssen Sie sein, wenn Sie Ihre Vision und Ihr Traumbild realisieren wollen? Welche Eigenschaften müssen Sie sich aneignen? Das herauszufinden ist schwieriger, als man meint. Denn Sie müssen sich auch fragen, ob diese Haltung und diese Eigenschaften überhaupt zu Ihnen passen. Sind Sie das? Können Sie das? Wollen Sie das? Seien Sie ehrlich zu sich selbst. Aus einem introvertierten Typen, der ungern vor anderen redet, wird nur schwer ein charismatischer Anführer. Es ist nicht unmöglich, schließlich gibt es Trainer für so etwas. Aber es ist zumindest schwierig. Fühlen Sie in sich hinein, ob Sie sich wohl mit dieser Haltung fühlen. Hören Sie auf Ihren Bauch.

Notieren Sie sich Ideen, schlafen Sie eine Nacht darüber, und bewerten Sie die Notizen am nächsten Tag mit etwas Abstand. Fassen Sie die wichtigsten zehn Punkte zusammen. Diesmal jedoch sind diese zehn Punkte bereits Ihre Auswahl. Versuchen Sie, sich auf maximal zehn Punkte zu beschränken, sonst wird es kompliziert. Sie haben nur fünf Dinge, die Sie notieren möchten? Umso besser.

Meine innere Haltung aus meinen Zielen

Haltung 1: ______________________________

____

Haltung 2: ______________________________

____

Haltung 3: ______________________________

____

Haltung 4: ______________________________

____

Haltung 5: ______________________________

____

Haltung 6: ______________________________

____

Haltung 7: ______________________________

____

Haltung 8: ______________________________

____

Haltung 9: ______________________________

____

Haltung 10: ______________________________

____

Bei der Auswahl Ihres Traumbilds kommt es auf die richtige Mischung zwischen ambitioniert und glaubhaft an.

Seien Sie ehrgeizig. Denken Sie

GROSS.

Sie sind der Kapitän Ihres Lebens. Die Vision und die Ziele kann man sich wie eine Seekarte vorstellen, die einem hilft, auf seinem Schiff im Hier und Jetzt die richtigen Kommandos zu geben und die passenden Entscheidungen zu treffen. Wir alle sind der Kapitän unseres Lebens. Wir entscheiden, wohin die Reise geht. Niemand sonst. Niemand kann uns diese Entscheidungen abnehmen. Wir sind ganz allein dafür verantwortlich, wie unsere Reise verläuft und wo wir am Ende ankommen.

Es gibt viele Menschen, die ohne Plan unterwegs sind. Sie lassen sich einfach treiben und leben von einem Tag auf den nächsten. Ich möchte mir nicht anmaßen, das zu kritisieren. Jeder soll sein Leben so gestalten, wie er oder sie es für richtig hält. Aber in diesem Buch geht es darum, einfach anzufangen. Und dafür ist es hilfreich, einen klaren Grund für das Anfangen vor Augen zu haben und seine Ziele zu kennen. Wer eine klare Vorstellung davon hat, wo er hinwill, hat es leichter, sich aufzuraffen, Segel zu setzen und seine Vision mit aller Kraft zu verfolgen. So gehen Sie vor:

1. Finden Sie ein ambitioniertes, aber realistisches Traumbild, das Ihnen hilft, sich für Ihr Projekt zu motivieren. Weg von »Das *muss* ich tun« hin zu »Das *will* ich tun«.
2. Legen Sie konkret fest, bis wann Sie es erreichen wollen.
3. Erwecken Sie dieses Bild zum Leben, indem Sie es sich so deutlich wie möglich ausmalen. Schmücken Sie dieses Bild so detailliert aus, wie Sie können. Beziehen Sie alle Sinne mit ein.
4. Nutzen Sie Materialien wie Bilder und Skizzen, um es sich klar vorstellen zu können. Fassen Sie alles in einem Umschlag, einer Mappe oder einem Aktenordner zusammen.
5. Sorgen Sie dafür, dass Sie das Bild mindestens einmal am Tag sehen.

6. Ordnen Sie das Traumbild als Zwischenstation zu einer noch größeren Vision ein. Denken Sie groß und langfristig. Sehen Sie die Vision wie eine Art Lebensentwurf. Was ist Ihre große Vision?
7. Nutzen Sie den Visions-Boost »Gutes tun«. Fragen Sie sich, wie Ihre Vision nicht nur Ihnen nützen kann, sondern auch anderen.
8. Legen Sie konkret fest, bis wann Sie Ihre Vision umsetzen wollen.
9. Erwecken Sie Ihre Vision zum Leben, indem Sie sie sich so deutlich wie möglich ausmalen. Schmücken Sie Ihre Vision so detailliert aus, wie Sie können. Beziehen Sie alle Sinne mit ein.
10. Nutzen Sie Materialien wie Bilder und Skizzen, um es sich klar vorstellen zu können. Ordnen Sie auch diese Materialien in den Umschlag, die Mappe oder den Aktenordner ein.
11. Finden Sie eine Möglichkeit, sich diese Vision mindestens einmal am Tag vor Augen zu führen.
12. Leiten Sie aus dem Traumbild und Ihrer Vision eine Haltung ab. Was bedeutet das für Sie? Wer müssen Sie sein, um diese Ziele erreichen zu können?
13. Kontrollieren Sie regelmäßig, ob Sie noch das richtige Traumbild und die richtige Vision verfolgen oder ob Ihr Herz längst an etwas anderem hängt.

Im nächsten Schritt legen wir uns einen konkreten Plan zu, wie wir unsere Ziele erreichen können.

Hintergrundinfo: Warum Geschichten so gut funktionieren. Beim Traumbild arbeiten wir mit Geschichten, in die wir uns gedanklich hineinversetzen. Wir schlüpfen in bestimmte Situationen. Damit uns das gelingt, müssen wir uns die Vorstellung davon möglichst lebendig und detailliert ausmalen. Je mehr Sinne wir dabei ansprechen, desto echter wirkt das Bild. Warum funktioniert das bei uns Menschen so gut?

> **Geschichten sind wie das Holodeck in der TV-Serie Raumschiff Enterprise. Mit ihnen simulieren wir Situationen.**

Der Grund: Unser Körper unterscheidet nicht zwischen real erlebten und ausgedachten Geschichten. Geschichten sind aus neurophysiologischer Sicht Erlebnisse. Wenn wir eine Geschichte hören, aktiviert unser Gehirn dabei verschiedene Areale. Zum Beispiel das Sprachzentrum und Bereiche, die etwa für die Wahrnehmung von Duft, Geschmack, Freude oder Schmerz zuständig sind, wenn das in der Geschichte vorkommt. Beschreibt die Geschichte, wie wir im Sommer an einer roten Rose riechen, wird dabei im Gehirn das olfaktorische Zentrum im sensorischen Cortex aktiviert (vom Lateinischen »olfacere«, riechen). Wenn wir einen Thriller sehen und in der Handlung versinken, dann spüren wir die Spannung am ganzen Körper. Das ist nicht nur eine Vorstellung, sondern tatsächlich eine körperliche Reaktion. Die Geschichte löst aus, dass Hormone und Botenstoffe ausgeschüttet werden und wir emotional reagieren. Wenn ein Killer sich auf leisen Sohlen an den Helden der Geschichte heranschleicht, der nichts ahnend unter der Dusche steht, dann lässt uns das nicht kalt. Unser Puls steigt, unser Herz schlägt schneller, unsere Hände werden feucht, unsere Finger ballen sich zu Fäusten. Wir stehen unter Strom und erleben das Geschehen mit. Kommt es zum Kampf zwischen den beiden, leuchtet unser motorischer Cortex im Gehirn auf. Wir sehen nicht nur unbeteiligt zu, wir erleben die Geschichte real körperlich mit. Das ist keine Theorie, das ist messbar, also Fakt.

Warum ist das so? Eine mögliche Erklärung ist, dass uns Geschichten in einen Zustand versetzen, in dem wir Erlebnisse und Erfahrungen simulieren und üben. Wir sehen einen Helden, der in eine bestimmte Situation geworfen wird. Er muss Hindernisse und Konflikte überwinden, um am Ende erfolgreich eine persönliche Veränderung durchgemacht zu haben. Wir identifizieren uns mit dem Helden. Er ist unser Stellvertreter, der an unserer Stelle das Abenteuer besteht. Wir sehen ihm zu, leiden mit und machen auf diese Weise seine Erlebnisse zu unseren eigenen.

Geschichten helfen uns, die Welt zu begreifen und Verhaltensweisen einzuüben.

Der Mensch hat sich seit Jahrtausenden kaum verändert. Er ist also noch immer darauf programmiert, in einer feindlichen Umgebung zu überleben. Je besser er Reaktionen und Verhaltensweisen eingeübt hat, desto besser stehen seine Chancen in dieser Welt. Erfahrungen sind also wertvoll. Wie wichtig Geschichten sind, um die Welt um uns herum zu begreifen, sieht man gut an Kindern. Sie können nicht genug von Geschichten bekommen, denn sie lernen über Geschichten, wie sie sich in der Welt verhalten sollen.

Eine wichtige Rolle bei diesen Vorgängen im Körper scheinen die Spiegelneuronen zu spielen. Ich schreibe bewusst »scheinen«, weil die genauen Zusammenhänge wissenschaftlich noch nicht vollständig geklärt und bewiesen sind. Trotzdem lohnt es sich, einen Blick auf die Spiegelneuronen zu werfen.

Ihre Entdeckung im Jahr 1996 war ein Zufall. Eine italienische Forschergruppe unter der Leitung von Giacomo Rizzolatti an der Universität Parma forschte an Schimpansen, wie Handlungen im Gehirn geplant und umgesetzt werden. Der Versuchsaufbau sah so aus: Ein Schimpanse wurde an ein Messgerät angeschlossen, das

zeigen sollte, welche Nervenzellen aktiv werden, wenn er nach einer Nuss greift. Das Überraschende war, dass die Nervenzelle nicht nur Signale schickte, wenn der Affe selbst nach der Nuss griff, sondern auch, wenn das Tier nur zusah, wie ein Wissenschaftler nach der Nuss griff. Die Nervenzelle reagierte so, als habe nicht der Mann nach der Nuss gegriffen, sondern der Affe selbst. Das Geschehen wurde im Gehirn beobachtet und so verarbeitet, als sei der Affe selbst aktiv geworden. Die Spiegelneuronen waren entdeckt.
Man braucht keine Messgeräte, um die Auswirkungen der Spiegelneuronen selbst zu erleben. Denn jeder von uns verfügt über diese Neuronen. Mit ihnen spiegeln wir das, was wir wahrnehmen. Lacht jemand, werden wir leicht davon angesteckt und müssen mitlachen. Weint unser Gegenüber, kann es sein, dass wir ebenfalls traurig werden. Wir sind mitfühlend, wir spiegeln das Erlebte unserer Umwelt in unserem Körper. Gähnt jemand, werden wir ebenfalls müde. Lächelt uns jemand an, lächeln wir zurück.

Der Mensch ist ein mitfühlendes Wesen. Verantwortlich dafür scheinen die Spiegelneuronen zu sein.

Vergleichen kann man das mit den Saiten eines Musikinstruments. Wenn wir eine Gitarrensaite zupfen, bringen wir damit auch die anderen Saiten zum Schwingen.
Aus diesem Grund sind Geschichten so mächtig. Untersuchungen haben gezeigt, dass wir uns Geschichten bis zu 22-mal besser merken können als pure Fakten. Kein Wunder: Schließlich erleben wir Geschichten mit und Fakten nicht. Wir werden in diesem Buch oft mit Bildern und Geschichten arbeiten. Jetzt wissen Sie, warum.

× × ×

Der Weg zum Ziel

SO MOTIVIEREN PLÄNE

Hier geht's lang:
DIE ORIENTIERUNGSKARTE

Wir sind inzwischen schon gut unterwegs. Zum einen haben wir ein Traumbild im Kopf, das wir mit einer übergreifenden, langfristigen Vision verstärkt haben. Wir erinnern uns täglich an diese Ziele und haben verstanden, dass wir dauerhaft eine Haltung einnehmen müssen, die im Einklang damit steht. Damit wir uns das besser vorstellen können, haben wir einige Materialien zusammengestellt.

Das Material, das Traumbild und Vision darstellt, wollen wir nun plakativ auf den Punkt bringen.

Es ist notwendig, sich näher mit diesen Zielen zu beschäftigen und an ihrer Visualisierung zu arbeiten. Die Unterlagen im Umschlag, der Mappe oder dem Aktenordner haben nur einen Nachteil: Sie sind so umfangreich, dass wir sie nicht eben mal in die Hosentasche stecken können. Außerdem wäre es schön, die Ziele kompakt auf einen Blick erfassen zu können. Eine Möglichkeit, die Unterlagen trotzdem immer dabeihaben zu können, ist, sie mit dem Smartphone abzufotografieren. Es gibt aber noch eine bessere Möglichkeit, alles plakativ und einfach zusammenzufassen.

Zeichnen Sie Ihre »Orientierungskarte«. Zur besseren Übersicht zeichnen wir uns eine Karte. Ich finde das toll, es erinnert mich an eine Schatzkarte. Aber tatsächlich ist es die Karte für einige Jahre Ihres Lebens. Nennen wir sie »Orientierungskarte«. Aufregend, oder?

- Nehmen Sie ein Blatt Papier zur Hand, und zeichnen Sie nun Ihre **Vision** ein. Mit welchem Symbol oder mit welchem Bild kann man sie plakativ auf den Punkt bringen? Versuchen Sie, mit einer schnellen Skizze zu arbeiten. Falls Ihnen nichts Geeignetes einfällt, schreiben Sie zumindest ein paar Stichworte aufs Papier, die Ihre Vision beschreiben. Sie können auch Skizze und Stichworte kombinieren.
- Zeichnen Sie nun ein Symbol oder eine Skizze ein, die Ihr **Traumbild** darstellt und eine Zwischenstation zur Vision markiert. Beschreiben Sie das Bild mit einigen Stichworten.
- Legen Sie nun weitere **Zwischenziele** auf dem Weg zur Vision fest. Lassen Sie sich Zeit. Seinen Lebensweg plant man nicht mal eben so im Handumdrehen.
- Was muss Ihre **Haltung** sein, damit Sie Ihre Ziele verwirklichen können? Welche Eigenschaften müssen Sie entwickeln? Notieren Sie sich einige Punkte auf der Karte, die Ihre Haltung auf den Punkt bringen.

Hier ein Beispiel. Jonas, der Grafikdesigner mit dem nicht ganz einfach auszusprechenden Nachnamen, könnte als große Vision die Gründung einer eigenen erfolgreichen Agentur anpeilen. Wie kann er diese Vision plakativ darstellen? Eine Möglichkeit wäre zum Beispiel, ein Türschild zu zeichnen, auf dem steht: »Schwirnikowsci & Partner Werbeagentur GWA«. GWA ist der Gesamtverband Kommunikationsagenturen, in dem sich die führenden Agenturen Deutschlands zusammengeschlossen haben. Also eine Art Gütesiegel. Jonas ist ein Kreativer. Er legt Wert darauf, nicht irgendeine Agentur zu gründen, sondern eine Kreativagentur, die interessante Ideen umsetzt. Das könnte er zum Beispiel mit zwei Lorbeerzweigen links und rechts vom Türschild symbolisieren. Sie kennen sicher das Bild vom Lorbeerkranz, mit dem ein Sieger gekürt wird. Bei den Symbolen kommt es darauf an, dass sie möglichst einfach und klar verständlich sind.

Über dem Schild könnte Jonas noch das Datum ergänzen, wann diese Vision realisiert sein soll. Und zwar möglichst konkret, 1. Mai 2027 etwa.

Als Visions-Boost könnte Jonas die Strichzeichnung von zwei Kindern ergänzen, die die Arme nach oben recken und jubeln. Daneben könnte stehen: »10% des Jahresgewinns an UNICEF«. Seine Agentur würde sich also verpflichten, jedes Jahr 10 Prozent des Gewinns an die Kinderhilfsorganisation UNICEF zu spenden. Eine schöne Motivation. Der Aufbau der Agentur würde somit nicht nur Jonas und sein Team voranbringen, sondern auch bedürftige Kinder.

Als Nächstes überlegt sich Jonas, wie er sein Wunschbild darstellen könnte, den Abend der ADC-Preisverleihung, bei der er Gold verliehen bekommen möchte. Um was geht es hier? Es geht um Anerkennung und Respekt. Jonas steht im Mittelpunkt, er wird für seine Leistung geehrt. Vereinfacht darstellen könnte er das mit einem Strichmännchen, das in einem Scheinwerferkegel steht. Daneben könnte er einen großen ADC-Nagel zeichnen, die Trophäe des ADC Festivals. Diese beiden Symbole würden sein Traumbild visuell auf den Punkt bringen.

Nun gilt es, den Weg vom Traumbild zur großen Vision darzustellen. Das ist eine große Herausforderung, denn wir versuchen hier, in die Zukunft zu schauen. Die Fragen, die wir uns stellen müssen, lauten: Wie realisiere ich meine Vision? Wie ist mein Plan? Wie gehe ich es konkret an? Wie sehen die Zwischenschritte aus?

Jonas könnte zum Beispiel zunächst eine Karriere als Angestellter anstreben und Führungserfahrung sammeln, bevor er den Sprung in die Selbstständigkeit wagt. Danach könnte er den Arbeitgeber wechseln, um sich auch in anderen Bereichen Fähigkeiten und Wissen anzueignen. Seine Zwischenstationen könnten etwas so aussehen:

Rechts neben die Scheinwerferskizze mit dem Männchen zeichnet Jonas ein weiteres Männchen, das stolz und aufrecht dasteht. Darunter steht: »Senior-Designer«. Rechts daneben skizziert er eine Person, die noch etwas größer ist. Beschriftung: »Creative Director«. Nun erfolgt der Wechsel in eine andere Agentur. Ein paar Zentimeter weiter zeichnet er ein Strichmännchen, das mit »Creative Director in einer Mobile-Agentur« beschriftet ist. Eine Mobile-Agentur hat sich auf die Werbung rund um Smartphones spezialisiert. Rechts daneben notiert er sein letztes Zwischenziel – die Skizze einer Person, unter der steht: »Creative Director in einer Content-Marketing-Agentur«. Von hier aus möchte Jonas dann den Sprung in die eigene Agentur wagen. Das Firmenschild ist also ganz rechts eingezeichnet.

Wir wollen nicht werten, ob das ein kluger Plan ist oder nicht. Es geht hier allein darum, darzustellen, wie man mit simplen Symbolen und wenigen Stichpunkten eine Orientierungskarte entwerfen kann. Die Idee, sein eigenes Strichmännchen bei jedem beruflichen Aufstieg immer etwas größer zu zeichnen, stammt übrigens aus dem Mittelalter. Könige und Kaiser wurden gern groß gezeichnet, einfache Soldaten und das normale Volk klein.

Jetzt verbinden wir alle Punkte, die wir bisher kennengelernt haben, zu einem Plan. Der Plan ist der konkrete Weg, den wir gehen müssen, um alle definierten Ziele zu erreichen. Die Ziele sind das »Was«, die geplanten Maßnahmen das »Wie«.

Verbinden Sie die Punkte. Welche Maßnahmen müssen Sie treffen, um die Zwischenziele erreichen zu können? Je weiter die Zwischenziele in der Zukunft liegen, desto schwerer ist es, Maßnahmen zu planen. Je näher an der Gegenwart die Ziele sind, desto leichter fällt es, konkret zu werden. Legen Sie besonders beim ersten Zwischenziel Wert auf eine genaue Planung. Das Ziel ist klar. Die Frage ist jetzt: Was müssen Sie konkret unternehmen, um es bis zum ange-

N

W O

S

Orientierungsplan für: ______________________________

Erstellt am: ______________________________

strebten Termin zu erreichen? Die Maßnahmen können Sie stichpunktartig auf der Orientierungskarte eintragen. Ich empfehle Ihnen aber, das nur sehr grundsätzlich zu tun und nicht in die Details zu gehen. Denn für die genaue Planung werden wir uns gleich einen sogenannten »Handlungsplan« erstellen.

Beispiel: Maßnahmen für den Goldgewinn. Greifen wir wieder unser Beispiel mit Grafikdesigner Jonas Schwirnikowsci auf. Sein Traumbild und erstes Zwischenziel auf dem Weg zur großen Vision ist, beim nächsten ADC-Wettbewerb Gold zu gewinnen. Welche Maßnahmen könnte er ergreifen, um dieses Ziel zu erreichen? Folgendes könnte Jonas dazu aufgeschrieben haben:

Um den ADC-Goldnagel zu gewinnen, schaue ich mir jeden Morgen in der Agentur um 9 Uhr als Erstes 10 Minuten lang Gewinnerarbeiten der letzten Jahre an. So bekomme ich ein besseres Gefühl dafür, worauf es ankommt. 10 Minuten sind nicht viel. Aber jeden Tag 10 Minuten, das sind schon 50 Minuten in der Woche. Früher bin ich oft 10 Minuten zu spät gekommen, jetzt komme ich pünktlich und nutze die 10 Minuten zur Recherche. Das hat auch den Vorteil, dass ich motiviert in den Tag starte.
Ich schlage die Kriterien nach, die eine Arbeit erfüllen muss, um von der Jury mit Gold ausgezeichnet zu werden, und hänge mir einen Ausdruck davon an meinem Arbeitsplatz auf.
Außerdem höre ich mich bei den Kollegen regelmäßig nach interessanten Kundenbriefings um. Wenn eines besonders interessant ist und nach einer Chance aussieht, dann setze ich alles daran, ins Team zu kommen, das sich darum kümmert.
Ich nehme die Haltung ein, dass ich mich nur mit wirklich exzellenten Ideen und Konzepten zufriedengebe, selbst dann, wenn ich dadurch Überstunden in Kauf nehmen muss. Neues entsteht leichter durch Neues. Deshalb arbeite ich mit unterschiedlichen Teampartnern zusammen und klammere mich nicht an Stephan.

Mit Stephan, meinem Textpartner, verstehe ich mich zwar sehr gut, aber sein Ehrgeiz ist leider nicht sehr ausgeprägt.
Mein Creative Director weiß, dass ich beim nächsten ADC Festival Gold gewinnen möchte. Er findet das super und unterstützt mich dabei, indem er mich bei den Aufgaben einteilt, die aus seiner Sicht besonderes Potential haben.

Das sind schon recht ordentliche Maßnahmen. Was hier aber noch fehlt, ist die richtige Form. Im Folgenden schauen wir uns an, wie Sie Ihre Maßnahmen in einen Handlungsplan einordnen können.

Legen Sie los:
DER HANDLUNGSPLAN

Ein Handlungsplan ist ein genauer Zeitplan, auf dem steht, *was Sie wann* leisten müssen, um am Ende Ihr Ziel zu erreichen. Damit entsteht ein überraschender psychologischer Effekt: Die *willentliche Anstrengung,* einfach anzufangen, verlagert sich teilweise auf den Handlungsplan und nicht mehr ausschließlich auf das eigentliche Projekt. Es wird Ihnen Freude bereiten, den Handlungsplan abhaken zu können. Gleichzeitig sehen Sie so auch, dass Sie tatsächlich vorankommen und nicht ins Blaue hineinarbeiten. Wir werden später beim Punkt »Gamification« noch näher auf diese Effekte eingehen. Hier betrachten wir jetzt erst einmal ein Beispiel, um die Theorie konkret zu machen.

Das Beispiel »Handlungsplan zur Seminararbeit«. Nehmen wir an, die Studentin Anne muss eine Seminararbeit schreiben. Doch um überhaupt loslegen zu können, muss sie sich durch ein 300-Seiten-Fachbuch hindurcharbeiten. Dummerweise ist die Lektüre so trocken wie ein 30 Jahre alter Keks. Es macht einfach keinen Spaß, sich damit zu beschäftigen. Leider kenne ich keinen Trick, wie man das Lesen vergnüglich gestalten kann, aber ich habe immerhin einige Tipps, wie man gut vorankommt. Hier sind sie.

- **Schritt 1: Timing.** Legen Sie fest, bis wann Sie das Fachbuch gelesen haben wollen bzw. allgemein formuliert bis wann Sie Ihr Projekt beendet haben wollen.

- **Schritt 2: Fortschritt/Tag.** Überlegen Sie sich, wie viele Seiten Sie jeden Tag lesen müssen, um den Zeitplan einhalten zu können. Allgemein gesagt: Legen Sie fest, was Sie am Tag leisten müssen, um im Zeitplan zu bleiben.
- **Schritt 3: Handlungsplan.** Schreiben Sie Datum, Uhrzeit der Arbeitseinheit und angestrebte Seitenzahl bzw. angestrebte Leistung in einem Handlungsplan untereinander.

Ein Plan ist wie ein guter Freund, der Ihnen auf dem Weg zum Ziel zur Seite steht. Wer ohne ihn losgeht, macht sich das Leben unnötig schwer.

Der Trick »Vorsprung«. Aller Anfang ist schwer. Aber wenn man gar nicht anfangen muss, erweist er sich als erstaunlich leicht. Verzichten Sie darauf, für den ersten Tag eine Arbeitsleistung einzuplanen. Planen Sie für den ersten Tag ein, nichts zu schaffen. Das heißt: Wenn Sie am Montag loslegen, dann planen Sie für Montag keinen Fortschritt ein. Nichts. Gar nichts! Nicht das allerkleinste bisschen. Planen Sie nichts ein.

Der Effekt: Sie müssen laut Handlungsplan keinen Finger krumm machen und setzen sich somit nicht unter Druck. Laut Handlungsplan haben Sie offiziell frei. Das können Sie nun nutzen, indem Sie am Montag trotzdem mit der Arbeit beginnen und versuchen, sich einen Vorsprung zu erarbeiten. Am Montag machen Sie die Arbeit vom Dienstag. Das bedeutet, dass Sie am Dienstag nun ebenfalls in der komfortablen Situation sind, eigentlich nichts tun zu müssen, weil Sie Ihr Pensum ja schon gestern erledigt haben. Sie stehen wieder nicht unter dem Druck, unbedingt anfangen zu müssen. Ein psychologischer Vorteil, der es Ihnen leichter macht, anzufangen und weiter dranzubleiben.

Der Trick »Wachsender Vorsprung«. Noch motivierender ist dieser Effekt, wenn sich der Vorsprung jeden Tag etwas vergrößert. Damit das klappt, setzen Sie das tägliche Arbeitspensum recht niedrig an. Wenn Sie zum Beispiel davon ausgehen, dass Sie an einem Tag 60 Seiten eines Fachbuchs durcharbeiten können, dann schreiben Sie jeweils »50 Seiten« in Ihren Handlungsplan. Das hat folgende Vorteile: Zum einen stehen Sie weniger unter Druck, was das Anfangen erleichtert. Zum anderen erleben Sie keine Enttäuschung, wenn Sie durch irgendetwas aufgehalten werden und Ihr tägliches Maximalpensum nicht schaffen. Und zum Dritten – und darum geht es eigentlich – lösen Sie so das Erfolgserlebnis aus, deutlich mehr geschafft zu haben, als geplant war. Sie haben 50 Seiten eingeplant und 60 geschafft. Super! Ihr Spieltrieb ist geweckt. Vielleicht schaffen Sie morgen sogar 62 Seiten? Und übermorgen 64 Seiten? Es entsteht eine Dynamik, die Ihnen Rückenwind verschafft und Sie in einen motivierten Zustand versetzt.

Immer gut, wenn man einen Plan hat. Dadurch müssen Sie keine Energie aufwenden, um immer wieder neue Entscheidungen zu treffen.

Bevor ich weiter darauf eingehe, lassen Sie uns erst einmal einen beispielhaften konkreten Handlungsplan ansehen. Die Seitenzahlen und Uhrzeiten dienen nur als Beispiele. Dabei sind die Uhrzeiten ein wichtiger Bestandteil, denn sie machen das Ganze konkret. Wer ohne festgelegte Uhrzeiten arbeitet, öffnet der Aufschieberitis Tür und Tor. Man schiebt die Aufgaben immer weiter nach hinten – und am Ende macht man es dann oft gar nicht mehr.

Handlungsplan »Fachbuch lesen«

Zeit	Seiten	geschafft!
Mo 9 – 18 Uhr	**nichts**	
Di 9 – 18 Uhr	**bis Seite 50**	
Mi 9 – 18 Uhr	**bis Seite 100**	
Do 9 – 18 Uhr	**bis Seite 150**	
Fr 9 – 18 Uhr	**bis Seite 200**	
Mo 9 – 18 Uhr	**bis Seite 250**	
Di 9 – 18 Uhr	**bis Seite 300**	

- Markieren Sie alle Vorgaben mit einem Leuchtstift.
- Arbeiten Sie am Montag die ersten 50 Seiten durch.
- Streichen Sie die Vorgabe »bis Seite 50 lesen« durch oder haken Sie sie ab.

Zusammenfassung. Dieses Vorgehen hat eine Reihe von Vorteilen. Offiziell geplant haben Sie, am Dienstag mit den ersten 50 Seiten anzufangen. Nun können Sie am Dienstag erfreut feststellen, dass Sie schon fertig sind. Dieser psychologische Trick sorgt für eine positive Grundstimmung und nimmt dem »Einfach-Anfangen« die Schwere. Anfangen ist schwer. Aber wer offiziell schon vor dem Anfangen fertig ist, der hat keinen Druck, loslegen und funktionieren zu müssen. Wie großartig ist das denn? Sie sind schon viel weiter, als Sie eigentlich sein müssten. Es läuft super gut! Versuchen Sie, sich in einen Zustand der Freude zu versetzen. Genießen Sie es, schon fertig zu sein und nicht anfangen zu *müssen*, weil Sie unter Druck stehen, sondern anfangen zu *wollen*, weil es ja eh schon gut läuft. Das Gefühl, schon vor dem Anfangen fertig zu sein, fühlt sich so gut an, dass Sie dieses Glück noch ausbauen wollen. Wäre es nicht großartig, dem Plan nicht nur 50 Seiten voraus zu sein, sondern sogar 60 Seiten? Beseelt von diesem Gedanken machen Sie sich freudig ans Werk. Anfangen macht plötzlich Spaß.

Was wären die großen Erfolge ohne die kleinen? Gerade erreichte Zwischenziele motivieren dazu, dranzubleiben.

Gamification im Handlungsplan. Wie kann man trockene und schwierige Bereiche auflockern und zum Weitermachen anregen? Gamification ist hier die Lösung. Dieses Vorgehen nutzt Merkmale aus dem Spielebereich, um Sie zu motivieren. Unter »Gamification« oder »Spielifizierung« versteht man den Einsatz von Spielelementen in Bereichen, die eigentlich nichts mit Spielen zu tun haben.

Was heißt das konkret? In einem Computerspiel gibt es zum Beispiel die klassische Aufgabe, eine Herausforderung in einer bestimmten Zeit zu meistern. Der Spieler steht unter Druck und muss sich anstrengen. Sein Geschick wird herausgefordert. Das kann zum Beispiel so aussehen: In 24 Stunden schlägt der geheimnisvolle Giftmörder in London wieder zu. Schafft der Detektiv es, den Täter bis dahin zu überführen? Oder: Das Königreich wird von gefährlichen Ungeheuern bedroht. Der König braucht dringend sein goldenes Zepter, um sein zerstrittenes Volk zu einen und gemeinsam in die Schlacht zu führen. Doch das Zepter wurde vom bösen Lord Graufuchs gestohlen. Schafft es der Ritter, dem König das Zepter rechtzeitig wieder zurückzubringen, bevor alles verloren ist?

Tun Sie, was Sie wollen.

Aber tun Sie's.

In unserem Seminararbeit-Beispiel stehen wir ebenfalls einer solchen Herausforderung gegenüber: Studentin Anne muss in vier Wochen eine Hausarbeit abgeben. Die Note hat großen Einfluss auf ihr Gesamtergebnis. Doch um eine gute Arbeit schreiben zu können, muss sie sich erst durch ein zähes Fachbuch kämpfen. Schafft sie es, dieses Buch rechtzeitig zu durchdringen, um dann auch noch genügend Zeit zu haben, die Hausarbeit zu schreiben? Ein klassischer Quest, eine klassische Herausforderung, die mit einer Fortschrittsanzeige kombiniert wird (Dienstag: 50 Seiten, Mittwoch: 50 Seiten usw.).

Mit einer **Fortschrittsanzeige** können Sie jederzeit klar erkennen, wo Sie stehen. Wer auf seinem Weg Fortschritte erkennt, der sieht, dass seine Bemühungen einen Effekt haben, und ist dadurch motiviert, weiterzugehen.

Sie können diese Fortschrittsanzeige nach Belieben verfeinern, indem Sie zum Beispiel ein sogenanntes **»Bergfest«** einbauen. Das heißt: Wenn Sie die Hälfte der Arbeit geschafft haben, belohnen Sie sich dafür. Der Begriff »Bergfest« impliziert: Die Hälfte ist geschafft, ab jetzt geht es leichter. Sie sind sozusagen »über den Berg«. Tatsächlich kann man nur deshalb behaupten, dass man es jetzt leichter habe, weil nun das gute Gefühl hinzugekommen ist, schon 50 Prozent hinter sich gebracht zu haben. Außerdem macht es Sinn, sich selbst das Erreichen von Zielen (Hausarbeit geschrieben) und Teilzielen (Fachbuch gelesen) mit Belohnungen schmackhaft und erstrebenswert zu machen. In Computerspielen funktioniert das genauso. Wenn der Held ein Teilziel erreicht hat, also zum Beispiel das goldene Zepter zurückerobert hat, bekommt er einen Bonus. Etwa eine zusätzliche Fähigkeit, die ihm die weitere Reise erleichtert.

Diese Fortschrittsanzeige und das **Belohnungssystem** sind äußerst beliebt. Denken Sie nur an Ihre Flugmeilen: Ihre Fluglinie führt ein Konto mit Ihren Bonusmeilen und lockt Sie mit einem Statusupgrade. »Statusmeilen zum Upgrade: 15 000/25 000« heißt es da zum Beispiel. »Flugsegmente zum Upgrade: 14/24«. Mit andere Worten: Noch 10 000 Statusmeilen sammeln oder noch 10-mal fliegen, dann bekommt man das heiß begehrte Upgrade. Nach diesem Prinzip funktionieren auch andere Bonusprogramme. Wir werden durch Gamification motiviert. Warum auch nicht? Das spricht uns an, das funktioniert. Also können wir es auch nutzen, um unsere Pläne und To-dos leichter abzuarbeiten.

Gamification kann trockene und schwierige Bereiche auflockern und zum Weitermachen anregen.

Ebenfalls auf Psychologie setzen wir, wenn wir am Ende nicht nur zufrieden das gelesene Fachbuch abhaken, sondern viele kleine Schritte dazwischen feiern. Ich meine das nicht nur im übertragenen Sinne, sondern ganz konkret: Nehmen Sie einen Stift, streichen Sie die Seitenzahl durch, und haken Sie sie ab. Geschafft! Super! Das fühlt sich gut an.
Wir zerlegen den Weg zu Seite 300 in viele Einzelziele. Jeden Tag nehmen wir uns vor, eines zu erreichen. Das **Durchstreichen und Abhaken** der Seitenzahlen zeigt an, dass wir wieder einen Schritt nach vorne gemacht und dem Ziel näher gekommen sind. Gleichzeitig löst das Erreichen eines Zwischenziels ein positives Gefühl in uns aus.

Der Einzeltag-Handlungsplan. Wir lieben Erfolge. Und seien sie auch noch so klein. Selbst der winzigste Erfolg motiviert uns, dranzubleiben und weiterzugehen. Aus diesem Grund ist es sinnvoll, auch das Tagesziel weiter aufzuteilen. Zum Beispiel so:

Dienstag: 50 Seiten lesen		
Zeit	Seiten	geschafft!
9 – 10 Uhr	6	☐
10 – 11 Uhr	6	☐
11 – 12 Uhr	6	☐
12 – 13 Uhr	Mittagspause	☐
13 – 14 Uhr	6	☐
14 – 15 Uhr	6	☐
15 – 16 Uhr	6	☐
16 – 17 Uhr	6	☐
17 – 18 Uhr	8	☐

Das Gefühl, mit dem Sie arbeiten, ist entscheidend dafür, wie Sie vorankommen. Achten Sie auch hier darauf, sich einen Vorsprung einzuräumen. Wenn Sie davon ausgehen, dass Sie in einer Stunden 7 Seiten durcharbeiten können, dann schreiben Sie 6 Seiten auf. Umso euphorischer werden Sie sich fühlen, wenn Sie in der ersten Stunde 7 oder sogar 8 Seiten geschafft haben. Die Zufriedenheit darüber, wie hervorragend Sie vorankommen, sorgt dafür, dass Sie motiviert weitermachen *wollen*. Überlegen Sie, wie negativ es sich anfühlen würde, wenn Sie in der ersten Stunde 6 Seiten schaffen wollen, aber leider nur 4 durcharbeiten können, weil das Buch so kompliziert ist. Das führt nicht gerade dazu, dass Sie mit Feuereifer dranbleiben. Die Wahl der Arbeitsleistung pro Zeiteinheit ist also eine wichtige Entscheidung, die gut überlegt sein will.

Wer sich mies fühlt, hat weder Lust anzufangen noch weiterzumachen. Besser, Sie fühlen sich auf der Spitze einer Erfolgswelle.

Im Beispiel oben errechnet sich die Seitenzahl, indem Sie die Anzahl der Gesamtseiten durch die Anzahl der Stunden teilen. Also 50 Seiten durch 8 Stunden. Das ergibt rechnerisch 6,25. Sie könnten das übersetzen als »6 Seiten und eine Viertelseite«, wenn Sie jede Stunde das Gleiche leisten wollen. Im Beispiel habe ich aber auf 6 Seiten abgerundet, um es mir am Anfang gefühlt einfacher zu machen. Hier bleiben dann für die Stunde von 17 bis 18 Uhr 8 Seiten zu lesen. Ich gehe insgeheim davon aus, dass ich in der Stunde sogar 8 Seiten schaffe und schneller weiter bin, als mein Plan vorsieht.

Sie können auch wie beim Handlungsplan in der ersten Stunde nichts einplanen, um sich auch beim Einzeltag-Handlungsplan einen Vorsprung zu erarbeiten. In diesem Fall rechnen Sie 50 Seiten durch 7 Stunden (die erste Stunde bleibt ja frei). Rechnerisches Ergebnis: 7,14. Das würde dann so aussehen, wie auf der nächsten Seite zu sehen.

Auch der bereits erwähnte Leuchtstift hat eine wichtige Funktion. Er aktiviert die Ziele zusätzlich. Probieren Sie es aus: Arbeiten Sie einen Tag lang mit einem Plan, auf dem die Maßnahmen nicht mit einem Leuchtstift aktiviert sind, und einen Tag mit markierten Todos. Die leuchtenden Maßnahmen werden Ihnen geradezu entgegenspringen und es Ihnen leichter fällt, sie anzugehen.

Dienstag: 50 Seiten lesen

Zeit	Seiten	geschafft!
9 – 10 Uhr	**0**	☐
10 – 11 Uhr	**7**	☐
11 – 12 Uhr	**7**	☐
12 – 13 Uhr	Mittagspause	☐
13 – 14 Uhr	**7**	☐
14 – 15 Uhr	**7**	☐
15 – 16 Uhr	**7**	☐
16 – 17 Uhr	**7**	☐
17 – 18 Uhr	**8**	☐

Wie Sie Ihren Handlungsplan aufstellen wollen, das liegt ganz bei Ihnen. Experimentieren Sie einfach ein bisschen herum. Sie können Ihren Plan jederzeit anpassen. Wie gesagt, der eigentlich wichtige Effekt ist, dass sich die Anstrengung, einfach anzufangen, von Ihnen auf den Handlungsplan verlagert. Und nun abschließend die wichtigsten drei Prinzipien noch einmal in der Zusammenfassung:

1. Fangen Sie so an, dass Sie eigentlich gar nicht anfangen müssten.
2. Empfinden Sie Freude daran, sich einen immer größeren Vorsprung herauszuarbeiten und früher fertig zu sein als eigentlich geplant.

3. Genießen Sie es, gelöste Aufgaben durchzustreichen und abzuhaken.

Das Beispiel »Handlungsplan zum ADC Gold«. Sehen wir uns ein weiteres Beispiel für einen sinnvollen Handlungsplan an. Sie erinnern sich an den Grafikdesigner Jonas Schwirnikowsci, der unbedingt Gold beim ADC-Wettbewerb gewinnen will? So könnte Jonas' Handlungsplan aussehen:

Handlungsplan ADC Gold

Montag	Dienstag	Mittwoch	Donnerstag	Freitag	
nichts	**9 – 9.10 Uhr** ADC-Gewinnerarbeiten anschauen **12 Uhr** ADC-Kriterien ausdrucken und im Büro aufhängen. **14 Uhr** Anna fragen, ob wir mal zusammen ausdenken wollen. **15 Uhr** Jens und Heike nach interessanten Briefings fragen.	**9 – 9.10 Uhr** ADC-Gewinnerarbeiten anschauen **12 Uhr** ADC-Kriterien durchlesen	**9 – 9.10 Uhr** ADC-Gewinnerarbeiten anschauen **12 Uhr** ADC-Kriterien durchlesen	**9 – 9.10 Uhr** ADC-Gewinnerarbeiten anschauen **12 Uhr** ADC-Kriterien durchlesen **14 Uhr** Robert fragen, ob wir mal zusammen ausdenken wollen.	**Und so weiter …**

Führen Sie sich jeden Tag anhand Ihrer Orientierungskarte vor Augen, *wo* Sie eigentlich hinwollen und *warum* das so ist. Leiten Sie aus den Zielen eine Haltung ab. Diese Haltung ist nicht für die Zukunft, sondern für jetzt. Nicht nächste Woche, nicht morgen, nicht in fünf Minuten, sondern jetzt. Ihre Aufschieberitis wird Sie an diesem Punkt attackieren. Keine Sorge, wir werden uns später Strategien ansehen, wie Sie mit ihr fertig werden! Je genauer Sie Ihren Handlungsplan ausgearbeitet haben, desto besser stehen aber Ihre Chancen, erfolgreich zu sein.

Visionen, Ziele und Pläne sind gut und schön – bringen aber nichts, wenn Sie sich nicht regelmäßig an sie erinnern.

Dieser Plan ist nicht in Stein gemeißelt. Im Gegenteil! Sie müssen Ihre Maßnahmen immer wieder anpassen, überarbeiten, aktualisieren. Die Maßnahmen können Sie so oft verändern, wie Sie es für richtig halten, bei den Zielen dagegen gilt das Gegenteil. Wenn Sie nämlich allzu leichtfertig Ziele ändern bzw. aufgeben, dann werden Sie sich irgendwann selbst nicht mehr ernst nehmen. Zur Erinnerung: Die Ziele sind wie die Fixsterne, an denen sich der Steuermann eines Schiffs orientiert. Ihre Ziele dürfen Sie nicht ständig verändern.

Im Folgenden finden Sie zwei Vorlagen: eine für einen Handlungsplan und eine für einen Einzeltag-Handlungsplan. Sie können sich die Seiten aus diesem Buch herauskopieren und als Vorlage für Ihr eigenes Projekt nutzen.

Jeder kennt das Gefühl, wenn der innere Schweinehund die Oberhand gewinnt **und man den Beginn wieder einmal auf die lange Bank schiebt.**

Handlungsplan: ____________________

Datum To Do	Datum To Do	Datum To Do	Datum To Do
Datum To Do	Datum To Do	Datum To Do	Datum To Do

Einzeltag-Handlungsplan: ______________________

Uhrzeit ______ To Do	Uhrzeit ______ To Do	Uhrzeit ______ To Do	Uhrzeit ______ To Do
Uhrzeit ______ To Do	Uhrzeit ______ To Do	Uhrzeit ______ To Do	Uhrzeit ______ To Do

Das Stanford-Experiment zur Metakognition. Metakognition? Was soll das denn sein? Unter diesem Begriff versteht man das Nachdenken über sein eigenes Denken. In diesem Abschnitt geht es um ein Experiment, das uns darin bestärken soll, Ziele festzulegen und mit Handlungsplänen zu arbeiten. Kann man nachweisen, dass es sich lohnt, Ziele festzulegen und Pläne aufzustellen?
Patricia Chen, Postdoktorandin an der Universität Stanford, teilte eine Klasse in zwei Gruppen auf. Marten Hahn berichtet in der Zeitung »Die Welt«:

»Die eine (Gruppe) erhielt eine Woche vor einem nahenden Examen nur eine Erinnerung an die bevorstehende Prüfung. Die andere Studenten-Gruppe erhielt einen 15-minütigen Fragebogen. Darin wurden sie darum gebeten, über die Prüfung und die angepeilte Zensur nachzudenken. Sie sollten bewerten, wie wichtig ihnen das Resultat war. Und sie sollten schätzen, wie wahrscheinlich das Erreichen des Ergebnisses war. Der Fragebogen bat die Studenten dann, sich zu überlegen, welche Fragen ihnen im Examen möglicherweise gestellt würden. Außerdem sollten sie aus 15 Lern-Hilfsmitteln (Seminar-Mitschriften, Lehrbücher, Gruppendiskussionen etc.) die auswählen, mit denen sie sich vorbereiten wollten. Zu guter Letzt wurden die Studenten gebeten aufzuschreiben, warum sie die gewählten Mittel für sinnvoll hielten und wie sie sie nutzen würden.«[3]

Fassen wir kurz zusammen: Der einzige Unterschied zwischen den beiden Gruppen sind 15 Minuten, in denen die eine Gruppe den Fragebogen ausfüllt. Es gibt keine Zusatzkurse, besondere Lernmaterialien oder Ähnliches. Nur diese 15 Minuten, in denen sich die eine Gruppe damit auseinandersetzt, wie sie sich auf die Prüfung vorbereiten will und was der Test für sie bedeutet. Vor diesem Hintergrund kann man nun wohl kaum erwarten, dass die eine Gruppe die andere weit hinter sich lässt. Das Ergebnis ist trotzdem eindeutig: Die Gruppe mit dem Fragebogen schnitt durchschnittlich um eine

3 Hahn, Marten: »Mit diesem Lern-Hack wirst du zum Einserschüler«. In: Die Welt, 26.5.2017. Die Welt zitiert vom Online-Magazin »Quartz«: *https://qz.com/978273/a-stanford-professors-15-minute-study-hack-improves-test-grades-by-a-third-of-a-grade/*

Drittelnote besser ab. Ein klares Signal dafür, dass es allein schon etwas bringt, sich ein Ziel zu setzen und einen Plan auszuarbeiten.

Datum und Uhrzeit – warum es so konkret sein muss. In Marcel Prousts sieben Bände umfassenden Werk »Auf der Suche nach der verlorenen Zeit« forscht ein Ich-Erzähler nach Erinnerungen an seine Kindheit und Jugend. Der Erzähler (wahrscheinlich Marcel Proust selbst) möchte ein literarisches Werk verfassen, aber es kommt ihm immer wieder etwas dazwischen. Er kann sich einfach nicht dazu durchringen, anzufangen:

Unglücklicherweise war der folgende Tag auch nicht der den Dingen zugewendete, aufnahmebereite, auf den ich fieberhaft harrte. Als er zu Ende gegangen war, hatten meine Trägheit und mein mühevoller Kampf gegen gewisse innere Widerstände nur vierundzwanzig Stunden länger gedauert. Und als dann nach mehreren Tagen meine Pläne nicht weiter gediehen waren, hatte ich nicht mehr die gleiche Hoffnung auf baldige Erfüllung ... ich fing wieder an, nachts lange aufzubleiben, da ich nicht mehr, um mich des Abends zu frühem Schlafengehen zu zwingen, die feste Voraussicht des am folgenden Morgen begonnenen Werkes in mir fand. Ich brauchte, bevor mein Schwung wiederkehrte, mehrere Tage der Entspannung, und das einzige Mal, als meine Großmutter in sanftem, traurig enttäuschten Ton einen leisen Vorwurf in die Worte kleidete: »Nun? Und diese Arbeit, an die du gehen wolltest – ist davon gar keine Rede mehr?«, war ich böse auf sie, überzeugt, dass sie, in Unwissenheit darüber, dass mein Entschluss unwiderruflich gefasst war, seine Ausführung noch einmal und diesmal auf lange Zeit vertagt habe infolge der enervierenden Wirkung, die ihre Verkennung auf mich ausübte und in deren Zeichen ich mein Werk nicht beginnen wollte. Sie spürte, dass sie mit ihrer Skepsis unbewusst einen Entschluss empfindlich getroffen hatte. Sie entschuldigte sich und küsste mich mit den Worten: »Verzeih mir, ich sage bestimmt nichts mehr.« Damit ich den Mut nicht verlöre, versicherte sie mir, sobald ich mich richtig wohl fühle, werde sich die Arbeitslust ganz von allein einstellen.

Es ist keine besonders vielversprechende Strategie, darauf zu warten, dass sich die Arbeitslust irgendwann einstellt. So wird das wohl kaum etwas mit Ihrem Projekt. Was wir brauchen, ist kein geduldiges Warten auf die Muse, die uns küsst, sondern preußische Disziplin. Oder zumindest ein genauer Zeitpunkt, an dem Sie anfangen. Also nicht: Ich fange dann irgendwann am Vormittag an. Sondern: Ich setze mich um 10 Uhr an den Schreibtisch und stehe erst auf, wenn es 12 Uhr ist. Wenn Sie sich jedoch auf keinen konkreten Zeitpunkt festlegen, könnte es Ihnen womöglich so ergehen wie dem Ich-Erzähler von Marcel Proust.

Die dunkle Seite der Motivation. Wir haben bis jetzt mit positiven Traumbildern und Visionen gearbeitet. Hier beziehen wir unsere Motivationsenergie aus dem Wunsch nach Erfolg, sozialer Anerkennung, Ruhm und Ehre sowie Selbstverwirklichung. Das ist die weiße Magie, die uns hilft, voranzukommen. Wenn ich von weißer Magie rede, fragen Sie sich bestimmt: Wie sieht denn nun die schwarze Magie aus? Spannend, nicht wahr? Bevor wir uns mit der dunklen Seite der Motivation beschäftigen, möchte ich Ihnen raten, sich dieses Thema in Ruhe anzusehen, aber dann lieber mit positiven Kräften zu arbeiten. Denn die Energie, die aus negativen Emotionen wie Hass, Vernichtungswillen und Angst entsteht, ist zwar einerseits extrem stark und schnell verfügbar, aber andererseits toxisch, also vergiftet und schädlich für Sie.

Statt positive Bilder konstruiert man in diesem Fall Situationen, in denen man seine Feinde besiegt und über sie triumphiert. In der Industrie ist diese Art der Motivation verbreiteter, als man denkt. So berichtete mir zum Beispiel ein Bekannter, der in einem Elektronikkonzern arbeitet, von einer flammenden Rede seines Chefs, in der er sich in Rage und einen großen Konkurrenten förmlich in Grund und Boden geredet hat. Die Rede vor den Führungskräften des Konzerns war eine Kriegserklärung und schwor die Mannschaft darauf ein, den »Gegner« gnadenlos zu vernichten. Die Emotionen, die auf diese Weise entstehen, sind außerordentlich stark und die Motivation entsprechend hoch. Man kann sich richtig hineinsteigern in seinen Hass und so Außerordentliches leisten. Dumm nur, dass man sich damit der dunklen Seite der Motivation hingibt. Dieser Hass wird Sie und Ihre Persönlichkeit auf Dauer negativ verändern. Es kann nicht gesund sein, ständig von der Vernichtung eines »Gegners« zu träumen und lustvoll im Gefühl zu schwelgen, den »Feind« vernichtend geschlagen zu haben.

Die schwarze Motivationsmagie ist so verführerisch, weil sie schnell und massiv fließt. Leider verändert sie denjenigen, der sie anwendet, auf Dauer negativ.

Nun gibt es noch die weitere Möglichkeit auf der dunklen Seite, um an Motivationsenergie zu kommen. Bei diesem Weg leidet kein anderer, sondern man selbst. Man versetzt sich selbst in Angst und Panik. Klar, dass ich Ihnen auch diesen Weg nicht empfehlen kann. Wer sich langfristig immer wieder aufs Neue in seine Panik hineinsteigert, der wird unter dem selbst konstruierten Druck irgendwann womöglich völlig erschöpft zusammenbrechen. Also: Lassen Sie sich nicht von den starken negativen Energieschüben verführen. Denken Sie lieber in positiven Bildern, die niemandem schaden.

Praxistipp: Noch mehr Energie durch richtige Pausen. Wer motiviert in den Tag starten und sich an seinen Handlungsplan halten möchte, der powert oft voller Energie los – um dann mittags in ein Tief zu rutschen. In einem Bild gesagt: Sie rasen mit einem Formel-1-Wagen davon und steigen mittags auf ein altes, klappriges Fahrrad um, mit dem Sie sich ins Ziel quälen. Was hier fehlt, sind regelmäßige Pausen. Experten gehen davon aus, dass man alle 45 Minuten 5 Minuten Pause machen sollte. Alle 2 Stunden sollte man 15 Minuten Pause machen. Und alle 4 Stunden sollte man sogar eine etwas längere Pause einplanen. Das ist zum Beispiel die klassische Mittagspause, in der man essen geht (mindestens 60 Minuten). Kurz gesagt:

- 5 Minuten Minipause nach 45 Minuten
- 15 Minuten Kaffeepause nach 2 Stunden
- 60 Minuten Erholungspause nach 4 Stunden

Was hier das richtige Maß ist, das ist von Mensch zu Mensch verschieden. Nur machen Sie bitte nicht den Fehler, aus falschem Ehrgeiz ohne Pause auskommen zu wollen. Das geht vielleicht an einem Tag gut, aber auf lange Sicht bestimmt schief. Eine Pause zu machen, ist etwas Positives. Ihr Handy braucht immer wieder Energie. Bei Ihnen ist es genauso.

Der einzige, der bei der Arbeit keine Pausen braucht, ist ein Roboter.

Wichtig ist, dass Sie sich in der Pause mit Dingen beschäftigen, die Ihnen Freude bereiten. Wenn Sie also in Projekt 1 stecken und als Pause die Unterlagen zu Projekt 2 durchgehen, dann ist der Erholungseffekt bei null. Ich empfehle, wenn möglich, einen kleinen Spaziergang zu unternehmen. In die Natur wäre ideal, aber zur Not ist es eben einmal um den Block. Sie können auch einige Minuten die Augen schließen und Musik hören. Oder ein paar Seiten in ein Buch eintauchen. Sie können ein kleines Schwätzchen mit Kollegen halten oder auf Facebook nachsehen, was es Neues gibt. Wer einen Hang zu Sport oder Yoga hat, der kann in der Pause auch eine Übung machen.

Kurzum: Tun Sie, was Sie wollen. Aber tun Sie's. Und gehen Sie mit dem Bewusstsein an die Pause heran, dass Sie nicht etwa kostbare Arbeitszeit verschwenden, sondern ganz im Gegenteil gerade Ihre Effizienz erhöhen. Denn nach der Pause haben Sie wieder frische Energie und können effizient weiterarbeiten.

Praxistipp: Noch mehr Energie durch Musik und Filme. Wir haben uns nun schon einige Möglichkeiten angesehen, wie wir zu einer möglichst hohen Motivationsenergie gelangen können. Weitere Kraftquellen, die Sie anzapfen können, sind mitreißende Songs und motivierende Filme. Musik und Filme können uns emotional packen und mit Energie auftanken. Denken Sie nur an die Titelmelodie von Rocky sowie an »We are the Champions« oder »We will rock you« von Queen. Finden Sie den Song, der Sie begeistert. Kopfhörer auf und voll aufdrehen! Kombinieren Sie den Song mit Ihrem Traumbild. Wenn Sie beides regelmäßig zusammen abrufen, wird Ihr Traumbild irgendwann schon dann vor Ihrem geistigen Auge erscheinen, wenn Sie nur die ersten drei Akkorde des Songs hören.

Recherchieren Sie auf YouTube nach motivierenden Videos. Geben Sie zum Beispiel »motivation music« oder »motivation video« ein, und lassen Sie sich überraschen, was für großartiges Material auf Sie wartet.

Einspruch! ICH SCHAFFE DAS NIE, NIE, NIE

Nicht jeder kann sich so ohne Weiteres positive Wunschbilder ausdenken und begehrliche Visionen entwickeln. Nicht jeder traut sich zu, wirklich etwas Großartiges zu leisten. Hören wir uns an, was einige Betroffene über ihre Situation denken:

Mist, ich kriege maximal Mittelmaß zustande. Ich mache das ja nicht absichtlich, aber ich bin halt kein Überflieger. Das war schon in der Schule so. Ich hab mein Abi gerade so geschafft. Nicht, weil ich nicht wollte, ich bin eben einfach nicht besonders begabt. Jetzt habe ich ehrlich gesagt Angst, im Studium durch die Prüfungen zu rasseln. Vielleicht ist das der Grund, warum ich das Lernen aufschiebe, bis es fast schon zu spät ist. Ich weiß ja, dass ich eh nichts Tolles hinkriege. Vielleicht wäre es sogar besser, das Studium ganz sein zu lassen und etwas anderes anzufangen?

Ziele setzen, Visionen entwickeln – das passt vielleicht für andere, aber ich tue mich echt schwer damit. Klar kann ich mir eine Vision überlegen. Aber ganz ehrlich: Ich glaube nicht daran, dass ich das schaffe. Ich habe einfach zu wenig Selbstvertrauen. Das war schon immer so. Warum sollte sich das jetzt ändern? Es gibt halt Menschen, die stellen was auf die Beine im Leben, und Menschen, denen irgendwie gar nichts gelingt.

Ich weiß, ich müsste eigentlich mit der wichtigsten Aufgabe anfangen. Aber stattdessen schiebe ich immer andere Dinge vor, die eigentlich total unwichtig sind – nur, um nicht mit der eigentlich wichtigen Aufgabe anfangen zu müssen. Das ist

Wer sich selbst einredet, nur Mittelmaß hervorbringen zu können, nicht anfangen zu können und unfähig zu sein, **der wird sich immer selbst bestätigen.**

völlig absurd. Ich putze die Wohnung, gieße die Blumen, gehe mit dem Hund raus – nur, damit ich nicht anfangen muss. Ich weiß selbst, dass das völliger Unsinn ist, aber ich kann einfach nichts dagegen tun. Ich glaube, ich bin ein hoffnungsloser Fall. Irgendwie kriege ich gar nichts gebacken. Ich leide darunter, dass meinen Freunden scheinbar alles gelingt – und mir gar nichts.

Mich macht meine Aufschieberitis richtig fertig. Meine Freizeit kann ich gar nicht mehr richtig genießen, weil ich ständig ein schlechtes Gewissen habe, weil ich denke, eigentlich lernen zu müssen. Ich fühle eine seltsame Unruhe in mir, bin immer angespannt und hatte zuletzt sogar Magenbeschwerden. Das Dumme ist: Ich weiß einfach nicht, wo und wie ich die Sache anpacken soll. Ich möchte ja gern anfangen, aber ich weiß nicht, wo und wie. Inzwischen lenke ich mich oft ab, damit ich nicht über das Ganze nachdenken muss. Wahrscheinlich bin ich einfach unfähig oder ich habe irgendwas in der Schule verpasst oder so. Ich kann mir das nicht erklären.

Das eigentliche Problem ist: Wer sich selbst einredet, nur Mittelmaß hervorbringen zu können, nicht anfangen zu können und unfähig zu sein, der wird sich immer selbst bestätigen. Diese Haltung bringt einen jedoch nicht weiter. Es ist falsch, sich selbst zu wenig zuzutrauen. Tatsächlich kann jeder von uns mehr, als er ahnt. Aber was nützt dieses unermessliche Potential, wenn man es nicht nutzt? Albert Einstein hat mal gesagt: »Jeder ist ein Genie! Aber wenn Du einen Fisch danach beurteilst, ob er auf einen Baum klettern kann, wird er sein ganzes Leben glauben, dass er dumm ist.«
Ein Großmeister, wenn es darum geht, Zweifler aufzurichten und zu ermutigen, ist Nike. Das US-amerikanische Unternehmen verkauft offiziell Sportbekleidung. Inoffiziell verkauft Nike aber etwas völlig anderes: Mut, Selbstbewusstsein und Hoffnung. Nike vertritt die Überzeugung, dass jeder Sportler über sich hinauswachsen kann. Jeder Sportler. Mit Hilfe und Inspiration von Nike.

Ein Werbespot, der mir in diesem Zusammenhang besonders gut gefällt, ist im Rahmen der Kampagne »Find your greatness« entstanden. Der Zuschauer sieht eine einsame Landstraße. Am Horizont erscheint eine Gestalt, die langsam und prustend näherkommt. Ein Sprecher sagt: »Greatness. Das ist etwas, mit dem wir auf die Welt kommen. Irgendwie sind wir auf die Idee gekommen, dass Greatness ein Geschenk sei, das für einige wenige reserviert wäre. Für Wunderkinder. Für Superstars.«

Wir erkennen jetzt, dass der Jogger ein kleiner, dicker Junge ist, der sich mühsam und langsam vorankämpft. »Und der Rest von uns kann nur dabeistehen und zusehen. Das kannst du vergessen. Greatness ist kein seltener DNA-Strang. Es ist kein kostbares Gut. Greatness gehört so sehr zu uns wie Atmen.« Der durchgeschwitzte Junge joggt mit kleinen Schritten weiter. »Wir alle sind in der Lage dazu. Alle.« Texteinblendung: »Find your greatness. Nike«

Mit dieser Werbung möchte uns Nike dazu inspirieren, uns selbst mehr zuzutrauen. Sie können sich den Film auf YouTube ansehen. Suchen Sie einfach nach: »Nike. Find your greatness«.

× × ×

04

Das Ende der Ablenkung

SO BLEIBEN SIE FOKUSSIERT

Wie Sie Ablenkungen LOSWERDEN

Ablenkungen wird es immer geben. Das liegt daran, dass unser Leben vielseitig ist und wir mehreren Rollen gleichzeitig gerecht werden müssen. Eine berufstätige Frau etwa kann Angestellte, Mutter, Ehefrau, Lehrerin, Köchin, Hausfrau, Tennisspielerin, Chauffeurin, Gärtnerin, Aktienhändlerin, Steuerexpertin und Innenarchitektin sein. Diese Vielzahl an Aufgaben und Rollen wird in Zukunft nicht weniger werden, sondern eher weiter zunehmen. Dummerweise bleibt die Anzahl der Stunden, die ein Tag hat, konstant. Wir haben also am Tag bei gleichbleibend viel Stunden alle Hände voll zu tun. Daraus kann sich leicht ein Gefühl von Stress ergeben. Dieser Stress begünstigt den Wunsch, bei Tätigkeit A im Kopf schon bei Tätigkeit B zu sein. Ein Mann sitzt zum Beispiel am Schreibtisch und arbeitet, ist gedanklich aber schon bei der bevorstehenden Matheprüfung seines Sohns, auf die er ihn am Abend vorbereiten möchte.

Ablenkung ist die Abwesenheit von fokussierter Aufmerksamkeit.

Man fühlt sich dann wie ein Jongleur, der vor der Herausforderung steht, möglichst viele Bälle in der Luft zu halten. Wenn wir unsere Aufmerksamkeit aber auf viele einzelne Projekte richten müssen, verlieren wir unseren Fokus, sind unkonzentriert und ineffizient. Denn im Kern geht es bei der Arbeit darum, unsere Aufmerksamkeit auf eine einzige Aufgabe zu fokussieren – und nicht auf viele gleichzeitig. Veranschaulichen kann man das mit dem Bild eines Boxers. Wenn er seine fünf Finger zu einer Faust zusammenschließen kann, hat er Wucht und Kraft. Kann er dagegen nur einen einzigen Finger benutzen, fällt das Ergebnis deutlich anders aus.

Ablenkung durch Termine und unvollendete Aufgaben beseitigen. Eine der häufigsten Ablenkungen kommt dadurch zustande, dass uns unser Unterbewusstsein an bevorstehende Termine oder unvollendete Aufgaben erinnert. Aus heiterem Himmel haben wir dann Gedanken daran vor Augen. Es ist wie eine plötzliche Eingebung. So erinnern wir uns zum Beispiel daran, dass wir unser Kind später vom Kindergarten abholen müssen. Oder wir denken plötzlich daran, dass wir uns ja noch um die Überweisung an den Handwerker kümmern wollten. Oder es fällt uns siedend heiß ein, dass wir ja noch den Gartenzaun fertig streichen müssen. Solche Erinnerungen sind wichtig und sinnvoll, deshalb sorgt unser Unterbewusstsein in schöner Regelmäßigkeit dafür, dass wir vorgewarnt werden und den Termin nicht verpassen.

Ständig Termine im Kopf? Besser, Sie haben die Termine im Kalender.

Eine Möglichkeit, diese Erinnerungsfunktion auszuschalten, ist, die Termine aus dem Kopf in einen Terminkalender auszulagern. Mit dem »Outsourcing« alleine ist es aber noch nicht getan. Ebenso wichtig ist, dass Sie den Terminkalender regelmäßig ansehen. Es bringt nichts, einen Kalender zu führen, aber nie hineinzusehen. Ihr Unterbewusstsein merkt, wenn Sie es nicht ernst meinen. Es wird erst dann aufhören, Sie an Termine zu erinnern, wenn diese Erinnerungen tatsächlich überflüssig sind. Also: Lagern Sie alle Termine in einen Terminkalender aus, und sehen Sie regelmäßig

hinein. Damit werden die Ablenkungen durch Gedanken an bevorstehende Termine nach und nach immer weniger.
Unvollendete Aufgaben sollten Sie auflisten und konsequent angehen. Versuchen Sie, so viele Projekte abzuschließen wie möglich. Denn je weniger Posten offen sind, desto weniger müssen Sie daran denken. Hier ein Beispiel für einen solchen Terminkalender.

Terminkalender	
7 Uhr	Beitrag für Steffis Geburtstag fertig stellen, Hotelrecherche für Rom-Urlaub, bei Heike & Tom fürs Wochenende absagen, Spende an UNICEF, nach »Spendenshop« googeln
8 Uhr	Kinder zur Schule bringen. Sebastians Sportsachen nicht vergessen!
9.30 Uhr	Besprechung mit Dr. Kunert wegen Jahrestagung
12 Uhr	Mutter anrufen, ob sie am Wochenende kommt
13 Uhr	Kinder von der Schule abholen
15 Uhr	Kaffee mit Thomas, nach Hoteltipp für Rom fragen
16 Uhr	Telko mit Fred Sauer, er ruft an, Birgit dazuholen
18 Uhr	Milch und Obst besorgen, Kaffeesahne für Mutter
19.30 Uhr	Tischtennis mit Jonas
20.30 Uhr	Sebastians Fahrrad anschauen
21.30 Uhr	Terminrückblick und Terminplan für morgen

Versuchen Sie, jede Aufgabe zeitlich einzuordnen. Je eher Sie die Aufgabe erledigen, desto besser. Widerstehen Sie dem Wunsch, alles nach hinten zu schieben. Das Gegenteil ist sinnvoll. Gerade

morgens schaffen Sie am meisten, wir werden später noch darauf eingehen. Denken Sie daran: Was Sie im Terminkalender haben, ist aus dem Kopf. Es ist durchaus sinnvoll, auch Kleinigkeiten einzutragen. Denn mit jedem Haken hinter einer Aufgabe steigt das Gefühl, heute etwas geschafft zu haben.
Der Punkt »Terminrückblick und Terminplan für morgen« bedeutet, dass Sie sich abends ein paar Minuten Zeit nehmen, um zu überlegen, wie es heute lief. Sind Sie gut vorangekommen? Übertragen Sie die Aufgaben, die Sie heute nicht geschafft haben, auf den Terminplan für morgen.
Wahrscheinlich wird es so sein, dass Sie niemals ganz fertig werden. Den Zustand, dass man nichts mehr zu tun hat, gibt es praktisch nicht. Das ist normal und kein Grund zu verzweifeln.

Ablenkung durch E-Mails und Social Media ausräumen. »Was gibt es Neues?« ist der Dauerbrenner unter den Fragen, der nie seinen Reiz verliert. Die Nachrichten, Posts, Tweets und Beiträge unserer Freunde, Kollegen und Bekannten sind nur wenige Fingertipps auf dem Handy entfernt. Ja, es interessiert uns, was unsere Freunde erleben. Wir wollen wissen, wie es mit Steffi und Jens weitergeht, wie Susannes neue Wohnung aussieht und was das für ein Video ist, über das gerade alle reden. Nichts interessiert Menschen mehr als Menschen. Ihre Geschichten sind oft das Salz in unserem Alltag. Ein kurzer Besuch bei Facebook, und wir wissen Bescheid. Leider bleibt es oft nicht bei einem kurzen Besuch. Wir bleiben an einem Beitrag hängen, klicken weiter und verlieren uns in den unendlichen Weiten des Internets. Das ist Ablenkung pur. Was also tun?
Die Sucht nach Neuigkeiten über E-Mails, Apps und Social Media greift immer weiter um sich und ist nur schwer zu beherrschen. Offen gestanden: Ich kann Ihnen keine hundertprozentig sichere Strategie anbieten, wie Sie davon loskommen. Kluge Ratschläge fal-

len leicht. So könnte ich Ihnen empfehlen, feste Zeiten einzuplanen und nur noch morgens, mittags und abends nach Updates zu schauen. Oder zumindest nur alle zwei Stunden (eine unerträglich lange Zeit für Betroffene). Aber wenn man ehrlich ist, ist das nur eine schwache Strategie, und ich habe Zweifel, ob Sie damit nachhaltig erfolgreich sein können.

Süchtig nach E-Mails und Social Media News? Machen Sie die Sucht zu Ihrem Verbündeten.

Aber es gibt auch eine gute Nachricht: Sollten Sie von der E-Mail- und Social-Media-Sucht betroffen sein, können Sie dieses Laster nutzen, um bei der Arbeit voranzukommen. Sie können dem Negativen also etwas Positives abgewinnen. Das kann zum Beispiel gelingen, indem Sie mit dem Gamification-Prinzip arbeiten und die News-Sucht als Belohnung in Ihre Arbeit einbauen. Nach dem Motto: Arbeite eine Weile konzentriert, dann bekommst Du auch Dein Zuckerl, Deine Mohrrübe, Dein Update.

Sie könnten zum Beispiel sagen: Nach jeden 60 Minuten, die ich mich auf eine Aufgabe konzentriert habe, belohne ich mich mit fünf Minuten Facebook. Oder damit, E-Mails zu checken. Für jemanden, der kein übermäßiges Verlangen nach solchen Neuigkeiten hat, mag das schwer nachvollziehbar sein, aber Betroffene spüren wirklich ein Glücksgefühl, wenn sie sich ihre Update-Dosis verabreichen können. Sollten 60 Minuten zu schwer zu ertragen sein, können Sie sich am Anfang auch alle 30 Minuten updaten und dann die Intervalle mit der Zeit langsam steigern.

Jetzt präsentiere ich noch weitere Tipps, die Ihnen helfen sollen, Ablenkungen durch Social Media und Internet einzudämmen. Dabei legen wir ein besonderes Augenmerk auf digitale Hilfestellungen, die sich als wirklich praktisch erwiesen haben.

Wie Ihnen Apps und Programme helfen können. Sie sind nicht der Einzige, der ständig E-Mails checken oder Facebook besuchen möchte. Inzwischen gibt es zahlreiche Programme, die Ihnen helfen, diesen Drang in den Griff zu bekommen. **Freedom** ist eine App für Mac, Windows, iPhone und iPad. Sie blockiert einzelne Webseiten und Anwendungen für eine bestimmte Zeit. Das bedeutet, Sie können zum Beispiel festlegen, dass Sie Facebook für die nächsten vier Stunden nicht erreichen können. Wenn die Sucht überhandnimmt, müssen Sie das Gerät neu starten, um die Sperre zu umgehen. Sie können die App kostenlos testen, aber sie kostet rund sieben Dollar im Monat.

Ganz ähnlich arbeitet die App **Offtime** für Android- und Apple-Handys. Damit können Sie ein Zeitintervall festlegen, in dem bestimmte Webseiten nicht erreichbar sein sollen. Sie können also zum Beispiel sagen: Zwischen 9 und 18 Uhr möchte ich die Website von Instagram, Twitter, Facebook und Pinterest blockieren. Nach der Sperre bekommen Sie einen Bericht, was inzwischen passiert ist.

Google würde ich an Ihrer Stelle aber nicht blockieren. Schließlich ist die Suchmaschine ein großartiges Werkzeug, wenn man etwas schnell und einfach herausfinden will. Damit besteht allerdings auch die Gefahr, von der ursprünglichen Suche abzukommen und seine Aufmerksamkeit auf andere Dinge zu richten. Auf einen Link klickt man schließlich schnell mal.

Hilfe bietet hier eine Erweiterung des Internetbrowsers Chrome: **Productivity Owl.** Wenn Sie zu lange auf einer Website verbringen, flattert die Productivity-Eule ins Bild und schließt die Seite. Ausnahmen kann man vorher definieren – zum Beispiel für die Firmenwebsite.

Writer's Block ist eine App, die den Bildschirm vollständig ausfüllt und so keinen Platz für Ablenkungen lässt. Die Idee von Writer's

Block ist, Ihnen das Umschalten auf andere Programme so lange zu verwehren, bis Sie ein vorher festgelegtes Ziel erreicht haben. Sie können zum Beispiel festlegen, dass Sie 1 000 Worte geschrieben haben müssen, um die Blockade aufzuheben. Oder Sie geben an, 60 Minuten gesperrt werden zu wollen.
Die genannten Beispiele sollen Ihnen nur zeigen, dass es auf der technischen Seite bereits interessante Lösungsansätze gibt. Die Entwicklung geht ständig weiter, und so sind die genannten Programme nur eine Momentaufnahme. Schauen Sie doch einfach selbst einmal nach, was es Neues gibt. Schon allein die Recherche nach Hilfswerkzeugen bringt etwas, denn so wird Ihnen das Problem noch bewusster.

Ablenkung durch Unordnung und Chaos beseitigen. Ein unaufgeräumtes Büro ist ein Magnet für Ablenkungen aller Art. Es bringt uns auf alle möglichen Gedanken – nur nicht auf die, die mit der Arbeit zu tun haben. Sobald unser Blick auf etwas stößt, das wir interessant finden, werden wir dazu verleitet, intuitiv darüber nachzudenken.

> **Die menschliche Aufmerksamkeit neigt dazu, sich schnell an neue Dinge zu heften. Gut, wenn man ihr möglichst wenig Gelegenheit dazu gibt.**

Abhilfe können Sie leicht schaffen, indem Sie alles aus Ihrem Blickfeld verbannen, was Sie nicht für die Arbeit brauchen. Gehen Sie dabei radikal vor. Sortieren Sie rigoros aus. Keine Kompromisse! Je weniger Sie sehen, desto geringer ist die Gefahr, von äußeren Dingen abgelenkt zu werden. Wohl dem, der eine große Schublade im Schreibtisch hat. Falls nicht: Besorgen Sie sich einen Umzugskarton. Räumen Sie auf! Lassen Sie die Gegenstände in die Schublade wandern, in den Karton – oder gleich in den Mülleimer. Sie werden staunen, mit wie viel unnötigem Ballast Sie sich umgeben haben. Die Idee dahinter ist simpel: Es fällt deutlich leichter, sich in einem kahlen, minimalistisch eingerichteten Büro auf die Arbeit zu konzentrieren als in einem Umfeld, das mit visuellen Reizen überlastet ist. Ordnung beruhigt unseren Geist und hilft uns so, unsere Aufmerksamkeit auf eine Aufgabe zu konzentrieren. Versuchen Sie, dieses Ordnungsprinzip in allen Bereichen zu leben. Nicht nur auf Ihrem Schreibtisch und bei Ihrer Büroeinrichtung, sondern auch auf der Schreibtischoberfläche Ihres Computers, im Ordnerverzeichnis Ihres Computers, auf dem externen Laufwerk, im Auto, in der Wohnung oder im Kleiderschrank, im Bücherregal, in Ihren privaten und beruflichen Aktenordnern, in Ihrem Fotoarchiv oder im Garten, in der Küche, im Keller, im Kopf oder überall.

Ordnung ist vielleicht nicht das halbe Leben, wie der Volksmund sagt, aber es ist zumindest ein wichtiger Verbündeter auf dem Weg zu einem entspannten Geist. Dieser wiederum ist die Basis für eine fokussierte Aufmerksamkeit. Ja, aufräumen kostet Zeit. Aber wenn Sie zunächst mit Ihrem Schreibtisch anfangen und radikal den Papierkorb füllen, werden Sie auch etwas als Gegenleistung zurückbekommen: nämlich das Gefühl, Ballast abgeworfen zu haben. Sie werden sich so leicht fühlen, als hätten Sie einen Mühlstein abgelegt.

Unordnung bei einem beruflichen Projekt beseitigen. Beim Thema Unordnung sollten wir uns auch damit beschäftigen, was sie bei einem beruflichen Projekt anrichten kann. Nehmen wir an, das Briefing (also die Aufgabenstellung) sieht aus wie Kraut und Rüben. Es ist verwirrend. Widersprüchlich. Unvollständig. Unverständlich. Mit einem Wort: unklar. In so einem Fall möchte man sich eigentlich gar nicht damit beschäftigen. Die Aufgabe wird so weit weggeschoben wie möglich und erst dann angepackt, wenn es eigentlich schon

Freude ist ein Motor, der uns zu **Höchstleistungen** antreibt.

zu spät ist. Da man das Projekt aber schon so lange liegen gelassen hat, möchte man sich nicht die Blöße geben, jetzt erst nachzufragen, um die Unklarheiten zu beseitigen. Man befindet sich in einer klassischen Zwickmühle, bei der man nur verlieren kann. Fragt man auf den letzten Drücker nach, offenbart man damit, dass man die ganze Zeit über nicht an dem Projekt gearbeitet hat. Fragt man dagegen nicht nach, bleibt die Aufgabenstellung unklar. Man stochert im Nebel und wird wahrscheinlich mit der Lösung danebenliegen. Am Ende ist man froh, überhaupt innerhalb der Deadline etwas einigermaßen Brauchbares vorgelegt zu haben. Menschlich ist das alles vollkommen verständlich, und ich wage den Verdacht, dass jeder von uns schon einmal so eine Situation erlebt hat (ich natürlich auch).

Auf Basis eines unklaren Briefings wird kaum eine exzellente Lösung entstehen.

Zwei weitere Beispiele: Eine Headhunterin wird von einem Baukonzern beauftragt, einen Chemiker zu rekrutieren. Doch die Angaben des Konzerns sind unklar und widersprüchlich. Einerseits wünscht man sich einen jungen, aufstrebenden Chemiker, der noch kein hohes Gehalt fordern kann. Andererseits soll er promoviert und erfahren sein. Auslandserfahrung ist ausdrücklich gefordert, aber Englischkenntnisse sind nicht nötig. Die Headhunterin wird wohl das eine oder andere Fragezeichen im Kopf haben. Klärung ist dringend notwendig.

Oder nehmen wir als Beispiel einen Komponisten, der von einem Fernsehsender engagiert worden ist. Er soll die Titelmelodie für eine neue Abendshow komponieren. Einerseits wünscht sich der Sender etwas Leichtes, Schwungvolles. So in Richtung »Hannes und die 7 Seesterne«. Aber etwas mehr in die Richtung von James Last.

Und gern auch mit einen Hauch Coldplay. Aber nicht so britisch, sondern lieber amerikanisch. Ein amerikanisches Coldplay sozusagen. Alles klar? – Wohl kaum. Also heißt es: So lange nachfragen, bis die Aufgabe präzise verstanden ist.

Wer ein unklares Briefing annimmt, arbeitet nicht für seinen Auftraggeber, sondern für den Papierkorb.

Sorgen Sie für Klarheit. Die Wurzel dieses Übels sind die ungeordneten oder unvollständigen Informationen. Deshalb lautet die Parole hier: Sorgen Sie für Klarheit. Sofort. Stellen Sie sich das Briefing als einen schwarzen Peter vor, eine Spielkarte, die niemand haben will. Wenn Sie diese Karte annehmen, sind Sie angeschmiert. Akzeptieren Sie nicht, dass man Ihnen so etwas zumutet. Geben Sie den schwarzen Peter sofort zurück. Stellen Sie sachlich und ganz unaufgeregt dar, warum Sie auf dieser Basis nicht arbeiten können. Stellen Sie schriftlich Fragen zusammen, die Ihnen helfen, Ordnung in das Informationswirrwarr zu bekommen.
Hier einige wesentliche Punkte, die Ihnen klar sein sollten, wenn Sie ein Projekt annehmen:

1. Um was geht es bei dem Projekt?
2. Was ist das Ziel des Projekts?
3. Kann man das Ziel messen? Wie wird klar, dass das Ziel erreicht ist? Wer entscheidet darüber?
4. Wie lautet Ihre Aufgabe in einem Satz?
5. Was sollen Sie konkret tun?
6. Bis wann sollen Sie was erarbeiten?
7. Wie kann man feststellen, ob Ihre Lösung erfolgreich war?

8. Welche Tonalität ist gewünscht? Welche ist nicht gewünscht?
9. Was soll die Zielgruppe denken und fühlen, wenn sie Ihre Lösung sieht?
10. Welches Problem gilt es wirklich zu lösen?
11. Macht das Sinn? Ist das empfehlenswert?
12. Wer ist die Zielgruppe, wer ist der Absender?
13. In welchem Verhältnis stehen Zielgruppe und Absender?
14. Wie ist die Situation und die Entwicklung auf dem Markt?
15. Was macht der Wettbewerb?

Wenn Sie sich diese Fragen beantworten können, scheint die Aufgabe klar zu sein. Haben Sie Probleme mit dem einen oder anderen Punkt, dann fragen Sie nach. Am besten sofort. Je länger Sie zögern, desto tiefer schneiden Sie sich ins eigene Fleisch. Denn womöglich kann der Abgabetermin nicht verschoben werden. Zudem wird es Ihnen immer schwerer fallen, nachzufragen, je länger Sie zögern. Und wie erwähnt: Irgendwann haben Sie dann sogar so lange gezögert, dass Sie sich gar nicht mehr trauen zu fragen. Also: *Jetzt* ist der richtige Zeitpunkt, den schwarzen Peter zurückzuspielen.

Praxistipp: So finden Sie heraus, ob ein Briefing klar ist. Erklären Sie einem anderen, um was es geht. Am besten per Telefon, das zwingt Sie dazu, noch klarer darstellen zu müssen, was die Aufgabe ist. Schließlich können Sie nur etwas erzählen und nichts aufskizzieren oder zeigen. Bitten Sie die andere Person nun, zu wiederholen, was die Aufgabe ist. Wenn Ihr Gesprächspartner Schwierigkeiten damit hat und nachfragen muss, scheint das Briefing doch nicht so klar zu sein.

Viele Menschen neigen dazu, offene Punkte nicht anzusprechen. Denn am besten ist es doch, wenn alles wunderbar und harmonisch ist. Doch das geht in diesem Fall schnell nach hinten los, weil Sie dann selbst etwas annehmen müssen, was Sie aber nicht sicher wissen. Ihr Gesprächspartner am Telefon kann Sie auf solche offenen Punkte hinweisen, die Sie vielleicht verdrängt haben, weil Sie die Harmonie nicht stören wollten.

Ablenkung von außen beseitigen. Nehmen wir an, Sie haben Ihr Büro aufgeräumt. Nehmen wir an, Sie haben erstaunlich viel weggeworfen und waren von der plötzlichen Leichtigkeit so überrascht, dass Sie motiviert waren, auch viele andere Bereiche zu ordnen. Ihren Computer zum Beispiel, das Auto und sogar die Wohnung. Super! Aber noch lange keine Garantie dafür, dass Sie sich jetzt in Ruhe auf Ihre Aufgabe konzentrieren können.
Wir haben uns zwar einen Raum geschaffen, in dem Ordnung herrscht, aber alles außerhalb davon können wir nicht gestalten und kontrollieren. So könnte zum Beispiel jederzeit das Telefon klingeln, ein Kollege ins Büro kommen oder eine SMS erscheinen – von E-Mails ganz zu schweigen. Schieben Sie diesen Störungsquellen einen Riegel vor. Erst dann ist Ihr Arbeitsbereich wirklich sicher vor Ablenkungen.

- Hängen Sie ein »Do Not Disturb«-Schild außen an Ihre Türe.
- Stellen Sie Ihr Handy und Ihr Bürotelefon lautlos.
- Schalten Sie Ihr E-Mail-Programm aus.

Machen Sie keine Kompromisse. Außer, es ist ein echter Notfall. »Da warte ich aber schon ganz dringend drauf« ist kein Notfall.
Zur Ablenkung von außen gehören auch störende Geräusche. In Großraumbüros kann man ihnen kaum aus dem Weg gehen. Beim Kollegen auf der linken Seite klingelt das Telefon. Der Kollege gegenüber bespricht mit zwei Kolleginnen ein Projekt. Und auf der rechten Seite hämmert der Praktikant auf die Tastatur ein, als wäre

sie ein Keyboard. Vielleicht dringt sogar von draußen Baulärm herein. In so einem Fall empfehle ich zum Beispiel Ohropax in Kombination mit Kapselgehörschutz-Kopfhörern. Alleine sind die beiden Mittel vielleicht nicht ausreichend, aber zusammen sind sie durchaus empfehlenswert. An das Tragegefühl muss man sich allerdings erst gewöhnen. Und allzu lange kann man den persönlichen Schallschutz leider nicht aufrechterhalten, das ist irgendwann unangenehm, und man muss eine Pause machen.

Wer in einem Großraumbüro arbeitet, kann zumindest seinen Ohren vorgaukeln, dass er eigentlich in der Natur sitzt.

Eine Alternative, die Sie ohne Unterbrechung nutzen können, sind Smartphone-Apps, die Naturgeräusche abspielen. Persönlich nutze ich manchmal die App **Relax Melodies**. Hier können Sie sich Ihre gewünschten Naturgeräusche selbst zusammenmixen. Was soll's sein? Vogelgezwitscher mit Regen und einem Wasserfall? Ein Lagerfeuer mit Waldgeräuschen und Toskana-Sound? Oder doch lieber langsame Wellen mit Lounge-Musik? Sogar einen Wäschetrockner oder Tastaturgetippe kann man sich einspielen lassen. Jeder kann das auswählen, was ihm hilft, sich zu konzentrieren. Von Kollegen weiß ich, dass das auch Musik sein kann. Mir ist zwar nicht ganz klar, wie man sich bei Heavy-Metal-Musik in eine Aufgabe versenken kann, aber da tickt wohl jeder etwas anders.

Sollte Ihr Arbeitsplatz trotz dieser Bemühungen noch immer zu unruhig sein und Ihnen die Arbeit erschweren, empfehle ich Ihnen, sich aktiv eine andere Umgebung zu suchen. Setzen Sie sich ins Café, in den Park, in eine öffentliche Bibliothek oder ins Auto. Gehen Sie, wohin Sie wollen. In den Konferenzraum, eine Hotellobby oder ins Homeoffice. Aber bleiben Sie nicht still leidend sitzen. Das bringt am Ende niemandem etwas. Zum Glück sind die Zeiten vorbei, in denen man ständig im Büro anwesend sein musste. In modernen Unternehmen kommt es darauf an, *was* man leistet. Und nicht, *wo* man es leistet.

Ablenkung durch Aufschieberitis mit Routinen ausräumen. Über Frau Aufschieberitis, die freundliche, aber verschlagene Nachbarin, haben wir ja schon gesprochen. Sie hat unendlich viele clevere Ideen, uns abzulenken und davon abzuhalten, *jetzt* unser Projekt anzugehen. Da wäre zum Beispiel der Gedanke an die Raucherecke oder die Kaffeeküche. Bevor man sich gleich fleißig in die Arbeit stürzt, wäre es doch schön, erst noch ein kleines Schwätzchen zu halten und einen Kaffee oder einen Tee zu trinken. Klar, dass es später nicht bei einem »kleinen Schwätzchen« bleibt.

Gewohnheiten nimmt man nicht auf Knopfdruck an. Tatsächlich kann es Wochen dauern, bis sich ein neues Verhalten einprägt.

Eine Möglichkeit, sich gar nicht erst auf dieses Spiel einzulassen, ist, sich eine Routine zurechtzulegen. Ein Ritual, das unmittelbar und ohne Umweg in der Arbeit mündet. So könnten Sie sich zum Beispiel angewöhnen, sich morgens als Erstes einen Kaffee oder Tee zu machen, E-Mails zu checken, dann eine To-do-Liste bzw. einen Handlungsplan für den Tag anzulegen und schließlich anzufangen, indem Sie die Aufgabe in einem einzigen Satz zusammenfassen und aufschreiben. Überraschung: Damit haben Sie einfach angefangen. Die Aufgabe auf einen einzigen Satz zu verdichten und zu wiederholen, hilft Ihnen zudem, sich mental auf das Projekt einzustellen und sich darauf zu fokussieren. Um was geht es nochmal? Ach ja, richtig. Alles klar. Los geht's.

Keine Sorge: Weitere Tipps und Tricks finden Sie im weiteren Verlauf des Buchs. Auch Abwehrmaßnahmen gegen die Aufschieberitis werden wir uns noch ausführlich ansehen. An dieser Stelle geht es mir um den Punkt, *Ablenkungen* durch die Aufschieberitis zu beseitigen. Gestalten Sie Ihre Routine ganz individuell und persönlich. Achten Sie aber darauf, Ihr Ritual nicht zu lang und nicht zu kompliziert zu gestalten. Je einfacher und kürzer, desto besser. Ansonsten haben Sie alle Freiheiten. Sie können zum Beispiel auch:

1. einmal um den Schreibtisch herumlaufen
2. dreimal auf Holz klopfen
3. sich hinsetzen und sich anhand Ihrer Orientierungskarte daran erinnern, welches übergreifende Ziel Sie verfolgen
4. die Aufgabe schriftlich in einem Satz zusammenfassen

Am Anfang müssen Sie sich bewusst zwingen, die Routine einzuhalten. Mit der Zeit wird es immer leichter gehen, bis Sie eine Gewohnheit entwickelt haben. Aber der Anfang ist wie ein steiler Berg, bei dem man sich Meter um Meter vorarbeiten muss. Machen Sie es sich einfach: Merken Sie sich nichts, schreiben Sie Ihre Routine Schritt für Schritt auf. Dann müssen Sie nur noch an eines denken, wenn Sie morgens Ihr Büro betreten: den Zettel Punkt für Punkt abzuarbeiten. Legen Sie den Zettel auf den Schreibtisch, und haken Sie die Elemente Ihrer Routine nacheinander ab. Das ist ebenfalls ein Vorteil der Routine: Sie müssen nicht erst nachdenken, was Sie unternehmen sollen. Sich zu organisieren und die nächsten Schritte festzulegen, kostet Willenskraft. Die können Sie sich sparen, wenn Sie automatisch wissen, was Sie tun. Gerade morgens ist eine Routine Gold wert.

Eine Routine
ist wie eine Straße
ohne
Abzweigungen.
Sie müssen
ihr nur folgen und
kommen so
automatisch
ans Ziel.

Hier weitere Tipps zur Inspiration.

- Um noch schneller in den Tag starten zu können, ist es hilfreich, sich schon am Vorabend eine To-do-Liste und einen Handlungsplan geschrieben zu haben.
- Fragen Sie sich abends, auf was Sie sich morgen freuen. Finden Sie etwas, was Sie mit Vorfreude erfüllt. So fällt es morgens leichter, aufzustehen.
- Denken Sie an Ihre Vision und an Ihr Traumbild. Was bringt Sie dazu, sich nicht müde aus dem Bett zu quälen, sondern voller Elan aus den Federn zu springen?
- Beginnen Sie morgens mit der wichtigsten Aufgabe (*first things first*). Denn am Morgen sind Sie noch frisch und ausgeruht.
- Sorgen Sie morgens für Helligkeit und frischen Sauerstoff. Vorhänge auf! Fenster auf! Augen auf!
- Trinken Sie morgens ein Glas Wasser. Im Schlaf haben Sie Flüssigkeit verloren.
- Manchmal liest man in Ratgebern, man soll morgens keine E-Mails checken, weil man lediglich auf äußere Einflüsse reagieren würde, statt selbst etwas zu schaffen. Das kann ich nicht bestätigen. Wir arbeiten nun mal mit anderen zusammen, da ist es ganz normal, zeitnah zu reagieren.
- Letzter Tipp: Tipps sind Angebote, keine Regeln. Hören Sie sich immer alle Tipps an, aber entscheiden Sie selbst, womit Sie sich wohl fühlen.

Geheimwaffen gegen ABLENKUNG

Es gibt zahlreiche Möglichkeiten, sich zu fokussieren und Störungen von außen abzustellen oder zumindest auszublenden. Zwei besonders wirksame Geheimwaffen sind dabei Freude und die Arbeit am frühen Morgen. Sehen wir uns das der Reihe nach an.

Besonders wirksam gegen Ablenkung: Freude. Stephen King war nicht immer reich und erfolgreich. Vor seinem Durchbruch als Schriftsteller unterrichtete er in der Stadt Hampden in Maine als Englischlehrer. Da dieses Einkommen jedoch nicht reichte, um seine Familie ernähren zu können, arbeitete er nachts als Bügler in einer Wäscherei. Seinen Erfolgsroman »Carrie« schrieb er in der Wäscherei und in seinem Wohnwagen, in dem er mit seiner Familie lebte. Man kann sich vorstellen, dass weder die Wäscherei noch der Wohnwagen ein optimales Umfeld der Ruhe und Inspiration sind. Trotzdem gelang es King, einen großartigen Roman zu schreiben, der später sogar verfilmt wurde. Wie war das möglich? Der Grund: Stephen King hat eine tiefe Leidenschaft fürs Schreiben. Es macht ihm einfach Freude. Und nichts kann ihn davon abhalten, sich täglich damit zu beschäftigen. Freude an der Arbeit findet immer einen Weg – ganz gleich, wie schwierig die äußeren Umstände auch sein mögen. Deshalb ist es sehr wertvoll, wenn man einen Grund findet, sich gerne an ein Projekt zu setzen. Ablenkungen treten dann automatisch in den Hintergrund.

»Alles klappt noch mal so gut, wenn man es gerne tut«, heißt es bei Mary Poppins. Das sehe ich auch so. Was man nicht mit Freude angeht, das ist schwierig. Wenn Sie sich also dazu durchringen müssen, ein Projekt in Angriff zu nehmen, wenn Sie sich förmlich dazu zwingen müssen, loszulegen, dann sind das keine guten Voraussetzungen. Unter solchen Vorzeichen sollten Sie lieber anhalten und sich grundsätzlich neu mit der Aufgabe beschäftigen und Ihr Traumbild überprüfen.

Halten Sie sich an das, was wir bei Mary Poppins gehört haben: Versuchen Sie, dem Projekt etwas Positives abzugewinnen. Betrachten Sie die Aufgabe wie ein Detektiv von allen Seiten. Fragen Sie sich: Was ist für mich drin? Wie kann ich das Projekt für mich nutzen? Erinnern Sie sich an die Mohrrübe, an das Wunschbild. Denken Sie nicht an die Schwierigkeiten auf dem Weg zur Lösung, sondern an das großartige Ergebnis.

Viele Menschen neigen dazu, vor allem die Gefahren und Risiken zu sehen. Man kann sich aber ebenso gut dafür entscheiden, positiv an die Sache heranzugehen und vor allem die möglichen Erfolge im Blick zu haben. Welche von beiden Seiten Sie wählen, bleibt Ihnen überlassen. Die Gedanken sind frei, Sie haben die Wahl. Insofern ist es sinnvoll, lieber das halbvolle Glas zu wählen.

Denken Sie daran, was das Projekt für Sie tun kann, wenn alles gut läuft. Hier einige Beispiele:

- Wenn das Projekt exzellent läuft, kann ich stolz auf meine Leistung sein.
- Freunde und Kollegen werden mir gratulieren.
- Vielleicht gibt's sogar ein Lob vom Chef.
- Womöglich erhalte ich sogar eine Gehaltserhöhung bzw. Beförderung.
- Mein Renommee steigt.

Aus diesen Gründen können Sie sich ein schönes Wunschbild formen, und die Ablenkungen treten in den Hintergrund.

> **Fun anyone? Wir Menschen lieben das Vergnügen. Wer es schlau anstellt, findet die Freude sogar in seiner Arbeit.**

Mein Fazit: Suchen Sie zu Beginn eines Projekts gezielt und bewusst nach einem Grund, warum Sie es voller Freude angehen sollten. Behalten Sie dabei im Hinterkopf, dass es glücklich macht, andere glücklich zu machen. Wenn Ihnen das gelingt, stehen die Chancen gut, alle Ablenkungen ausblenden zu können.

Besonders wirksam gegen Ablenkung: am frühen Morgen arbeiten. »Early to bed and early to rise makes a man healthy, wealthy and wise«, sagte Benjamin Franklin. Ein schöner Spruch, aber das ist vielleicht ein bisschen viel versprochen. Fakt ist allerdings, dass es einige entscheidende Vorteile bietet, früh aufzustehen und sich seinem Projekt zu widmen:

- Die anderen schlafen noch. Damit entfallen mögliche Ablenkungen durch Anrufe, E-Mails, Meetings und Besuche im Büro. Sie können sich also ungestört Ihrer Aufgabe widmen.
- Morgens ist man frisch im Kopf – zumindest nach der ersten Tasse Kaffee oder Tee. Man kann nicht den ganzen Tag hochkonzentriert sein. Morgens stehen die Chancen besonders gut, weil man sich im Schlaf erholen konnte.
- Die Aussicht, schon früh am Morgen einiges geleistet zu haben, ist motivierend und beflügelt. Es ist ein tolles Gefühl, wenn man

schon einiges an Arbeit vom Tisch geschafft hat und feststellen kann, dass es gerade mal 9 Uhr ist. Um diese Zeit fangen andere erst an.
- Sie können mit der wichtigsten Aufgabe des Tages anfangen und sich relativ sicher sein, dabei nicht gestört zu werden. In der Praxis wissen wir alle, dass wir so viel planen können, wie wir wollen: Im Büro und im Alltag gibt es immer wieder unerwartete Ereignisse, die uns dazwischenfunken und unsere Pläne durcheinanderwirbeln. Früh morgens jedoch stehen die Chancen gut, wirklich ungestört Zeit für sich zu haben.

So gehen Sie vor:

1. Machen Sie sich schon am Vorabend einen Handlungsplan. Was wollen Sie in welcher Zeit erledigen?
2. First things first: Priorisieren Sie Ihre geplanten Tätigkeiten, indem Sie mit den wichtigsten beginnen. Noch sind Sie frisch und leistungsfähig. Beginnen Sie daher mit derjenigen, die Sie auf jeden Fall erledigen wollen.
3. Gestalten Sie sich den Start in den Tag so einfach und einladend wie möglich. Legen Sie sich alles zurecht, was Sie brauchen. Motivieren Sie sich, aufzustehen, indem Sie sich ein leckeres Frühstück vorbereiten. Der Tisch ist schon einladend gedeckt. Sie müssen nur noch aufstehen.
4. Am besten, Sie gewöhnen sich eine Morgenroutine an, die Ihnen hilft, gleich auf dem richtigen Gleis zu starten und ohne Umwege mit der Aufgabe loslegen zu können. Das muss nicht kompliziert und lang sein – im Gegenteil. Schon eine Tasse Kaffee oder Tee, bei der Sie Ihren Handlungsplan durchgehen und Ihre Vision visualisieren, kann genügen.
5. Legen Sie los!

Interessant ist in diesem Zusammenhang auch, zu welchen Tageszeiten man im Durchschnitt am leistungsfähigsten ist:

- Höchste Leistungsfähigkeit: zwischen 9 und 11 Uhr
- Erster Tiefpunkt: zwischen 14 und 15 Uhr
- Zweites Leistungshoch: um 17 Uhr
- Nach 21 Uhr: kontinuierlicher Rückgang der Leistungsfähigkeit

Das sind jedoch keine in Stein gemeißelten Naturgesetze, sondern Durchschnittswerte. Wenn Sie eine »Nachteule« sind, dann sind Sie am Abend besonders leistungsfähig und fühlen sich sogar ausgesprochen wohl dabei. Beobachten Sie sich selbst, und fragen Sie sich, zu welchen Zeiten Sie außergewöhnlich wach und motiviert sind. Wann fühlen Sie sich müde? Stimmen Sie Ihre Arbeitszeiten klug darauf ab.

Die Aufmerksamkeit FOKUSSIEREN

Nehmen wir an, Sie haben alle Ablenkungen minimiert. Nun gilt es zu üben, die Aufmerksamkeit zu fokussieren und gedanklich nicht abzuschweifen. Sich zu fokussieren bedeutet, seine Aufmerksamkeit dauerhaft auf ein Thema auszurichten und nicht im Kopf von einem Gedanken zum nächsten zu springen. Im Folgenden schauen wir uns Methoden und Übungen dafür an.

Die Übung »Festgeklebt«. Bei dieser Übung geht es darum, unbeirrt dranzubleiben. Dabei gehen Sie wie folgt vor:

1. Setzen Sie sich mit den Projektunterlagen an Ihren Arbeitsplatz.
2. Bieten Sie Ihrem Geist nichts anderes an als die Aufgabe. Keine andere Ablenkung, nichts.
3. Beschäftigen Sie sich mit der Aufgabe.
4. Stellen Sie sich vor, Ihre Hose oder Ihr Rock wäre mit Sekundenkleber am Stuhl befestigt. Erst, wenn Sie eine wirklich überzeugende Lösung für die Aufgabe gefunden haben, löst sich der Kleber und Sie können aufstehen.
5. Wenn Sie merken, dass Ihre Gedanken abschweifen, dann lenken Sie sie sanft wieder zurück zur Aufgabe.
6. Bleiben Sie so lange sitzen, bis Sie eine gute Lösung gefunden haben. Oder bis Sie auf die Toilette müssen, das ist in diesem Fall natürlich auch erlaubt.

Der entscheidende Punkt – Sie haben es vielleicht schon gemerkt – ist das Sitzenbleiben. In der Schule weniger schön, hier aber zentral wichtig. Wenn Sie ernsthaft bereit sind, nicht aufzustehen, bis Sie eine schöne Lösung gefunden haben, dann haben Sie gute Chancen, Ihre Aufmerksamkeit näher kennenzulernen.
Was wir an dieser Stelle üben, ist, unsere Gedanken bewusst wahrzunehmen. Wir üben, uns auf eine Sache zu konzentrieren.

Sich zu fokussieren bedeutet, seine Aufmerksamkeit dauerhaft auf ein Thema auszurichten.

Wie ging es Ihnen mit dieser Übung? War es schwer? Hatten Sie Probleme, mit dem Kopf bei einer einzigen Sache zu sein? Hatten Sie womöglich Stimmen im Kopf, Gedankenfetzen, seltsame Impulse? Oder war es ruhig in Ihren Gedanken? Ich möchte aus diesem Buch keinen Zen-Kurs machen, aber wem ständig wilde Gedanken durch den Kopf jagen (man spricht von »Affen«), dem kann ein bisschen Zen nichts schaden. Hier eine grundlegende Übung.

Die Übung »Ufer des Flusses«. Diese Übung soll Ihnen dazu verhelfen, Ihre Gedanken in einen sogenannten »Flow« zu bringen. Sie funktioniert so:

1. Stellen Sie sich vor, Sie sitzen am Ufer eines Flusses. Der Fluss ist kein gewöhnlicher Fluss: Es ist ein Sinnbild für Ihren Gedankenfluss.
2. Beobachten Sie, wie Ihre Gedanken an Ihnen vorbeiziehen. Werten Sie nicht. Beobachten Sie nur. Sie müssen keine Lösungen finden, Sie müssen gar nichts, nur ganz entspannt und absichtslos beobachten.

3. Achten Sie auf Ihren Atem. Nehmen Sie bewusst wahr, wie Sie ein- und ausatmen. Wie sich Ihre Brust hebt und senkt. Wie Luft in Ihre Lunge hineinströmt – und wieder hinaus.
4. Mit der Zeit bemerken Sie, wie Ihre Atmung etwas ruhiger wird und die Gedanken etwas langsamer fließen.
5. Achten Sie weiter auf Ihren Atem, und beobachten Sie, wie Ihre Gedanken an Ihnen vorüberziehen.

Übrigens: Sollten Sie Probleme mit dem Einschlafen haben, dann ist diese Übung ebenfalls empfehlenswert. Es genügt hier sogar, sich nur auf seinen Atem zu konzentrieren, um die »Affen« zu vertreiben, also die wilden Gedanken und Assoziationen.

Weitere Möglichkeiten, sich zu fokussieren. Es fällt schwer, ein Patentrezept zu nennen, denn Menschen sind verschieden. Was dem einen hilft, ist für den anderen eher ein Hindernis. Hier trotzdem drei weitere Punkte zur Inspiration.

1. Probieren Sie aus, wie es ist, mit Ohrstöpseln zu arbeiten. Solche Stöpsel bekommen Sie zum Beispiel in der Apotheke. Fühlt es sich seltsam an? Dann lassen Sie es. Haben Sie dagegen das Gefühl, nun noch mehr für sich zu sein und wie in einer Blase zu schweben, dann arbeiten Sie ruhig probeweise damit.
2. Kauen oder lutschen Sie etwas. Kaugummi, einen Bonbon, Lakritzpastillen oder was Sie sonst mögen. Das beruhigt und hilft Ihnen, Ihre Gedanken auszurichten. Außerdem bekommen Sie durch den Zucker einen Energieschub. Eine ähnliche Wirkung können heiße Getränke wie Kaffee oder Tee haben.
3. Kämpfen Sie nicht gegen Gedanken an, die Sie in Ihrer Konzentration stören. Verfluchen Sie sie nicht. Ärgern Sie sich nicht darüber. Und fangen Sie auch nicht an, sich selbst zu hinterfra-

gen, nach dem Motto: Warum passiert ausgerechnet mir das? Was stimmt nicht mit mir? Bin ich krank? Kann das normal sein? – Akzeptieren Sie, dass die störenden Gedanken da sind oder immer wieder aufs Neue kommen. Aber: Ignorieren Sie sie auch. Etwa so, wie man respektiert, dass man nicht alleine im Aufzug oder in der U-Bahn fährt. Klar, es sind auch andere Fahrgäste da. Vielleicht sogar Personen, mit denen man sich nicht anfreunden möchte. Aber das ist ja kein Problem: Einfach höflich ignorieren, keine Beachtung schenken und die Sache ist nur noch halb so wild. Wenn Sie sich dagegen darüber aufregen, dass Sie nicht Ihre Ruhe haben und gestört werden, dann werten Sie die Störenfriede nur auf, geben ihnen Energie und machen sie mächtiger, als sie eigentlich sind.

Hartnäckigkeit und Disziplin helfen, Anfangsschwierigkeiten zu überwinden.

× × ×

Hineins ins Vergnügen

SO FANGEN SIE EINFACH AN

Strategien
FÜR DEN ANFANG

Die Vision und das Traumbild liegen klar auf der Orientierungskarte vor uns, der Handlungsplan ist ausgearbeitet, die Ablenkungen sind beseitigt. Wunderbar. Hinein ins Vergnügen!

Es gibt nicht einen einzigen Weg, einfach anzufangen, sondern viele.

Sie haben bereits eine Möglichkeit kennengelernt, wie Sie mühelos ins Anfangen »hineinrutschen«: Fassen Sie die Aufgabe in einem einzigen Satz zusammen, und schreiben Sie sie auf. Schon ist das leere Blatt nicht mehr leer, und Sie haben angefangen. Dieses Vorgehen hilft Ihnen zum einen, die Hemmungen vor dem Anfangen und dem leeren Blatt zu überwinden. Zum anderen hilft es Ihnen, sich gedanklich auf die Aufgabe einzustimmen und sicherzustellen, dass Sie nicht am Thema vorbeiarbeiten.

Hilfreich war auch der Trick, im Handlungsplan erst einmal nichts einzuplanen und sich einen Vorsprung zu erarbeiten, um ganz ohne Druck loslegen zu können. Elemente aus dem Gamification-Bereich wie die Fortschrittsanzeige und das Bergfest helfen Ihnen, dranzubleiben.

Im Folgenden wollen wir uns nun weitere Strategien ansehen, wie Sie einfach anfangen können. Lesen Sie sich in Ruhe alles durch, und wählen Sie das aus, was Ihnen zusagt. Was Ihnen nicht gefällt, das lassen Sie einfach weg.

Die Strategie des schwachen Anfangs. Dieser Druck! Dieser Druck! Dieser Druck! Immer dieser Druck! Manche Menschen spüren so viel Druck, dass sie völlig gehemmt sind. Sie können nicht anfangen, weil sie fürchten, dem hohen Anspruch nicht gerecht werden zu können. Ganz gleich, ob dieser Anspruch von anderen erhoben wird oder ob sie ihn selbst an sich stellen.

Eine gute Möglichkeit, sich aus diesem Korsett zu befreien, ist, den Anspruch am Anfang bewusst unten anzusetzen. Der Trick ist, eine Art Handel einzugehen: »Ja, liebes Unterbewusstsein, unser hoher Anspruch bleibt erhalten. Wir weichen keinen Millimeter davon ab. Aber sei doch so freundlich und gestatte uns, am Anfang mit einem ganz niedrigen Anspruch loszulegen, damit wir einfacher und schneller anfangen können. Danach steigern wir uns immer weiter – bis wir am Ende auf dem gewünschten Niveau sind. Deal?«

So gehen Sie im Einzelnen vor:

1. Setzen Sie sich an Ihren Arbeitsplatz.
2. Lehnen Sie sich entspannt zurück (ich meine das wirklich so, nicht nur im übertragenen Sinn), und fragen Sie sich, wie jemand die Aufgabe lösen würde, der **keinerlei Ambitionen** hat. Wie würde jemand das Problem angehen, der völlig talentfrei ist und sich bereits mit einer **schwachen Lösung** zufriedengeben würde?
3. Schreiben Sie diese mittelmäßige Lösung schnell stichpunktartig auf bzw. skizzieren Sie sie mit einigen Strichen – und schon haben Sie angefangen.
4. Sehr schön, dieses schwache Niveau werden Sie ja wohl steigern können! Überlegen Sie sich nun, wie jemand die Aufgabe angehen würde, der **zumindest ein bisschen ambitioniert** ist. Er mag bei Weitem nicht so perfektionistisch und ehrgeizig sein wie Sie, aber er möchte durchaus eine Lösung abliefern,

die **ganz okay** ist. Überlegen Sie, wie so jemand an die Sache herangehen würde, und notieren Sie die Ideen.

5. Gut, das ist zwar immer noch bei Weitem nicht das Gelbe vom Ei, aber es ist zumindest schon mal besser als die erste Idee. Sie wissen, dass Sie das besser können. Also weiter: Was würde nun jemand erarbeiten, der eine **vorzeigbare Lösung** entwickeln möchte, mit der man sich durchaus sehen lassen kann? Vielleicht fällt Ihnen ein Kollege ein, auf den diese Einstellung zutrifft? Versetzen Sie sich in diese Person hinein, und denken Sie sich eine entsprechende Lösung aus.
6. Schön. Wenn Sie die letzte Idee betrachten, haben Sie den Eindruck: Ja, das kann man so machen – muss man aber nicht. Da ist noch viel Luft nach oben. Versetzen Sie sich also in jemanden, der eine **gute Lösung** will. Versetzen Sie sich dazu in einen Kollegen, der für gute Qualität bekannt ist. Wie würde er an das Problem herangehen? Notieren Sie die Idee, und machen Sie sich bereit für die nächste Stufe.
7. Gut ist Ihnen nicht gut genug. Sie wollen **eine Lösung, die begeistert**. Versetzen Sie sich dazu in eine Person, die Sie für ihre Arbeit schätzen und bewundern. Wie würde er oder sie die Aufgabe lösen? Was würde er oder sie am Ende präsentieren? Arbeiten Sie hartnäckig an einer Idee, die Sie sich für diese Koryphäe vorstellen können. Wenn Sie nicht weiterkommen, wechseln Sie gedanklich in die Rolle eines anderen Kollegen, der ebenfalls sehr gut ist. Möglichkeiten gibt es viele. Denken Sie zum Beispiel an den besten Kollegen im Unternehmen, Ihren Chef, den Gründer der Firma, den besten Denker bei der Konkurrenz, den besten Denker im Ausland, Ihren Ausbilder und so weiter.
8. **Steigern Sie das Niveau immer weiter und weiter** – bis Sie zu einer Idee kommen, die Sie begeistert. Ein Anzeichen für so

eine Idee ist zum Beispiel das Gefühl, aufspringen zu müssen, um die Idee sofort jemandem zu erzählen. Der Gedanke ist so gut, dass Sie Ihre Entdeckung augenblicklich mit jemandem teilen wollen. Wenn Sie dieses Gefühl haben, scheinen Sie wirklich auf eine großartige Lösung gestoßen zu sein.

Achten Sie darauf, gerade den Einstieg so einfach wie möglich zu gestalten. Ich möchte noch einmal unterstreichen, dass es dabei nicht darum geht, eine brauchbare Lösung zu entwickeln. Es geht tatsächlich allein darum, einfach anzufangen. Fangen Sie schwach an. Fangen Sie mit etwas an, was völliger Unsinn ist. Fangen Sie mit einer Idee an, die Sie nie im Leben vorstellen würden. Aber: Fangen Sie an! Legen Sie los. Bringen Sie den Prozess ins Rollen. Mit anderen Worten: Seien Sie hemmungslos schlecht. Legen Sie alle Ansprüche ab. Der Wunsch nach Qualität hemmt Sie. Also sollten Sie am Anfang völlig darauf verzichten. Das ist der Trick dieser Strategie.

Nur keine Hemmungen, auf schlechtem Niveau zu beginnen. Was aussieht, als würden Sie scheitern, ist tatsächlich ein Triumph: Sie haben angefangen.

Kommen wir nun zu einem weiteren Beispiel, dem »Romananfang«. Gerade Autoren wissen, wie schwierig es sein kann, den Anfang zu finden. Bei einem Roman ist der erste Satz eine besonders hohe Hürde, denn hier gibt es zahlreiche berühmte erste Sätze, hinter denen man nicht zurückstehen möchte.

Aber kein Problem, wir haben ja jetzt ein praktisches Rezept, mit dem wir sofort loslegen können: Die Strategie des schwachen Anfangs. Machen wir uns den Spaß, und erarbeiten wir uns – rein fiktiv natürlich –, wie Franz Kafka sein wohl berühmtestes Werk »Die Verwandlung« begonnen haben könnte. Ganz am Ende zitiere ich dann, wie der erste Satz wirklich lautete.

- Stufe 1: einfach anfangen, schwache Lösung, ohne jede Ambition: »Gregor Samsa öffnete die Augen.« Überhaupt nicht interessant oder spannend, aber egal: Wir haben angefangen!
- Stufe 2: ein bisschen ambitioniert, ganz okay: »Gregor Samsa öffnete die Augen und war zu Tode erschrocken.«
- Stufe 3: vorzeigbar: »Gregor Samsa schreckte aus unruhigen Träumen hoch: Er hatte sich über Nacht in einen Käfer verwandelt.«
- Stufe 4: schon recht gut: »Gregor Samsa erwachte aus unruhigen Träumen und bemerkte, dass er sich über Nacht in einen Käfer verwandelt hatte.«
- Stufe 5: Der Originalsatz von Franz Kafka: »Als Gregor Samsa eines Morgens aus unruhigen Träumen erwachte, fand er sich in seinem Bett zu einem ungeheuren Ungeziefer verwandelt.«

Die Strategie »Das nehme ich persönlich«. Wenn man als Dienstleister eine Lösung entwickelt, dann erarbeitet man die Idee für den Auftraggeber, also nicht für sich selbst. Stellt man sich nun vor, man würde sich nicht für jemand anderen anstrengen, sondern für sich selbst, ist das Gefühl ein völlig anderes. Man versetzt sich in einen Unternehmer hinein, der ein Projekt aufbauen möchte und eine beträchtliche Summe investiert.

Der Nachteil: Man spürt sofort den Druck, der so auf einem Unternehmer lastet. Dieser Druck kann viele hemmen. Sollten Sie sich also bei Druck unwohl fühlen, dann ist diese Methode wahrscheinlich wenig geeignet für Sie. Haben Sie dagegen kein Problem damit, ist es eine wunderbare Strategie, äußerst motiviert und engagiert loslegen zu können.

Die
Schreibblockade
ist ein
übermächtiges
Monster,
das einen zur
Salzsäule
erstarren lässt.

Zudem ist die »Das nehme ich persönlich«-Methode eine gute Hilfe, wenn es um schwierige, komplexe Themen geht, auf die man eigentlich keine rechte Lust hat. Ein Unternehmer sieht die Dinge anders. Für ihn gibt es keine langweiligen Projekte, sondern nur Projekte mit viel oder wenig Potential.

Wer eine Sache persönlich nimmt, ist deutlich motivierter und engagierter.

Ein Beispiel: Der Unternehmer U. geht auf ein Musikfestival und muss feststellen, dass sich vor den Toilettenhäuschen lange Schlangen bilden. Als er endlich an der Reihe ist, ist er vom Toilettenhäuschen alles andere als begeistert. Er fragt sich, ob man diese Situation nicht verbessern kann, und arbeitet einen Plan aus. Unternehmer U. möchte ein völlig neues Toilettenhäuschen anbieten. Mit einer Toilette, die sich selbst reinigt. Zudem soll das Häuschen schick designt sein und doppelt so viel Platz bieten, wie es bei anderen der Fall ist. Nehmen wir an, Sie sind Architekt und werden von Unternehmer U. beauftragt, dieses Toilettenhäuschen zu entwerfen. Als Sie davon erfahren, sind Sie zunächst amüsiert und wollen schon ablehnen, weil Toilettenhäuser nicht Ihrem Niveau entsprechen. Aber der Auftrag wird sehr gut bezahlt, und ein anderes Projekt wurde gerade überraschend verschoben. Sie hätten also Zeit und würden auch gut entlohnt. Also sagen Sie zu, ärgern sich aber darüber, an so einem – Pardon – »Scheißprojekt« arbeiten zu müssen.

Die Lösung: Schlüpfen Sie in die Rolle des Unternehmers, der die Idee hatte und viel Geld in die Umsetzung investiert. Stellen Sie sich vor, Sie würden 400 000 Euro in die Toilettenhäuschen investieren und hätten errechnet, dass Sie in vier Jahren unterm Strich ein Plus von 250 000 Euro erwirtschaften könnten. Die Zahlen sind aus der Luft gegriffen und haben nur den Zweck, Sie zusätzlich zu motivieren. Die Aussicht, mit diesem Projekt 250000 Euro verdienen zu können, ist schließlich nicht gerade schlecht. Und das wäre erst der Anfang!

Ein Unternehmer denkt anders als ein Angestellter. Er sieht Chancen und hat Visionen.

Lassen Sie sich vom Unternehmer-Virus infizieren. Sie werden schnell merken, wie dieses Denken Ihre Einstellung zum Projekt verändert. Es ist plötzlich kein »Scheißprojekt« mehr, sondern eine geniale Idee und eine großartige Chance. Es muss klappen! Und Sie haben jede Menge Energie, um Ihr Bestes zu geben.

Was ist passiert? Sie haben die Perspektive geändert. Waren Sie vorher »nur« ein Dienstleister, der etwas für einen anderen erarbeitet, sind Sie jetzt selbst der Auftraggeber. Sie nehmen das Projekt persönlich. Es ist nicht mehr sein Projekt, sondern Ihr eigenes. So gehen Sie vor:

1. Versetzen Sie sich in die Rolle eines selbstständigen Unternehmers, der das Projekt umsetzen möchte. Es spielt keine Rolle, ob Ihr Auftraggeber tatsächlich ein Unternehmer ist oder nicht. Selbst wenn der Staat oder ein Konzern Sie beauftragt hat, sollten Sie sich in die Rolle eines Unternehmers versetzen.
2. Formulieren Sie das Problem schriftlich als Ihr eigenes. Am besten in einem einzigen Satz. Zum Beispiel so: »Ich bin selbstständiger Unternehmer und möchte mit einem völlig neuen Toilettenhäuschen die sanitären Anlagen für Festivalbesucher dramatisch verbessern und so nach wenigen Jahren 250000 Euro Gewinn einfahren.« Sinnvoll ist es, wenn Sie einen Grund für das Projekt in den Satz hineinschreiben, der Sie motiviert. Erinnern Sie sich an das, was George Lucas gesagt hat. Es macht

am zufriedensten, wenn man nicht egoistisch an sich selbst denkt, sondern an andere. Noch besser ist die Kombination: Sie verbessern die Situation von anderen und machen zudem noch einen schönen Gewinn.
3. Sagen und schreiben Sie es nicht nur, fühlen Sie es! Das Gefühl wird stärker, wenn Sie nicht nur mit dem Kopf bei der Sache sind, sondern auch mit dem Herzen. Spüren Sie, wie sich Ihre Einstellung zum Projekt verändert? Sobald Sie diese Veränderung spüren: Legen Sie los.
4. In der Regel muss man nicht lange auf das veränderte Gefühl warten. Mit dem veränderten Gefühl und dem veränderten Denken kommt auch die veränderte Einstellung. Und der brennende Wunsch, sofort loszulegen. Das Unternehmer-Virus wird Ihnen Beine machen. Einfach anzufangen ist kein Problem mehr.

Ein Problem dieser Methode haben wir bereits kurz gestreift: Sie baut Druck auf. Wenn das ein Problem für Sie ist, dann machen Sie sich bewusst, dass Sie nur mit einem Rollenspiel, nur mit einer Simulation arbeiten. Sobald Sie diesen Gedankengang verlassen, wird der Druck sofort von Ihnen abfallen. Auf diese Weise können Sie vielleicht doch mit dieser Strategie arbeiten. Probieren Sie es einfach aus. Wenn es sich schwierig anfühlt: Zwingen Sie sich zu nichts. Wir haben schließlich noch viele andere Methoden zur Auswahl.

Die Strategie »Alternativer Anfang«. Eine schöne Möglichkeit, einfach loszulegen, ohne dass Sie es überhaupt bemerken, ist die Strategie »Alternativer Anfang«. Bei dieser Herangehensweise schalten Sie Hemmungen, Blockaden und Angst dadurch aus, dass Sie anfangen, ohne anzufangen. Der Gedanke ist simpel: Ich fange nicht mit dem

Ausdenkprozess an, also muss ich auch keine Blockaden oder Angst davor haben. Stattdessen fangen Sie mit etwas anderem an, was Ihnen leichtfällt.

Fangen Sie nicht mit der Lösung der Aufgabe an, sondern nur mit der Aufgabenstellung.

So können Sie zum Beispiel damit beginnen, sich ausführlich der Aufgabenstellung bzw. dem Briefing zu widmen. Wie ist die Aufgabe, worum geht es, wer ist die Zielgruppe, welche Schwierigkeiten gibt es? Arbeiten Sie sich tief ins Briefing hinein. Recherchieren Sie. Forschen Sie. Hinterfragen Sie. Je mehr Sie sich mit der Aufgabe beschäftigen, umso mehr kommt Ihr Gehirn – ohne es zu wollen – auf Ideen, in welche Richtung die Lösung gehen könnte. Das ist eine automatische Begleiterscheinung eines intensiven Fragenprozesses. Das Gehirn antwortet automatisch, wenn man ihm ständig Fragen vorlegt bzw., wenn die Gedanken eine Weile um ein Thema kreisen.

Als Wissenschaftler können Sie sich tief in das Problem hineindenken. Beschäftigen Sie sich nicht direkt mit der Aufgabe, das Saatgut noch ertragreicher zu machen. Lassen Sie das einfach mal links liegen. Konzentrieren Sie sich zum Beispiel lieber auf die Rahmenbedingungen, die die Erde bietet. Analysieren Sie die Einflüsse des Wetters. Kurzum: Rennen Sie nicht mit dem Kopf durch die Wand, sondern umgehen Sie das Problem, und nehmen Sie lieber elegant den Nebeneingang.

Ein Student, der ein Referat über das Atommodell von Bohr halten soll, fängt zum Beispiel nicht direkt mit dem Atommodell an, sondern mit Niels Bohr. Wer war er? Wie ist er aufgewachsen? Wie hat er gelebt? Auf diese Weise ist der Einstieg schnell geschafft.

Der Trick des Anfangs ist hier, nicht mit dem Schwierigen anzufangen, sondern mit etwas, was einem leichtfällt. Zum Beispiel mit der ausführlichen Untersuchung der Aufgabenstellung. Haben Sie dann erst mal angefangen, ist der Prozess in Gang gebracht, und Sie rutschen – vielleicht ohne es bewusst zu merken – von der Frage- in die Antwortschiene. Hier zeigt sich ein wesentliches Geheimnis: **Entscheidend ist, loszulegen. Egal wie.** Denn ist diese Hemmschwelle erst einmal überwunden, läuft der Prozess weiter, und Sie kommen der Lösung immer näher. So gehen Sie vor:

1. Fangen Sie nicht mit dem Schwierigen an, sondern mit etwas, was Ihnen leichtfällt. Machen Sie es sich so einfach wie möglich. Je weniger Sie sich anstrengen und überwinden müssen, desto besser. Es geht nur darum, anzufangen.
2. Beschäftigen Sie sich intensiv mit dem Aspekt, den Sie sich ausgesucht haben. Freuen Sie sich, dass Sie angefangen haben.
3. Achten Sie auf Ihre Gedanken. Irgendwann werden Sie dem eigentlichen Problem bzw. der eigentlichen Aufgabe immer näher kommen. Nehmen Sie wahr, wie Sie schließlich über die Aufgabe nachdenken.

Die Strategie »Andere Perspektive«. Bei der Strategie »Das nehme ich persönlich« haben wir uns bereits in eine andere Rolle hineinversetzt, nämlich in die des Unternehmers. Nun gibt es aber viele weitere Rollen, in die Sie schlüpfen können. Hier einige Beispiele:

- Wie würde Ihr fachlich bester Kollege das Problem angehen?
- Wie würde Ihr fachlich schlechtester Kollege denken?
- Wie würde Ihr Chef an die Sache herangehen?
- Was würde wohl Ihr Ausbilder sagen?

- Wie würde Alf das Problem lösen, der ja keine Ahnung vom Thema hat?
- Wie würde sich Chuck Norris bewähren?
- Wie würde Ihr Idol reagieren?

Ein Problem mit anderen Augen zu sehen, ist ein Trick, sich über einen langen Zeitraum immer wieder anders mit einem Problem auseinanderzusetzen.

Suchen Sie eine Perspektive, die Sie interessant finden und die Ihnen Spaß macht. Sie werden einen guten Teil der Zeit damit verbringen, sich zu fragen, was die Person eigentlich ausmacht, in die Sie sich hineinversetzen wollen. Das macht aber nichts. Entscheidend ist, dass Sie einen Weg gefunden haben, sich dauerhaft mit der Aufgabe auseinanderzusetzen und sich darauf zu konzentrieren. Das reicht schon. Alles andere kommt mehr oder weniger von allein. Der Anfang ist gemacht, der Prozess ist ins Rollen gekommen. Wenn Sie keine Lust mehr haben, sich aus der Perspektive X mit der Aufgabe zu beschäftigen, dann wechseln Sie einfach weiter zur Perspektive Y. So gehen Sie vor:

1. Fassen Sie das Problem in einem einzigen Satz zusammen, und schreiben Sie ihn auf.
2. Fertigen Sie sich schriftlich eine Liste darüber an, aus welcher Perspektive Sie das Problem betrachten könnten. Haben Sie keine Hemmungen vor unkonventionellen Ideen, die im ersten Moment überhaupt nicht zu passen scheinen. Was hat Donald Duck mit der Hausarbeit über DNA-Prozesse zu tun? – Überhaupt nichts! Umso interessanter ist es, diese beiden Dinge zu kombinieren und zu schauen, was passiert. Auch hier steht der

Trick im Vordergrund, eine einfache Möglichkeit zu finden, anzufangen.

3. Wählen Sie eine Rolle aus, und versetzen Sie sich mit Kopf und Herz hinein. Formulieren Sie den Aufgabensatz so um, wie die Person das sagen würde, in deren Rolle Sie geschlüpft sind.
4. Notieren Sie sich die Ideen und Impulse stichpunktartig.
5. Wenn Sie nicht weiterkommen, dann wechseln Sie einfach in eine andere Rolle. Zu eilig sollten Sie es damit aber nicht haben, ein bisschen überlegen müssen Sie schon.
6. Die Antworten von fachfremden Personen animieren Sie womöglich, darauf zu antworten. Wenn etwa Donald Duck etwas vorschlägt, was offensichtlich völliger Unsinn ist, fühlen Sie sich vielleicht herausgefordert, ihm das zu sagen und einen Gegenvorschlag zu machen. Sehr gut, jetzt haben Sie sogar aus Ihrer eigenen Perspektive eine Idee entwickelt.

Die Strategie »Assoziieren«. Bei dieser Strategie müssen Sie fast nichts tun. Glücklicherweise haben Sie ja ein Gehirn, also einen Supercomputer, der auch per Autopilot funktioniert. Lassen Sie diesen Computer einfach mal machen. Im ersten Schritt möchte ich Ihnen das Prinzip dahinter zeigen und Ihnen klarmachen, dass auch Sie assoziieren können. Sie werden sehen: Das ist alles ganz einfach und kostet nicht die geringste Mühe.

> **Assoziieren ist die Kunst, das Gehirn einfach machen zu lassen.**

Beginnen wir damit, dass ich Ihnen ein Wort anbiete und Sie einfach dazu assoziieren, was auch immer Ihnen in den Sinn kommt. Angst zu scheitern müssen Sie nicht haben, denn beim Assoziieren gibt es kein Richtig und kein Falsch. Sie müssen also keine Sorge haben, danebenzuliegen. Druck beim Assoziieren ist somit völlig überflüssig. Überlegen Sie nicht lange, sondern ergänzen Sie die folgenden Worte spontan um jeweils ein Wort:

- Sonne – ...
- blau – ...
- Kaffee – ...
- Auto – ...
- groß – ...
- dunkelblond – ...
- Bleistift – ...
- dunkel – ...

Sehen Sie? War doch ganz einfach. Vielleicht haben Sie auf »Sonne« geantwortet mit »Regen«. Oder mit »Mond«. Oder mit »Eis«. Oder mit »Schmetterling«. Oder auch mit »Honigkuchenpferd«. Wie gesagt: Es gibt kein Richtig oder Falsch. Jeder kann seine eigene Antwort geben. So gehen Sie vor:

1. Fassen Sie die Aufgabe in einem einzigen Satz zusammen. Schreiben Sie den Satz in die Mitte eines Blatts.
2. Assoziieren Sie nun ganz frei zu den Worten des Satzes, die Sie am meisten ansprechen.
3. Assoziieren Sie jetzt auch zu Ihren ersten Assoziationen. Alles, was auf dem Blatt steht, kann ein Anknüpfungspunkt für eine Assoziation sein.
4. Versuchen Sie nun, den ganzen Satz als Aussage im Kopf zu haben und zu dieser Aussage eine Assoziation zu finden.
5. Assoziieren Sie zur ersten Assoziation des Satzes. Das Anfangen haben Sie bereits spielerisch hinter sich gebracht. Jetzt geht es darum, in den Gedankenfluss zu finden, bei dem es in Richtung Lösung geht.

6. Assoziieren Sie weiter mit dem Briefingsatz, bis Sie auf eine erste Idee kommen.
7. Folgen Sie der Idee. Denken Sie weiter.

Das Angenehme an dieser Methode ist, dass man ziemlich mühelos und einfach loslegen kann. Das Gehirn übernimmt die Arbeit und reagiert automatisch auf die Reize, die Sie ihm vorsetzen.

Die Strategie »Mindwriting«. Beim Mindwriting schreiben Sie Ihre Gedanken auf. Entleeren Sie Ihren Kopf. Schreiben Sie alles auf, was Ihnen in den Sinn kommt. Versuchen Sie aber, möglichst einen zusammenhängenden Gedankenfluss zu entwickeln. Die Überlegungen werden direkt auf das Blatt Papier gebracht. Sie können Ihre Gedanken per Hand aufschreiben oder sie in ein Textverarbeitungsprogramm tippen. Eine empfehlenswerte Arbeitsweise ist es, dabei mit sich selbst zu sprechen – allerdings nur, wenn Sie sich damit wohl fühlen. Wenn Sie Ihre innere Stimme gut hören, können Sie auch still schreiben. Werfen Sie eine Frage auf, und beantworten Sie sie selbst. Hier ein Beispiel, in dem es darum geht, wie man eine Hausarbeit über das Thema »Fakenews« gliedern könnte:

Das Thema meiner Hausarbeit heißt »Fakenews«. Wie könnte ich das Thema gliedern? Mal sehen ... also ... ich könnte damit beginnen, was man unter »Fakenews« eigentlich versteht, wie der Begriff geprägt wurde und wann von wem. Dabei könnte ich auch auf die äußeren Umstände eingehen, die bei der Entstehung des Begriffs eine Rolle gespielt haben. Als Nächstes könnte ich Beispiele dafür bringen, wie der Begriff eingesetzt wird und wie er im allgemeinen Sprachraum verankert ist. Was könnte ich dann schreiben? Ich könnte darstellen, dass es zu allen Zeiten »Fakenews« gegeben hat, und Beispiele dafür bringen. Angefangen mit Falschinformationen im Zusammenhang mit Eroberungskriegen bis in die Neuzeit hinein ...

Versuchen Sie, wie ein Fluss zu sein.

Ein Fluss fließt einfach, er bemüht sich nicht,

er folgt keinem eisernen Willen, er tut es einfach.

Sie sehen also: »Mindwriting« ist ein freies Überlegen in schriftlicher Form. Beim Schreiben sollten Sie versuchen, in einen Flow zu kommen. Das hat den Effekt, dass Sie regelrecht von Ihren Gedanken immer weiter und weiter vorangetrieben werden. Wenn Sie einmal in diesem Fluss sind, ergibt sich vieles ganz von selbst. Ähnlich wie bei einem Auto, das auf 180 km/h beschleunigt und dann so viel Schwung hat, dass es automatisch weiterrollt, wenn man mal vom Gas geht. Die Strategie entfaltet dann eine eigene Dynamik, die Ihren Gedankenfluss in Gang hält. In so einen Flow kommen Sie, wenn Sie eine Weile flüssig geschrieben bzw. gedacht haben. Die Schwierigkeit liegt also wie immer darin, erst einmal in Gang zu kommen und zu starten. So gehen Sie vor:

1. Schreiben Sie eine Frage auf.
2. Lesen Sie sich die Frage vor.
3. Schreiben Sie nun alle Gedanken auf, die Ihnen dazu einfallen. Achten Sie nicht auf die Rechtschreibung, nicht auf Punkt und Komma. Zensieren Sie sich nicht. Versuchen Sie lieber, in den Fluss zu kommen. Schreiben Sie auf, was Sie denken.
4. Während Sie schreiben, können Sie die Texte auch laut sprechen – ganz, wie Sie sich wohl fühlen.

Die Strategie »Künstlicher Zeitdruck«. Es gibt das Phänomen, dass man erst dann mit einer Aufgabe beginnt, wenn es gar nicht anders geht. Das Wasser steht einem sozusagen schon bis zum Hals. Erst durch diese bedrohliche Situation wacht man auf und wird plötzlich panisch aktiv, weil man fürchtet, fast schon zu spät dran zu sein. Erst durch den heilsamen Schock des »Himmel! Bin ich spät dran!« ringt man sich nun dazu durch, das Projekt in Angriff zu nehmen. Der Zeitdruck und die drohende Katastrophe bewirken, dass man nun überraschend schnell und mit großer Energie Kurs auf sein Ziel nimmt. Dieses Vorgehen kostet Kraft und ist alles andere als entspannt, denn schließlich spürt man ständig die drohende Niederlage im Nacken. Der Abgabetermin drängt, und so kann die Nacht schon mal zum Tag werden. Gesund ist das nicht.

Künstlicher Zeitdruck setzt uns unter Stress, jetzt sofort Gas geben zu müssen.

Bei der Strategie »Künstlicher Zeitdruck« wollen wir die Vorteile des Zeitdrucks nutzen, ohne uns den dramatischen Nachteilen auszusetzen. Wenn wir zum Beispiel für ein Projekt zwei Wochen Zeit haben, dann tun wir gleich am Anfang so, als wären es nur noch zwei oder drei Tage. Zeitdruck entsteht. Und damit auch Kraft, Energie, Wachheit und der Antrieb, keine weitere Minute zu verschwenden und sofort loszulegen. Die negativen Nebenwirkungen – wie die drohende Katastrophe – werden dadurch entschärft, dass man ja insgeheim weiß, dass man eigentlich noch reichlich Zeit hat. Es kommt also darauf an, wie man mit den vorhandenen Informationen umgehen kann. Schafft man es, sich in einen künstlichen Zeitdruck zu versetzen oder nicht? So gehen Sie vor:

1. Fangen Sie sofort an, sobald Sie das Briefing haben. Machen Sie nicht den Fehler, den Start zu verschieben. Wenn Sie einmal mit dem Verschieben anfangen, wird es immer so weitergehen. Erst verschieben Sie nur um einen Tag, dann um zwei, dann um drei … und dann fangen Sie erst an, wenn es schon fast zu spät ist. Also: Beginnen Sie unbedingt sofort.
2. Überlegen Sie sich, wie viel Zeit Sie bräuchten, um die Aufgabe gut lösen zu können.
3. Wenn das zum Beispiel fünf Tage sind, geben Sie sich drei Tage. So entsteht Zeitdruck.

4. Nur noch drei Tage Zeit, obwohl Sie fünf bräuchten? Was lesen Sie dann noch so entspannt in diesem Buch? Lassen Sie das Buch fallen, und legen Sie los!
5. Lassen Sie den künstlichen Stress an sich heran. Das setzt Energie frei und hilft Ihnen, sofort anzufangen. Allzu heftig wird der Stress aber nicht werden, schließlich haben Sie in Wirklichkeit noch mehr als ausreichend Zeit.
6. Freuen Sie sich, dass Sie deutlich früher fertig sind, als Sie eigentlich sein müssten. Machen Sie dabei nicht den Fehler, auf halber Strecke ein paar Tage Pause einlegen zu wollen, weil Sie ja so gut im Rennen liegen. Beginnen Sie den Prozess sofort, und weigern Sie sich, eine solche Pause einzulegen, bis Sie fertig sind.

Wenn Sie Probleme haben, unter Druck zu arbeiten, dann machen Sie sich bewusst, dass es nur ein künstlicher Druck ist. Zu sehr in Sicherheit sollten Sie sich aber nicht wiegen, sonst wird das Prinzip ad absurdum geführt. Der Trick ist ja, sich durch Druck dazu zu zwingen, sofort mit Vollgas loslegen »zu müssen«, um der drohenden Blamage zu entgehen, mit leeren Händen dazustehen.

Die Strategie »60 Minuten«. Diese Methode hilft Ihnen immer dann, wenn Sie sich absolut nicht dazu durchringen können, aktiv zu werden. Eine Strategie für den Fall, dass gar nichts mehr geht. Eine Alternative zum künstlichen Zeitdruck, der ebenfalls helfen kann, wenn Sie völlig unmotiviert sind und sich beim besten Willen nicht aufraffen können.

Bei der »60 Minuten«-Methode schließen Sie einen Pakt mit sich selbst: 60 Minuten Vollgas – und dann ist Ruhe für heute. Ein fairer Deal, denn in 60 Minuten kann viel passieren und man kann eine Menge auf die Beine stellen, wenn man wirklich engagiert ran-

klotzt. Gleichzeitig sind 60 Minuten auch keine Ewigkeit, so dass die Hürde, wirklich anzufangen, möglichst gering bleibt.
Wir alle wissen, wie quälend es sein kann, zu spüren, dass man schon längst hätte anfangen müssen, aber sich nicht dazu durchringen konnte. Unser schlechtes Gewissen grillt uns langsam und erbarmungslos auf kleiner Flamme. Das kann sich über Stunden, ja Tage hinziehen. Besser ist es, wir gehen gleich den 60-Minuten-Deal ein und haben dann unsere Ruhe. Zumindest für heute. Und wer weiß: Vielleicht sind wir durch das 60-minütige Powerplay wieder aufgewacht, fit geworden und haben Lust, einfach weiterzumachen. Auch hier gelten unsere wichtigsten Bemühungen dem Anfang. Den müssen wir knacken. So gehen Sie vor:

1. Gestehen Sie sich offen ein, dass heute einfach nicht Ihr Tag ist. Solange Sie das nicht auch schon gestern und vorgestern gesagt haben, ist alles in Ordnung.
2. Beschließen Sie, heute trotzdem nicht untätig zu sein.
3. Bieten Sie sich einen 60-Minuten-Pakt an: Jetzt sofort 60 Minuten Vollgas geben – aber danach für den restlichen Tag Ruhe haben.
4. Schreiben Sie sich den Pakt auf, und notieren Sie sich die Uhrzeit, zu der Sie angefangen haben.
5. Freuen Sie sich nach 60 Minuten über alles, was Sie geschafft haben. Vielleicht ist es nicht so viel, wie Sie ursprünglich für den Tag geplant hatten, aber es ist viel besser als gar nichts. Fragen Sie sich, ob Sie wie geplant für heute aufhören möchten oder ob Sie noch weitermachen sollen. Beides ist in Ordnung. Vielleicht haben Sie ja durch die 60 Minuten wieder neuen Schwung bekommen und sich sozusagen aus einem Tief herausgearbeitet.

Die 60-Minuten-Methode kann wie gesagt auch ein taktisches Mittel sein, um sich zum Anfangen zu motivieren. Das Prinzip dahinter sehen wir uns bei der folgenden Strategie an.

Die Strategie »Nur noch bis«. Wenn Sie Marathons laufen, dann könnte Ihnen diese Methode bekannt vorkommen. Ein Läufer, dessen Kräfte schon ziemlich aufgezehrt sind, braucht einen Gedanken, der ihn in Bewegung hält. Ein wirksamer Trick ist es, sich zu sagen: Okay, nur noch bis zur Versorgungsstation dort vorne. Hat er die Station erreicht, bleibt er aber nicht etwa stehen, sondern sagt sich: Okay, nur noch bis zur alten Eiche dort hinten. Ist die Eiche erreicht, sucht sich der Sportler ein neues Ziel in Reichweite: Okay, nur noch bis zur Brücke. Und so fort. Der Athlet hat bei keiner dieser Aussagen die mindeste Absicht, tatsächlich stehen zu bleiben. Er setzt sich bewusst kleine Miniziele, weil ihm diese Ziele schnell erreichbar erscheinen. Und das, obwohl er kaum noch Kraft hat. Wenn er sagen würde: »Okay, nur noch 22 Kilometer«, dann könnte es leicht sein, dass er angesichts dieser überwältigend langen Distanz beschließt, lieber aufzugeben. Besser, er konzentriert sich darauf, es zumindest noch ein paar hundert Meter weiter zu schaffen.

Das große Ziel wird in viele kleine Ziele zerlegt, die man leicht erreichen kann.

Bei der »Nur noch bis«-Methode ist das Vorgehen sehr ähnlich. Wir setzen uns extrem niedrige, leicht erreichbare Ziele. Diese Ziele können wir in Zeit ausdrücken, so wie bei der 60-Minuten-Methode. Oder aber in Leistung. Ziele könnten zum Beispiel sein:

- Okay, nur noch 15 Minuten.
- Okay, nur noch bis zu Seite 75.

- Okay, nur noch bis zum Grundkonzept.
- Okay, nur noch die Kurzhanteln.
- Okay, nur noch bis zur ersten Zwischenüberschrift.
- Okay, nur noch zur Vorzeichnung.
- Okay, nur noch bis zu den Quartalszahlen.
- Und so weiter.

Mit jedem abgehakten Ziel steigt die Freude und die Motivation, noch mehr zu schaffen.

Dank dieses cleveren Konzepts schafft man es, laufend Miniziele zu erreichen. Das hat den Effekt, dass nun ständig neue Kräfte frei werden, denn schließlich feiert man Erfolgserlebnisse am laufenden Band. Super: Eigentlich wollte man ja nur noch bis zur nächsten Versorgungsstation kommen – und jetzt ist man schon am Fuße des Bergs! Großartig. So gehen Sie vor:

1. Setzen Sie sich ein leichtes Ziel, von dem Sie sicher sind, dass Sie es spielend leicht erreichen. Sagen Sie sich: Okay, ich arbeite nur noch bis zu diesem Ziel.
2. Freuen Sie sich, wie leicht und schnell Sie dieses Ziel erreicht haben. Super, Sie haben angefangen und sind schon richtig gut im Fluss. Setzen Sie sich nun ein neues Ziel, das ebenfalls leicht erreichbar ist. Sagen Sie sich: Okay, nur noch bis zu diesem Ziel.
3. Das lief doch richtig gut! Sie haben auch dieses Ziel erreicht. Nutzen Sie Ihre Freude, um sich für Ziel 3 zu motivieren, das ebenfalls recht leicht zu erreichen sein sollte. Sagen Sie sich: Okay, es läuft gerade super. Dieses dritte Ziel schaffe ich auch noch. Nur noch dieses eine Ziel.
4. Setzen Sie diese Strategie fort, bis Sie wirklich zufrieden sind und aufhören wollen.

Die Strategie »Arbeitszeitrestriktion«. Diese Methode gilt als modernstes und besonders erfolgreiches Verfahren, wenn es um die Aufschieberitis geht. Das Prinzip ist, die Arbeitszeit künstlich zu verknappen. Der Tag wird eingeteilt in zwei genau definierte Zeitfenster, die einen Abstand von mindestens 20 Minuten haben müssen. Das erste Zeitfenster, die erste geplante Arbeitszeit, ist zum Beispiel von 9 bis 11 Uhr und die zweite geplante Arbeitszeit von 14 bis 16 Uhr. Beide Zeitfenster zusammen sind eine Sitzung. In dieser Zeit darf gearbeitet werden, sonst nicht.

Es geht darum, die Perspektive zu ändern hin zu »super, ich darf arbeiten«.

Die Arbeitszeit wird reduziert und dadurch kostbar. Das zwingt Sie dazu, die zur Verfügung stehende Zeit effektiv zu nutzen.
Die Dauer der zur Verfügung stehenden Zeitfenster richtet sich ab dem zweiten Tag nach der Arbeitseffizienz der vorherigen Sitzung. Dieser Effizienzwert berechnet sich so:

Tatsächliche Arbeitszeit × 100 : Geplante Arbeitszeit = x %

Das Ergebnis aus dieser Rechnung ist also ein Prozentwert.

- Bei 50 Prozent und weniger Effizienz darf die Arbeitszeit in der kommenden Sitzung nicht erhöht werden, weil Sie noch nicht effizient genug waren und die Aufschieberitis noch nicht ausreichend im Griff haben.
- Bei einer Effizienz zwischen 51 und 75 Prozent darf die Arbeitszeit um 25 Prozent erhöht werden.
- Bei einer Effizienz von 76 Prozent und mehr darf die Arbeitszeit um 50 Prozent erhöht werden.

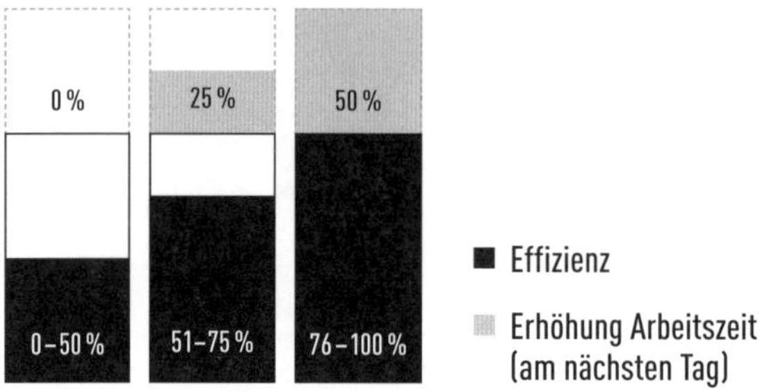

Ob Sie die Arbeitszeit erhöhen möchten oder nicht, entscheiden Sie im Übrigen selbst.

Verwirrt? Oder kurz davor, weiterzublättern? Zu viele Zahlen? Sie mochten Rechnungen schon in der Schule nicht? Keine Sorge, ein Beispiel macht das Zahlengewirr anschaulich.

Geplante Arbeitszeit 1: 9:00 Uhr bis 11:00 Uhr, also 120 Minuten.
Tatsächliche Arbeitszeit: 9:30 Uhr bis 11:00 Uhr, also 90 Minuten.
Heißt: Die Aufschieberitis hat 30 Minuten aufgefressen.

Geplante Arbeitszeit 2: 14:00 Uhr bis 16:00 Uhr, also 120 Minuten.
Tatsächliche Arbeitszeit: 14.20 Uhr bis 16:00 Uhr, also 100 Minuten.
Bedeutet: Die Aufschieberitis hat 20 Minuten aufgefressen.

Die Berechnung der Arbeitseffizienz funktioniert jetzt – wir erinnern uns – wie folgt: Tatsächliche Arbeitszeit gesamt × 100 : Geplante Arbeitszeit = x %. Das bedeutet, auf unser konkretes Beispiel bezogen:

190 Minuten × 100 : 240 Minuten = 79 %.

Das bedeutet, Sie dürfen die Arbeitszeit in der nächsten Sitzung um 50 Prozent erhöhen. Sie können die Arbeitszeit alternativ auch in der kommenden Woche statt in der nächsten Sitzung anpassen. Auf der nächsten Seite sehen Sie eine kopierbare Vorlage, die Ihnen bei der Berechnung der Arbeitseffizienz hilft.
Und jetzt noch ein Tipp, wie Sie die Methode anwenden können, ohne rechnen zu müssen. Denn wenn Ihnen das Rechnen zu kompliziert sein sollte, dann probieren Sie zumindest das Prinzip aus. Geben Sie sich zwei Zeitfenster vor, und verbieten Sie sich, außerhalb dieser Zeitfenster zu arbeiten. Das führt dazu, dass Sie Arbeit und Freizeit klar trennen können und schnell und effektiv in die Gänge kommen. Die Methode soll Ihnen ja dabei helfen, sich realistische Ziele zu setzen und die Arbeitszeit als kostbar wahrzunehmen, nicht als Zeit, die man irgendwie überstehen muss. Notieren Sie sich zum einen, wann Ihre Zeitfenster sind und wann Sie tatsächlich gearbeitet haben. Wenn Sie nahe an den Vorgaben waren, dürfen Sie die Arbeitszeit das nächste Mal erhöhen. Wenn Sie gegen die Aufschieberitis den Kürzeren gezogen und nicht sehr pünktlich angefangen haben, dann dürfen Sie die Arbeitszeit nicht erhöhen.

Arbeitstag (Muster)

Zeitfenster 1	Zeitfenster 2
Geplante Arbeitszeit **120 Minuten** (9:00 – 11:00 Uhr)	Geplante Arbeitszeit **120 Minuten** (14:00 – 16:00 Uhr)
Tatsächliche Arbeitszeit **90 Minuten** (9:30 – 11:00 Uhr)	Tatsächliche Arbeitszeit **100 Minuten** (14:20 – 16:00 Uhr)
Aufschieberitis **30 Minuten** (120 - 90 Minuten)	Aufschieberitis **20 Minuten** (120 - 100 Minuten)

Berechnung der Arbeitseffizienz:

$$\frac{\text{Tatsächliche Arbeitszeit gesamt (min)} \times 100}{\text{Geplante Arbeitszeit gesamt (min)}} = \text{Arbeitseffizienz (\%)}$$

$$\frac{190\ \text{min} \times 100}{240\ \text{min}} = 79\ \%$$

Arbeitstag (Vorlage)

Zeitfenster 1	Zeitfenster 2
Geplante Arbeitszeit _____ **Minuten** (von – bis Uhr)	Geplante Arbeitszeit _____ **Minuten** (von – bis Uhr)
Tatsächliche Arbeitszeit _____ **Minuten** (von – bis Uhr)	Tatsächliche Arbeitszeit _____ **Minuten** (von – bis Uhr)
Aufschieberitis _____ **Minuten** (von – bis Minuten)	Aufschieberitis _____ **Minuten** (von – bis Minuten)

Berechnung der Arbeitseffizienz:

$$\frac{\text{Tatsächliche Arbeitszeit gesamt (min)} \times 100}{\text{Geplante Arbeitszeit gesamt (min)}} = \text{Arbeitseffizienz (\%)}$$

$$\frac{\_\_\_\_\_\ \text{min} \times 100}{\_\_\_\_\_\ \text{min}} = \_\_\_\_\_\ \%$$

Die Strategie »Arbeitszeitrestriktion mit Energie«. Wir greifen die Gedanken der Arbeitszeitrestriktion auf, setzen sie aber anders um. Notebooks sind heute sehr weit verbreitet, deshalb arbeitet diese Methode damit. Laden Sie Ihr Gerät auf, und ziehen Sie dann den Netzstecker. Jetzt steht Ihrem Notebook nur noch die Energie der Batterie zur Verfügung. Tun Sie nun so, als könnten Sie Ihren Computer nicht mehr aufladen. Wie lange hält die Batterie durch? 4 Stunden? 5 Stunden? Vielleicht sogar 8 Stunden? Das mag für den Tag heute reichen, aber reichen 8 Stunden auch für Ihr ganzes Projekt?

Lassen Sie sich vom Gedanken beflügeln, dass die Energie Ihres Notebooks knapp und äußerst kostbar ist. Worauf warten Sie noch? Nichts wie ran an die Arbeit! Nutzen Sie die Energie, die Ihnen noch zur Verfügung steht. Durch diese künstliche Verknappung wird es Ihnen leichter fallen, anzufangen, unproduktive Ablenkungen zu reduzieren und effizient zu arbeiten. So gehen Sie vor:

1. Laden Sie Ihr Notebook auf.
2. Ziehen Sie den Stecker, und versetzen Sie sich in die Situation, dass Ihnen nur noch die Energie der Batterie für Ihr Projekt zur Verfügung steht.
3. Lassen Sie sich von dieser Vorstellung beflügeln, legen Sie los!

Die Strategie »Sozialer Druck«. Diesen Abschnitt möchte ich mit einer kleinen Geschichte beginnen. Sie ist historisch belegt und damit umso interessanter. Der spanische Eroberer Hernando Cortez setzte 1519 mit 700 Mann auf elf Schiffen von Kuba nach Mexiko über, um dort das legendäre Goldland Eldorado zu finden.

Die Spanier hatten damit gerechnet, es nur mit Wilden zu tun zu haben. Überrascht mussten sie feststellen, dass Mexiko ein wohl organisiertes Staatswesen mit einer ernst zu nehmenden Armee besaß. Daraufhin kam es unter den Spaniern zu einer Meuterei. Cortez griff radikal durch. Er ließ zwei Anführer hinrichten und die Schiffe verbrennen. So machte er seinen Männern unmissverständlich klar: Sieg oder Tod. Und tatsächlich: Mit dem Mut der Verzweiflung eroberte der Trupp das Reich Montezumas. Kleiner Schönheitsfehler an der Geschichte: Ein einziges Schiff soll Cortez zurückbehalten haben. Vielleicht war er sich selbst nicht ganz sicher, ob das Abenteuer gelingen würde, und wollte im Notfall zumindest sich selbst und die Überlebenden retten.

Wer alle Brücken hinter sich abreißt, wer alle Schiffe hinter sich verbrennt, für den gibt es nur noch eins: mutig nach vorne marschieren.

Aus dieser Geschichte können wir lernen, dass man zu Außerordentlichem fähig ist, wenn man sich keine andere Wahl lässt und alle Auswege unbrauchbar macht. Bei der Strategie »Sozialer Druck« können Sie sich selbst unter Druck und Zugzwang setzen, indem Sie vor anderen Ihr Ziel enthüllen. Wenn Sie zum Beispiel mit dem Laufen anfangen wollen, dann erzählen Sie möglichst vielen Leuten aus Ihrem Bekanntenkreis davon, dass Sie in einem halben Jahr am 15. Mai beim Stadtlauf teilnehmen wollen. So, ausgeplaudert. Jetzt gibt es kein Zurück mehr. Am besten, Sie wählen sich für Ihre Ankündigung sogar ein Publikum aus, vor dem Sie sich auf keinen Fall eine Blöße geben wollen. Die schnippische Kollegin etwa oder der überhebliche Nachbar. Machen Sie es sich so schwer wie möglich, damit Sie aus dieser Nummer nicht wieder herauskommen. Das ist im übertragenen Sinne das Schiffeverbrennen der spanischen Eroberer. Überlegen Sie sich mögliche Ausreden, das Ziel nicht verwirklichen zu müssen – und gehen Sie in Ihrer Ankündigung so darauf ein, dass Sie sich diese Auswege gleich sauber verbauen. Leider ist die Aufschieberitis nie um eine Ausrede verlegen. Das bedeutet: Sie werden es nicht schaffen, sich sämtliche Fluchtwege abzuschneiden. Merke: Der Aufschieberitis fällt immer etwas ein. Trotzdem: Machen Sie es ihr zumindest so schwer wie möglich. Dabei gehen Sie ganz einfach so vor:

- Wählen Sie ein Publikum aus, vor dem Sie sich auf keinen Fall eine Blöße geben wollen.
- Überlegen Sie sich schon im Vorhinein mögliche Ausreden und Auswege. Wie können Sie sich diese Möglichkeiten in Ihrer Ankündigung selbst verbauen?
- Erklären Sie vor Ihrem Publikum so konkret und verbindlich wie möglich, was Sie vorhaben. Achten Sie dabei darauf, sich keine Hintertür offen zu lassen.
- Jetzt sind Sie dort, wo Sie sein wollten: in der Pflicht, Ihre Ankündigung umzusetzen.
- Noch stärker wird die Methode, wenn Sie mit jemandem wetten, dass Sie es schaffen, und einen Wetteinsatz festlegen, den Sie auf keinen Fall einlösen möchten. Zum Beispiel: Ich laufe am 15. Mai beim Stadtlauf mit oder ich färbe mir die Haare zwei Wochen lang komplett grün.

Die Strategie »Vertrag mit sich selbst«. Beim Thema »Sozialer Druck« möchte ich auch auf eine verwandte Methode eingehen. Ich nenne sie die »Vertrag mit sich selbst«-Strategie. Sie wird häufig empfohlen. Ich bin jedoch kein großer Fan davon, weil ich von der Wirkung nicht überzeugt bin. Die Idee ist, feierlich und hochoffiziell einen schriftlichen Vertrag mit sich selbst zu schließen, in dem man sich zu einer bestimmten Arbeitsleistung verpflichtet. Das heißt dann etwa so:

Akzeptieren Sie, dass Sie im Moment eben blockiert sind. Na und?
Davon geht die Welt nicht unter.

Ich, Michaela Möchtegern, schließe hiermit einen Vertrag mit mir selbst ab, in dem ich mich verpflichte, heute von 20 bis 21 Uhr eine Stunde spanische Vokabeln zu lernen.
München, den X.X.XXXX
Michaela Möchtegern

Schön und gut, wenn das für Sie funktioniert: wunderbar. Schließen Sie munter schriftliche Verträge mit sich ab. Persönlich habe ich allerdings den Eindruck, dass es eine Kleinigkeit ist, sich nicht an solche Verträge zu halten. Denn was passiert schon, wenn man gegen den Vertrag verstößt? Bei der Strategie »Sozialer Druck« dagegen gibt man sich eine Blöße, steht als Waschlappen da und ist peinlich berührt. Aber wie immer: Probieren Sie alles aus, und entscheiden Sie selbst, mit welcher Methode Sie sich wohlfühlen und weiterkommen.

Die Strategie »Gemeinsam mehr erreichen«. Diese Methode nutzt den Gedanken, dass wir mehr erreichen können, wenn wir uns mit einer Gruppe zusammenschließen, die das gleiche Ziel verfolgt. In dieser Gruppe kann man sich austauschen und gegenseitig unterstützen bzw. in die Pflicht nehmen.
Ein klassisches Beispiel dafür ist eine Laufgruppe. Tom, Stefan und Jens haben alle das gleiche Ziel: Sie wollen fit werden. Und zwar durch regelmäßiges Lauftraining und eine ausgewogene, gesunde Ernährung. Da sie alle in einem Ort wohnen, verabreden sie sich von 7 bis 8 Uhr morgens zum Joggen. Wenn nun einer von ihnen um 10 nach 7 immer noch nicht da ist, dann ist das ganz schön schlapp. Das geht nicht. Keiner der drei möchte die anderen hängen lassen. Also raffen sie sich immer wieder aufs Neue auf und absolvieren ihr Training gemeinsam.

Die Gruppenzugehörigkeit sorgt dafür, dass man sich zusammenreißt – selbst dann, wenn das Bett morgens noch so warm und kuschelig ist.
Sie sehen also: Diese Methode kann ein mächtiges Instrument sein, das Ihnen wertvolle Dienste leisten kann. Der Haken daran ist: Sie geben damit gefühlt ein Stück Ihrer Selbstbestimmung und Freiheit auf. Sie zwingen sich förmlich zu etwas. Das ist nicht jedermanns Sache und will gut überlegt sein.

Jeder wird mal schwach. Gut, wenn man dann eine starke Gruppe hat, die einen mitzieht.

Gerade beim Sport ist es am Ende eine Mentalitätsfrage. Es gibt Menschen, die lieben es, mit anderen gemeinsam ein Team zu bilden (man spricht von »anschlussmotiviert«). Und es gibt Menschen, die sich von einer Gruppe nur unnötig eingeengt sehen und lieber ganz unabhängig ihr eigenes Ding durchziehen wollen. Die entscheidende Frage lautet also: Welcher Typ sind Sie?
Übrigens: Achten Sie darauf, sich von Leuten fernzuhalten, die chronisch schlecht gelaunt, unmotiviert und nur am Meckern sind. Schließen Sie sich lieber Personen an, die das Gegenteil verkörpern. Man neigt dazu, sich von den Stimmungen anderer anstecken zu lassen. Selbst dann, wenn man das bewusst gar nicht wahrnimmt.
So gehen Sie vor:

1. Legen Sie Ihr Ziel so konkret fest wie möglich. (Was wollen Sie wie, wo und bis wann erreichen?)
2. Suchen Sie sich Weggefährten, die Ihr Ziel teilen.
3. Versuchen Sie, eine Gruppe zu bilden, die sich gegenseitig stützt, mitzieht und motiviert.

Die Strategie »Wettbewerb«. Unsere Welt wird von Wettbewerben bestimmt. Das merkt man allerdings erst, wenn man es sich bewusstmacht. Beispiele für Wettbewerb finden sich vor allem im Sport. Wir fiebern mit unserer Bundesligamannschaft mit, verfolgen Boxkämpfe, Formel-1-Rennen, Tennis- und Basketballspiele. Aber auch viele andere Bereiche werden erst durch den Wettbewerbsfaktor interessant: Bei Rateshows im Fernsehen treten Kandidaten gegeneinander an. Wettbewerber von Castingshows stellen vor Jurys ihr Talent unter Beweis. Ob Germany's Next Topmodel, Deutschland sucht den Superstar, Dschungelcamp, Big Brother oder Let's Dance – in allen diesen Shows geht es um Wettbewerb. Warum ist das so? Es liegt daran, dass Wettbewerbe mit Spannung und Emotionen verbunden sind. Es gibt einen Gewinner, es gibt Verlierer, höchste Freude und tiefste Trauer. Ein Feuerwerk der Emotionen. Kurzum: Menschen lieben Wettbewerbe.

Das können Sie nutzen! Machen Sie aus der Aufgabe, vor der Sie stehen, eine spannende Wettbewerbssituation. Laden Sie zum Beispiel einen Kollegen ein, sich ebenfalls an der Aufgabe zu versuchen. Das wird vielleicht aus Effizienz- und Kapazitätsgründen nicht immer klappen, aber behalten Sie diese Möglichkeit im Hinterkopf. Wenn Sie einen Wettbewerb starten können, dann ist das ein mächtiger Motivationsturbo. In zahlreichen Werbeagenturen ist es nahezu ein Standard, Zweierteams von Kreativen über der gleichen Aufgabe brüten zu lassen. Team Tom/Jana, Team Svenja/Doris und Team Lars/Jens erhalten das gleiche Briefing und wissen, dass auch die anderen nach einer Lösung suchen. Dieser Wettbewerb sorgt dafür, dass man sofort loslegt, denn schließlich haben alle die gleiche Zeit, sich etwas einfallen zu lassen. Und man ist gezwungen, sich wirklich ins Zeug zu legen, denn die anderen werden sicher auch ihr Bestes geben. Verstärkt wird die Motivation noch, wenn die Teams später ihre Ideen in der großen Runde vorstellen müssen.

Hier möchte niemand schwache Ideen präsentieren, der Druck ist also da. Die besten Ideen werden anschließend beim Kunden vorgestellt. So funktioniert das.
Wenn Sie eine Wettbewerbssituation ins Leben rufen, sollten Sie darauf achten, dass die Wettbewerber ungefähr gleich stark sind. Es macht wenig Sinn, als alter Hase gegen einen Praktikanten anzutreten. Belügen Sie sich nicht selbst. Schaffen Sie sich eine ernsthafte Herausforderung, die Sie zwingt, Höchstleistungen zu bringen. So gehen Sie vor:

1. Überlegen Sie, wer ein gleichwertiger Gegner auf Augenhöhe wäre, bei dem Sie sich wirklich anstrengen müssten, um besser zu sein.
2. Laden Sie ihn oder sie ein, sich an der Lösung zu beteiligen. Sie können auch mehrere Personen fragen. Zu viele sollten es aber nicht sein. Ich halte maximal vier für sinnvoll.
3. Geben Sie Vollgas!
4. Wenn Sie die beste Lösung erarbeitet haben: Herzlichen Glückwunsch. Ist der oder die andere besser: Ebenfalls herzlichen Glückwunsch! Ist doch toll: Sie haben ein exzellentes Ergebnis. Zeigen Sie sich fair, und sorgen Sie dafür, dass die Lösung nicht als Ihre Idee wahrgenommen wird. Nennen Sie ihre Quelle, und bedanken Sie sich für die Unterstützung. Sie sehen: Ganz gleich, ob die Lösung nun von Ihnen kommt oder von einem der Herausforderer – Sie bekommen eine erstklassige Lösung. Und das allein zählt.

Die Strategie »Persönlicher Coach«. Probleme, den Einstieg zu finden? Kein Problem! Bei dieser Strategie legen wir uns einen persönlichen Berater zu, neudeutsch auch »Coach« genannt. Hintergrund des Ganzen: Sie sind klüger, als Sie denken. Aber Sie brauchen eine

Projektionsfläche, damit sich Ihre Intelligenz ausdrücken kann. Der imaginäre Coach ist eine gute Möglichkeit dafür. Außerdem hat diese Technik den Vorteil, dass Sie auf Distanz zu sich gehen und Ihre Situation aus einer anderen Perspektive betrachten können.

Wenn Sie Abstand zu sich haben, sehen Sie vieles in einem anderen Licht.

Suchen Sie im Internet nach Coaches. Gehen Sie dazu zum Beispiel auf Google, und geben Sie bei der Suche ein: »Coach, Dr«. Klicken Sie auf »Bilder«, und wählen Sie sich eine Person aus, die Sie sympathisch finden und die auf Sie kompetent wirkt. Das ist Ihre Projektionsfläche, Ihr persönlicher Berater. Überlegen Sie sich, wie Ihr persönlicher Coach heißen soll, welchen Hintergrund er hat und welche Besonderheiten. Das Bild ist nur dazu da, Ihrem Coach ein Gesicht zu geben und es Ihnen leichter zu machen, seine Persönlichkeit zu modellieren. Gerade kleine Macken und Besonderheiten haben die Kraft, die Person realer erscheinen zu lassen. Sie können sogar so weit gehen, sich die komplette Vita Ihres Beraters auszudenken. Je mehr Sie über Ihren Coach wissen, desto echter fühlt er sich an. Sie könnten zum Beispiel über Ihren Coach sagen:

- Mein persönlicher Coach heißt Prof. Dr. Falke (Titel deuten auf eine hohe Fachkompetenz hin).
- Er ist 58 Jahre alt (Erfahrung steht ebenfalls für Kompetenz).
- Früher hat Prof. Dr. Falke an der Uniklinik Heidelberg als Psychologe gearbeitet, jetzt ist er mein privater Coach.
- Eine Besonderheit an ihm ist, dass ihn nichts aus der Ruhe bringt.
- Ich vertraue ihm, denn seine Fachkompetenz ist unbestritten. Er ist eine Koryphäe auf seinem Gebiet, und ich bin dankbar, dass er mit mir arbeitet.

Glückwunsch, Sie haben sich gerade Ihren eigenen, persönlichen Coach zugelegt. Nun lehnen Sie sich zurück, und schildern Sie ihm, wo der Schuh drückt. Ihr Coach hört sich geduldig alles an. Was sagt er Ihnen? Betrachten Sie das Bild Ihres Beraters, während Sie über diese Fragen nachdenken. Lassen Sie sich darauf ein, und Sie werden feststellen, dass Sie durchaus Antworten und Ratschläge bekommen. Denn wie gesagt: Sie sind klüger, als Sie denken. Es kommt aber darauf an, sich selbst aus der Distanz und mit anderen Augen wahrnehmen zu können. Erst wenn Sie nicht mehr in Ihrer eigenen Sichtweise gefangen sind, ergeben sich neue Perspektiven, Ratschläge und Lösungen. So gehen Sie vor:

1. Der erste Schritt ist, sich gedanklich auf diese Möglichkeit einzulassen. Experimentieren Sie ein bisschen! Was haben Sie schon zu verlieren?
2. Googeln Sie nach Suchwörtern wie Coach, Berater, Dr., Prof., Experte oder Klinik, und klicken Sie anschließend auf »Bilder«, um eine Auswahl an passenden Fotos zu bekommen. Gehen Sie die Personen der Reihe nach in Ruhe durch. Wer ist Ihnen spontan sympathisch? Wer erscheint kompetent? Picken Sie sich Ihren persönlichen Berater oder Ihre persönliche Beraterin heraus.
3. Betrachten Sie das Foto, und designen Sie sich nun die Persönlichkeit Ihres Beraters. Wie heißt er? Welchen fachlichen Hintergrund hat er? Gibt es bestimmte Besonderheiten und Macken? Wie sieht seine Vita aus?
4. Schildern Sie ihm nun ausführlich Ihr Problem und Ihre Situation.
5. Betrachten Sie das Bild, und überlegen Sie, was er wohl sagen würde. Vertrauen Sie darauf, dass Sie klüger sind, als Sie ahnen, und dass die Methode funktioniert.

Beobachten Sie sich selbst. Lernen Sie aus Ihren Erfahrungen. Reflektieren Sie, was Sie erleben und empfinden, wenn Sie Ihr Projekt anfangen und daran arbeiten. Am besten, Sie kaufen sich ein Notizbuch und notieren Ihre Beobachtungen.

- Wann und unter welchen Bedingungen haben Sie große Schwierigkeiten loszulegen bzw. fällt es Ihnen leichter?
- Notieren Sie alles, was Ihnen auffällt. Gedanken und Vorsätze, die Sie nicht schriftlich formuliert haben, sind schnell verflogen. Was Sie aufschreiben, das haben Sie schwarz auf weiß.
- Besonders nach einer Arbeitseinheit. Wie lief es? Konnten Sie sich konzentrieren? Was haben Sie geschafft? Sind Sie zufrieden?
- Führen Sie mindestens zwei, drei Wochen Buch über Ihre Erfahrungen mit der Aufschieberitis.

Bewerten Sie Ihre Handlungspläne. Schreiben Sie nach jeder Arbeitseinheit auf, was Sie von Ihren Vorsätzen umgesetzt haben. Reflektieren Sie, wie es lief. Was war gut? Was war schwierig? Das kann zum Beispiel so aussehen, wie auf der nächsten Doppelseite zu sehen.
Dieses Vorgehen hilft Ihnen, konkret zu planen und sich mit dem tatsächlichen Geschehen auseinanderzusetzen. Ein Hauptproblem ist oft, dass man irgendwie in der Luft hängt und einfach keinen Anfang findet. Dieses Instrument hilft Ihnen, sich zu strukturieren und loszulegen. Denken Sie nicht lange nach, füllen Sie einfach den Einzeltag-Handlungsplan aus. Nutzen Sie dabei die Vorteile der Gamification. Wenn Sie zum Beispiel zehn Seiten Ihrer Hausarbeit schreiben wollen, dann machen Sie zehn Kreise und streichen nach jeder Seite einen Kreis durch. So haben Sie Ihre Fortschritte jederzeit vor Augen. Sie sehen, dass es vorangeht, und haben am Ende das gute Gefühl, Ihr Ziel erreicht zu haben. Ein Beispiel für einen Handlungsplan sehen Sie auf Seite 152.

Einzeltag-Handlungsplan. **So ist der Plan**

Start: Uhrzeit
Ende: Uhrzeit
Gesamtdauer: min

Was möchte ich in dieser Zeit erreichen:

So plane ich vorzugehen:

Mein geplanter erster Schritt:

Start: Uhrzeit
Ende: Uhrzeit
Gesamtdauer: min

Was möchte ich in dieser Zeit erreichen:

So plane ich vorzugehen:

Mein geplanter erster Schritt:

Start: Uhrzeit
Ende: Uhrzeit
Gesamtdauer: min

Was möchte ich in dieser Zeit erreichen:

So plane ich vorzugehen:

Mein geplanter erster Schritt:

Einzeltag-Handlungsplan. **So ist es tatsächlich gelaufen**

Start: Uhrzeit
Ende: Uhrzeit
Gesamtdauer: min

Was habe ich in dieser Zeit erreicht:

So bin ich tatsächlich vorgegangen:

Mein tatsächlicher erster Schritt:

Beobachtungen:

Start: Uhrzeit
Ende: Uhrzeit
Gesamtdauer: min

Was habe ich in dieser Zeit erreicht:

So bin ich tatsächlich vorgegangen:

Mein tatsächlicher erster Schritt:

Beobachtungen:

Start: Uhrzeit
Ende: Uhrzeit
Gesamtdauer: min

Was habe ich in dieser Zeit erreicht:

So bin ich tatsächlich vorgegangen:

Mein tatsächlicher erster Schritt:

Beobachtungen:

Beispiel: Der Handlungsplan für das Projekt »Designideen für das neue Theater«.

So ist der Plan

Start: **9.00 Uhr**
Ende: **12.30 Uhr**
Gesamtdauer: **3,5 Std.**

Was möchte ich in dieser Zeit erreichen:

Mindestens drei Grundideen für das Design des Theaters, die ich dem Gremium nächste Woche vorstellen kann.

So plane ich vorzugehen:

Ich schaue mir verschiedene Designideen aus dem Ausland an, um mich inspirieren zu lassen. Ich schaue mir den Auftrag noch einmal an und mache mir dann Gedanken.

Mein geplanter erster Schritt:

Ich recherchiere über Google und über die Bibliothek Designideen aus dem Ausland.

So ist es gelaufen

Start: **9.20 Uhr**
Ende: **12.50 Uhr**
Gesamtdauer: **3,5 Std.**

Was habe ich in dieser Zeit erreicht:

2 gute Grundideen, bei denen ich mir ziemlich sicher bin, und einige Ansätze, die noch nicht ausgereift sind.

So bin ich tatsächlich vorgegangen:

Hin- und hergesprungen zwischen dem Auftragsdokument und der Recherche. Dabei kamen erste Ideen. Bin dann in den Ausdenkprozess gerutscht.

Mein tatsächlicher erster Schritt:

Nach Designbeispielen aus dem Ausland gegoogelt.

Beobachtungen:

Am Anfang ein bisschen rumgetrödelt, habe aber dann doch prima arbeiten können. Wenn ich den Anfang gemeistert habe, komme ich gut in den Fluss. Heute gelernt: Auf den Anfang kommt es an! Einfach anfangen, und alles andere kommt nahezu von allein.

Bei Schreibhemmungen
WIEDER IN DEN FLUSS KOMMEN

Eine Schreibhemmung ist eine besondere Form davon, einfach nicht loslegen zu können. Es ist eine Blockade. Der Kopf ist leer. Die Aufgabe erscheint übermächtig, verwirrend und unklar. Es gibt so viel zu sagen, dass man es unmöglich in Worte packen kann. Hilflos steht man vor der Mammutaufgabe und ist wie gelähmt. Die Schreibblockade ist ein übermächtiges Monster, das einen zur Salzsäule erstarren lässt.

So denken Betroffene. Nüchtern betrachtet ist die Schreibhemmung jedoch nichts Dramatisches. Man kann sie ebenso behandeln wie alle anderen Probleme, die sich beim Anfangen ergeben. Wichtig ist vor allem, sich nicht hineinzusteigern im Sinne von: »Um Himmels willen! Ich habe eine Schreibhemmung! Jetzt bin ich dazu verurteilt, tage- und wochenlang zu leiden und untätig zu bleiben.«

So ist es zum Glück nicht. Nein, Sie stehen der Schreibhemmung nicht hilflos gegenüber. Sie können aktiv werden, um das Problem schnell in den Griff zu bekommen.

Hier präsentiere ich Ihnen einige konkrete Tipps und Maßnahmen, um in den Fluss zu kommen.

Große Aufgaben in kleine zerlegen. Wenn Ihnen die Aufgabe übermächtig und kaum fassbar erscheint, dann versuchen Sie, die Aufgabe in kleine Teilaufgaben zu zerlegen. Ist auch die Teilaufgabe noch zu umfassend, zerlegen Sie auch die Teilaufgabe.

Notieren Sie sich eine grobe Gliederung. Damit zerlegen Sie Ihre schriftliche Arbeit in ein Gerippe, das Sie anschließend nur noch aufzufüllen brauchen. Bei diesem Buch zum Beispiel habe ich zunächst eine Gliederung erstellt. Erst dann ging es an die Details und die Feinheiten. Mir hat die Gliederung geholfen, erst das große Ganze erfassen zu können und eine Vorstellung davon zu bekommen, was im Buch alles behandelt werden soll.

Klären Sie Verständnisfragen. Verschaffen Sie sich unbedingt Klarheit darüber, was Sie tun sollen. Sie können nicht anfangen, bis Sie nicht genau wissen, was von Ihnen erwartet wird. Wer davon keine genaue Vorstellung hat, fischt im Trüben und hat – natürlich! – große Mühen, anzufangen. Auch auf diese Weise kann eine Blockade zustande kommen.

Klären Sie, wer Ihre Zielgruppe ist. Für wen schreiben Sie? Wer liest das? Und warum? Und was bedeutet das für Sie?

Klären Sie, in welche Form Sie Ihren Text bringen sollen. Finden Sie heraus, welche inhaltlichen und formalen Kriterien es für Ihren Text gibt. Wenn es zum Beispiel um eine Hausarbeit geht, dann müssen Sie herausfinden, was ein Dokument zu einer guten Hausarbeit macht. Besorgen Sie sich zwei, drei Beispiele, und machen Sie sich schlau, welche formalen Kriterien es für die Arbeit gibt. Bevor Sie das nicht wissen, sollten Sie keine Zeile schreiben.

Stellen Sie sich selbst Fragen. Um in den Fluss zu kommen, können Sie sich auch selbst Fragen stellen. Schreiben Sie: »Was möchte ich überhaupt sagen?« Und formulieren Sie nun eine Antwort darauf. So sind Sie zumindest schon mal im Schreibmodus.

Seien Sie hemmungslos. Nur keine Hemmungen vor dem, was Sie schreiben! Denn alles, was Sie schreiben, können Sie ja noch überarbeiten und umformulieren, sooft Sie wollen. Es ist nichts in Stein gemeißelt.

Schreiben Sie, wie Sie sprechen. Sie wissen nicht, wie Sie etwas formulieren sollen? Sie haben kein Talent zum Schreiben? Schon im Deutschunterricht haben Sie sich immer völlig fehl am Platz gefühlt? Alles kein Problem. Stellen Sie sich vor, Sie würden jemandem etwas erzählen – schreiben ist im Prinzip nicht viel anders. Wenn Sie zum Beispiel eine Hausarbeit über die US-amerikanische Außenpolitik schreiben, dann schreiben Sie einfach so, als würden Sie es Ihrem Professor oder einer Kommilitonin erzählen.

Lesen Sie sich laut vor, was Sie eben geschrieben haben. Klingt das natürlich? Falls ja: gut. Falls nein: Verabschieden Sie sich von der Vorstellung, dass Schreiben anders sein müsste als Sprechen. Schon Gotthold Ephraim Lessing riet seiner Schwester in einem Brief: »Schreibe, wie du redest, so schreibst du schön.«

Erzwingen Sie nichts. Machen Sie sich locker. Ist der Kopf dicht? Blackout? Nichts geht mehr? Festgebissen im Problem und dadurch völlig verkrampft? In so einem Fall: Lassen Sie es. Mit Gewalt geht gar nichts. Tun Sie lieber etwas dafür, den Kopf wieder frei zu bekommen. Hören Sie Musik. Schauen Sie einen Film. Unterhalten Sie sich. Gehen Sie in ein Café, und essen Sie ein Eis. Machen Sie einen Spaziergang durch den Park. Kurzum: Lenken Sie sich ab. So wird der Kopf wieder frei, und Sie können einen neuen Anlauf starten.

Wenn Sie sich wieder an die Aufgabe setzen: Versuchen Sie, locker an die Sache heranzugehen. Legen Sie den unbedingten Willen ab, sich jetzt gewaltig anstrengen zu müssen. Dieser Versuch ist verständlich, weil sie damit hoffen, das Problem unter Kontrolle zu haben. Lassen Sie sich auf das Gegenteil ein: **den Kontrollverlust**. Versuchen Sie, wie ein Fluss zu sein. Ein Fluss fließt einfach, er bemüht sich nicht, er folgt keinem eisernen Willen, er tut es einfach. Geben Sie sich keine unbedingte Mühe, lassen Sie es einfach geschehen. Konzentrieren Sie sich entspannt auf die Aufgabe, und fangen Sie an. Beginnen Sie mit der Frage: Was möchte ich eigentlich sagen? Schreiben Sie die Frage auf – und schreiben Sie weiter. Wenn Sie bemerken sollten, dass es noch immer nicht geht, dann lehnen Sie sich zurück und akzeptieren Sie, dass Sie im Moment eben blockiert sind. Na und? Davon geht die Welt nicht unter. Versuchen Sie nicht, diese Blockade unbedingt zu beseitigen. Dadurch geben sie ihr nur noch mehr Energie, und Sie verkrampfen noch mehr. Machen Sie sich locker, stehen Sie auf, und schütteln Sie sich mal. Lassen Sie die Blockade zu, sagen Sie ihr ein freundliches Hallo, verdrängen Sie sie nicht. Behandeln Sie sie wie einen lieben Gast. Das Erstaunliche ist: Wenn Sie die Blockade akzeptieren, geht sie auch wieder weg. Wie ein Gast, der Sie besucht hat und dann auch wieder geht.

Machen Sie das Gegenteil. Eine gute Übung, um den Knoten im Kopf zu lösen, ist, genau die entgegengesetzte Richtung einzuschlagen. Sie wollen eine brillante Hausarbeit schreiben? Beginnen Sie, eine möglichst schlechte zu verfassen. So grottenschlecht, wie es nur geht! Probieren Sie das mal eine Weile. Sie werden sehen, dass dabei so viel Unsinn entsteht, dass es schon wieder lustig ist. Dadurch löst sich oft die Verkrampfung, und es kommen ganz automatisch wieder gute Ideen und Gedanken.

Wechseln Sie den Ort. Wenn Sie am Schreibtisch im Büro sitzen und das Gefühl haben, in einer Sackgasse zu stecken, dann verlassen Sie diese Sackgasse eben. Gehen Sie raus. In den Park. Ins Café. Nach Hause. In die öffentliche Bibliothek. Hauptsache, Sie bleiben nicht in der Sackgasse sitzen. Unternehmen Sie einen kleinen Spaziergang ins Grüne. Entspannen Sie sich, machen Sie eine Pause. Manchmal braucht man einfach etwas Abstand.

Halten Sie einen Mittagsschlaf. Ihr Kopf ist blockiert. Gönnen Sie ihm eine anständige Pause, und machen Sie einen Mittagsschlaf. Danach ist Ihr Kopf bestimmt wieder frisch, ausgeruht und bereit für Ihr Projekt. Keine Zeit für einen Mittagsschlaf? Ein kurzer Powernap tut's vielleicht auch. Achten Sie darauf, den Powernap nur zwischen 15 und 25 Minuten dauern zu lassen. Ab 30 Minuten geht der leichte Schlaf in ein tieferes Stadium über. Wenn Sie daraus aufwachen, sind Sie müde und nicht erfrischt.

Springen Sie unter die Dusche. Eine andere und dabei auch kürzere Art, für eine Erfrischung zu sorgen, ist eine Dusche. Wenn Sie dabei erst heiß und dann eiskalt duschen, wirkt das noch belebender auf Körper und Geist.

Waschen Sie Ihr Gesicht und putzen Sie sich die Zähne. Wenn Sie nicht die Zeit für einen Mittagsschlaf haben und keine Möglichkeit zu duschen, dann waschen Sie sich zumindest das Gesicht, und putzen Sie sich die Zähne. Schon fühlen Sie sich wieder frisch. Gönnen Sie sich eine Pause, und setzen Sie sich dann wieder an die Aufgabe.

× × ×

Ausgetrickst

WIE SIE DIE AUFSCHIEBERITIS UNSCHÄDLICH MACHEN KÖNNEN

Strategien gegen die AUFSCHIEBERITIS

Erinnern wir uns, was wir bereits über die Aufschieberitis erfahren haben: Sie ist eine durchtriebene Meisterin der Tarnung und Täuschung. Wir können uns die Aufschieberitis als griesgrämige Nachbarin vorstellen, die uns listig und verschlagen dazu bringen möchte, *jetzt* nichts zu tun. Eine beliebte Taktik von ihr ist es, uns charmant zuzustimmen und so zu tun, als würde sie uns unterstützen. In Wirklichkeit setzt sie alles daran, uns davon abzuhalten, *jetzt* anzufangen. Lieber sollen wir es auf morgen, später oder sonst wann verschieben. Jeder Zeitpunkt ist ihr recht – nur nicht *jetzt*.

Gegen sich selbst antreten zu müssen, gehört zu den schwierigsten Herausforderungen überhaupt.

In diesem Kapitel wollen wir uns Strategien zurechtlegen, wie wir uns vor ihr schützen können. Das ist wie beschrieben äußerst schwer. Denn schließlich ist Frau Aufschieberitis ein Teil von uns. Und wir sind ja nicht dumm. Wir kennen uns selbst ganz genau. Wir wissen, auf welche Dinge wir anspringen und wie man uns locken kann. Der Kampf gegen die Aufschieberitis ist somit letztendlich der Kampf gegen uns selbst. Wir müssen uns selbst überwinden. Nichts könnte schwerer sein.

Die Strategie »Gedanklich beide Wege durchspielen«. Sie kennen das: Die Aufschieberitis fällt nicht mit der Tür ins Haus und sagt Ihnen die hässliche Wahrheit ins Gesicht, sie bietet Ihnen vielmehr einen angeblichen Kompromiss an, bei dem beide gewinnen:

- Erst die Lieblingssendung im Fernsehen schauen, dann zum Sport.
- Erst das neue interessante Magazin lesen, dann mit den Vokabeln anfangen.
- Erst noch 10 Minuten Playstation spielen und dann am BWL-Fernkurs weiterarbeiten.

In Wirklichkeit läuft die Sache jedoch so ab:

- Sie schauen Ihre Lieblingssendung an, schalten dann aber nicht aus, sondern zappen noch ein bisschen herum und bleiben schließlich irgendwo hängen. Irgendwann ist es dann zu spät, noch zum Sport zu gehen. Die Aufschieberitis hat gewonnen.
- Sie beginnen, das Magazin durchzublättern und finden einen interessanten Artikel. Aus einem Artikel werden zwei, dann drei, dann wechseln Sie zur Zeitung. Für neue Vokabeln bleibt da kaum noch Zeit. Die Aufschieberitis hat gewonnen.
- 10 Minuten Playstation? Das soll wohl ein Witz sein? Sie wissen genau, dass Sie unter einer Stunde nicht mehr von diesem Ding wegkommen. Die Aufschieberitis hat schon gewonnen, wenn Sie die Playstation auch nur einschalten.

Spielen Sie gedanklich beide Wege durch, und entscheiden Sie sich für den, der sich besser anfühlt.

So weit das Problem, nun zu einer möglichen Lösung dafür. Bei dieser Strategie besteht die Kunst darin, sich nicht sofort zu entscheiden, sondern einen Moment innezuhalten. Das ist schwerer, als man denkt. Denn Unterhaltungsmedien wie Fernseher, Magazin oder Computerspiel sind hochbegehrliche Magneten, die uns magisch anziehen. Wir fühlen uns gut damit. Deshalb können wir es kaum erwarten, sie in die Finger zu bekommen. Wir sind in solchen Momenten wie ein Drogensüchtiger, der einen Tunnelblick entwickelt und nur noch Augen für das Suchtmittel hat. Sich in so einem Moment zu kontrollieren, bedarf erheblicher Anstrengung und Übung.

Denken Sie die beiden möglichen Entscheidungen zu Ende. Das macht die Aufschieberitis nämlich nicht. Jedenfalls nicht ehrlich.

Hier ein Trick: Leichter fällt es Ihnen, in diesem Moment eine kurze Pause zu machen, wenn Sie etwas anderes Hochbegehrliches dazwischenschieben: einen Espresso, Kaffee, Tee, Joghurt, Apfel oder eine Süßigkeit. Suchen Sie sich etwas aus, auf das Sie anspringen. Während Sie diese Kleinigkeit genießen, spielen Sie die zwei Möglichkeiten durch, die Sie haben: Sie können zur Fernbedienung greifen oder zur Sporttasche.

Fragen Sie sich, was passiert, wenn Sie Fernsehen schauen. Versuchen Sie, unbedingt ehrlich zu sein. Klar, Sie kennen sich doch. Wahrscheinlich werden Sie die Sendung schauen und dann noch eine und noch eine. So lange, bis es zu spät für den Sport ist. Was bleibt zurück? Ein schlechtes Gefühl. Nämlich das Gefühl, der Aufschieberitis wieder einmal auf den Leim gegangen zu sein. Sie haben verloren. Ein wirklich unangenehmes Gefühl. Fühlen Sie in sich hinein. Dramatisieren Sie ruhig, wie schlecht es sich anfühlt, gegen die Aufschieberitis verloren zu haben. Wie dumm es ist, schwach gewesen zu sein.

Durchdenken Sie nun den anderen Weg. Was würde passieren, wenn Sie jetzt kurzentschlossen nicht zur Fernbedienung greifen, sondern zur Sporttasche? Was würde passieren, wenn Sie jetzt zum Sport gehen würden? Wären Sie danach nicht unfassbar stolz auf sich? Wären Sie nicht glücklich, sich selbst überwunden und die Aufschieberitis vernichtend geschlagen zu haben? Wäre das nicht großartig? Versuchen Sie, auch dieses Gefühl möglichst dramatisch und intensiv zu spüren.
Und jetzt: Vergleichen Sie die beiden Gefühle, die das Ergebnis der jeweiligen Handlungen sind. Nehmen Sie das Gefühl des einen Wegs in die linke Hand und das Gefühl des anderen Wegs in die rechte Hand. Was fühlt sich am Ende besser an? Was ist die bessere Entscheidung? Fassen Sie sich ein Herz, und treffen Sie Ihre Wahl.

Die Strategie »Angeblich zustimmen«. Im Folgenden greifen wir eine Aussage der Aufschieberitis auf, die uns dazu bringen soll, unser Projekt *jetzt* nicht zu verfolgen. Diesmal treten wir in einen Dialog mit ihr und stimmen ihr scheinbar in allen Punkten zu. Wir geben uns so einsichtig, dass die Aufschieberitis zufrieden sein muss.

Frau Aufschieberitis: »Ja, mein Lieber, Du hast vollkommen recht. Du solltest dieses Projekt wirklich angehen. Ich stimme Dir zu, das ist wirklich sehr sinnvoll, und Du nimmst es Dir ja schon lange vor. Also: Setz Dich gleich morgen früh hin, und gib richtig Gas! Aber nicht jetzt, jetzt kommt doch der Tatort im Fernsehen.«
Nun antworten Sie zustimmend nickend: »Ja, richtig, da hast Du absolut recht, meine liebe Aufschieberitis. Morgen passt es viel besser als heute, wo doch gleich der Tatort kommt, den ich so gerne sehe, das weißt Du ja. Richtig, ich fange also jetzt nicht mit dem Projekt an, sondern erst morgen.«

Stimmen Sie zu, und nicken Sie zur Bekräftigung (nicht nur in Gedanken). Während Sie das sagen, wird die Aufschieberitis schweigen. Schließlich hat sie keinen Grund, Sie zu unterbrechen, Sie machen ja punktgenau das, was sie will. Besser könnten Sie nicht reagieren, Sie stimmen ihr in jedem Punkt hundertprozentig zu. Das ist eine schlaue Strategie, denn niemand ist so verschlagen, schlau und redegewandt wie die Aufschieberitis. Wenn sie den Mund hält und schweigt, ist das ein großer Vorteil für Sie.

Wenn Sie der Aufschieberitis recht geben, hat sie keinen Grund, weiter auf sie einzureden.

Während Sie also Ihre Ruhe haben, setzen Sie sich an den Schreibtisch und fangen sofort mit Ihrem Projekt an. Das ist etwas, was man als den sofortigen finalen Todesstoß der Aufschieberitis bezeichnen kann. In dem Moment, in dem Sie anfangen, jagen Sie der listigen Nachbarin eine Kugel in den Kopf. (Entschuldigen Sie meine martialische Ausdrucksweise, es geht hier ja im übertragenen Sinn um ein Gefühl und nicht um einen Menschen.) Vergleichen kann man das mit dem Moment, in dem der Torero dem Stier den Todesstoß versetzt. Ihre Taktik ist tödlich. Zustimmen und die Aufschieberitis in Sicherheit wiegen – und dann unvermittelt angreifen. So machen Sie kurzen Prozess mit der Aufschieberitis. Sie werden sehen: Es wird Sie mit Genugtuung und Freude erfüllen, sich selbst überwunden zu haben.

Dieses Vorgehen gleicht einem Ritt auf der Rasierklinge und ist keinesfalls eine sichere Sache. Sie stimmen der Aufschieberitis die ganze Zeit zu. Nur so können Sie sie zum Schweigen bringen. Insgeheim aber müssen Sie das Spiel durchschauen. Sie müssen verstehen, dass es das Ziel Ihrer Gegenspielerin ist, dass Sie *jetzt* nicht anfangen sollen. Sie dürfen ihr aber nicht nachgeben. Alles – nur das nicht! Wenn Sie das im Hinterkopf behalten, können Sie Ihr doppeltes Spiel erfolgreich durchziehen. Wie ein Doppelagent, der sich im entscheidenden Moment auf die andere Seite stellt und die Maske fallen lässt.

Die Strategie »Plan und Gamification«. Die Aufschieberitis kann Sie so weit bringen, dass Sie Ihre eigentlichen Pläne aus den Augen verlieren und sich denken: Stimmt eigentlich, morgen ist auch noch ein Tag. Deshalb ist es sinnvoll, dass Sie einen schriftlichen Handlungsplan ausgearbeitet haben, der Ihnen übersichtlich und einfach sagt, bis wann Sie was geschafft haben müssen.

Einen schriftlichen Plan kann die Aufschieberitis nicht bequatschen.

Nutzen Sie dazu die Prinzipien der Gamification. Hier eine kurze Erinnerung: Teilen Sie den Gesamtweg in kleine Einzelschritte pro Tag auf, und machen Sie sich selbst die Freude, jeden einzelnen Schritt nacheinander abzuhaken, wenn Sie ihn gegangen sind. Das motiviert, weiter dranzubleiben und vielleicht sogar weiter voranzustürmen, als Sie es laut Plan eigentlich müssten. Wer weiter ist, als er eigentlich sein müsste, ist zusätzlich entspannt, motiviert und gut gelaunt. Erarbeiten Sie sich einen Vorsprung, und Sie werden sehen, dass die Arbeit dadurch tatsächlich spürbar leichter und angenehmer wird.

Wenn nun die Aufschieberitis auf ihre clevere und charmante Art versucht, Sie davon zu überzeugen, *jetzt* nichts zu machen, sondern lieber morgen, dann können Sie durch einen Blick auf Ihren Plan schnell und einfach herausfinden, ob das wirklich möglich ist oder nicht.

Selbst dann jedoch, wenn Sie eigentlich arbeiten müssten, wird die Aufschieberitis versuchen, Sie vom Gegenteil zu überzeugen. Nach dem Motto:

»Hey, Du hast heute doch schon einiges geleistet. Gut, zwar nicht alles, was Du Dir vorgenommen hattest, aber doch schon so einiges. Das ist beachtlich! Was macht es da schon, wenn Du einen kleinen Teil der Arbeit auf den nächsten Tag verschiebst? Ist doch kein Problem. Schon nach kurzer Zeit bist Du wieder im Plan.«

Lassen Sie sich auf dieses Spiel nicht ein. Wenn Sie auch nur eine Kleinigkeit verschieben, wird diese Ausnahme schleichend zur festen Gewohnheit werden. Aus einem kleinen Teil der Arbeit wird nach und nach immer mehr werden. Am Ende werden Sie erstaunt feststellen, dass Sie Ihrem ursprünglichen Plan meilenweit hinterherlaufen. Besser ist es also, grundsätzlich keine Kompromisse zu akzeptieren. Auch keine noch so kleinen.

Die Strategie »Zustimmen und dabei den Plan enthüllen«.

Wir können den Kampf mit der Aufschieberitis zu unseren Gunsten entscheiden, wenn wir nach und nach ihren heimlichen Plan offenlegen. Auf diese Weise sprechen wir unumwunden aus, was die Aufschieberitis insgeheim beabsichtigt. Darin liegt zum einen eine befreiende Kraft, zum anderen fordert es aber die Aufschieberitis zu einer Antwort heraus, was gefährlich ist. Experimentieren Sie mit dieser Strategie, und finden Sie selbst heraus, ob Sie damit gut klarkommen. Ein Beispieldialog könnte so aussehen:

Frau Aufschieberitis: »Ja, mein Lieber, Du hast vollkommen recht. Du solltest dieses Projekt wirklich angehen. Ich stimme Dir zu, das ist wirklich sehr sinnvoll, und Du nimmst es Dir ja schon lange vor. Also: Setz Dich gleich morgen früh hin, und gib richtig Gas! Aber nicht jetzt, jetzt kommt doch gleich der Tatort im Fernsehen.« Nun antworten Sie zustimmend nickend: »Ja, richtig, da hast Du absolut recht, meine liebe Aufschieberitis. Morgen ist viel besser geeignet als heute, wo doch gleich der Tatort kommt, den ich so gerne sehe, das weißt Du ja. Du kennst mich genau und weißt, dass ich jetzt eigentlich gern den Tatort sehen würde, das ist

Dein heimliches Lockmittel, um mich davon abzuhalten, genau jetzt, in diesem Moment anzufangen. Lieber wäre es Dir, ich würde das Anfangen auf morgen verschieben. Wenn ich Dir diesen Gefallen aber tue, dann könnte es gut sein, dass ich das Anfangen aus reiner Bequemlichkeit morgen auf übermorgen verschiebe. Und dann noch einen Tag und noch einen Tag. Bis ich schließlich entnervt aufgebe und gar nicht mehr anfange. Dann hast Du gewonnen, und ich habe verloren. Aber weil mir das alles völlig klar ist, weil Dein Plan so klar enthüllt vor mir liegt, mache ich Dir jetzt einen Strich durch die Rechnung. Schau mal: Ich setze mich jetzt, in diesem Moment, an den Schreibtisch und fange an. Ich gewinne, Du verlierst.«

Sprechen Sie alles offen aus, und legen Sie so nach und nach, Stück für Stück den ganzen Plan Ihrer Gegenspielerin offen. Legen Sie lustvoll den Finger in die Wunde. Denn was der Aufschieberitis weh tut, ist, wenn Sie ganz offen sagen, dass Sie über sie Bescheid wissen, und ihre Pläne enthüllen. Je mehr Sie aufdecken, desto sicherer können Sie sich sein, dass Sie nicht darauf hereinfallen werden. Trotzdem gibt die Aufschieberitis selbst in so einer Lage niemals auf, wie die folgende Antwort zeigt:

»Ja, tatsächlich, stimmt! Du hast mich durchschaut und klar besiegt. Ich gebe das offen zu. Es ist vorbei. Toll hast Du das gemacht, gratuliere! Die Schlacht ist geschlagen, Du gehst als Held vom Platz. Das muss gefeiert werden! Ich glaube, im Kühlschrank ist noch ein leckerer Erdbeerjoghurt. Den hast Du dir jetzt wirklich verdient. Also: Auf zum Kühlschrank und dann ab vor den Fernseher. Na mach schon! Der Tatort läuft doch schon. Und mach Dir keine Gedanken. Du weißt doch jetzt, wie Du mich besiegen kannst. Das kannst Du morgen genauso machen. Kleinigkeit.«

Sie sehen: Die Aufschieberitis gibt niemals auf. Nicht einmal dann, wenn sie eigentlich schon verloren hat. Selbst in der Situation der Niederlage versteht sie es meisterhaft, das Spiel geschickt zu drehen. Fallen Sie nicht darauf herein. Machen Sie sich bewusst, dass diese Reaktion kommen wird. Die Wege und Aussagen sind verschieden, aber das Ziel ist immer das gleiche: Die Aufschieberitis möchte Sie davon abhalten, *jetzt* loszulegen und zu arbeiten. Ich weiß, ich wiederhole mich. Aber ich möchte, dass diese Aussage bei Ihnen wirklich hängen bleibt. Diese Erkenntnis ist Ihre wertvollste Waffe im Kampf mit Ihrer dunklen Seite. Nach diesem Beispiel dürfte auch klar sein, dass die Aufschieberitis nicht endgültig besiegt werden kann. Sie steht immer wieder auf und kann nur kurzzeitig zurückgeschlagen werden, bevor sie wieder angreift. Das ist extrem lästig, aber so ist es nun mal.

Totgeglaubte leben länger. Auch eine Aufschieberitis, die eigentlich schon besiegt scheint, ist noch gefährlich.

Die Strategie »Gleich, gleich«. Bei dieser Strategie stimmen Sie den Argumenten der Aufschieberitis zu, um sie zum Schweigen zu bringen. In Wirklichkeit verfolgen Sie jedoch das Ziel, sich mit der »Nur noch ein kleines Stückchen«-Methode weiter voranzukämpfen. So könnte der Dialog aussehen:

Frau Aufschieberitis: »Großartig! Endlich hast Du Dich überwunden und an den Computer gesetzt, um loszulegen. Sehr gut, mein Lieber, ich bin stolz auf Dich. Das hat ja prima geklappt, super! Schön, schön, aber bevor Du loslegst, kannst Du noch mal kurz auf Facebook schauen, ob es etwas Neues gibt. Wollte Anja nicht Fotos aus ihrem Urlaub posten? Und Stefan wollte sich doch melden wegen Dienstagabend. Schau am besten gleich mal nach.«
Nun könnten Sie antworten: »Genau, super Idee, das mache ich gleich. Gleich schaue ich mal auf Facebook vorbei. Nur noch schnell die Steuererklärung öff-

nen ... so ... ja, wunderbar. Okay, jetzt nur noch die erste Seite ausfüllen – und dann gleich auf Facebook schauen!«
Was gibt es Schöneres, als die Aufschieberitis mit ihren eigenen Waffen zu bekämpfen? Ist die erste Seite ausgefüllt, könnten Sie sagen: »Schön, das hat gut geklappt. Nur noch eine einzige Seite, dann klicke ich gleich auf Facebook und sehe nach.«
Sind Sie mit der zweiten Seite fertig, könnte es so weitergehen: »Ja, prima. Jetzt nur noch eine allerletzte Seite, dann schaue ich mir das alles auf Facebook ganz genau an. Gleich ist es so weit, nur noch eine einzige allerletzte Seite.«

Merken Sie etwas? Sie klingen doch fast schon so wie die Aufschieberitis selbst, oder? Hier schlagen wir sie mit ihren eigenen Waffen, ihrer eigenen Strategie. Wir stimmen zu und tun alles, um *jetzt* nicht auf Facebook gehen zu müssen. Wir versprechen alles. Beteuern, dass es die letzte, die allerletzte Seite, die allerallerletzte Seite sei – aber in Wirklichkeit ist sie das längst noch nicht. Setzen Sie das Spiel so weit fort, wie Sie es schaffen. Wenn es nicht mehr geht, können Sie nahtlos mit der nächsten Strategie weitermachen. Sie werden sehen: Es macht Spaß, die Aufschieberitis mit ihrer eigenen Strategie in Schach zu halten.

Die Strategie »Ich könnte, aber ich will jetzt nicht«. Sich Dinge konsequent zu verbieten, ist häufig keine clevere Strategie. Denn damit machen wir sie umso begehrlicher für uns. »Ich darf nie wieder während der Arbeit am Computer Facebook aufrufen« ist eine extrem harte Haltung, an der man leicht scheitern kann. Schlauer ist es, sich zu sagen: »Alles ganz entspannt, ich kann jederzeit dem wunderbaren Vorschlag der lieben Frau Aufschieberitis nachkommen und auf Facebook klicken. Aber: Ich möchte *jetzt nicht*.«
Das »jetzt nicht« ist uns inzwischen hinlänglich bekannt. Es sind eigentlich die Worte, mit denen die Aufschieberitis gerne arbeitet.

Nun drehen wir den Spieß einfach um und schlagen die Aufschieberitis auch hier mit ihren eigenen Waffen.

Frau Aufschieberitis: »Toll, Du sitzt schon seit fünf Minuten fleißig am Rechner und bist schon ein gutes Stück vorangekommen. Super, dass es so gut läuft! Da hast Du Dir aber eine kleine Belohnung verdient. Wie wäre es, wenn Du mal schnell für eine Minute auf Facebook schaust, was es Neues gibt. Ich weiß doch, dass es Dich in den Fingern juckt. Also: Komm schon! Nur eine Minute. Das ist ja so gut wie nichts. Eine einzige Minute – was macht das schon? Also: Gib Dir mal einen Ruck und klick auf Facebook.«
In so einem Fall könnten Sie zum Beispiel sagen: »Hallo, liebe Frau Aufschieberitis. Herzlichen Dank für den tollen Vorschlag. Klar, ich kann jederzeit auf Facebook klicken. Sogar zehn Minuten, wenn ich das will, gar kein Problem. Aber: Ich möchte das jetzt einfach nicht. Später vielleicht. Aber jetzt nicht. Tschüss und viele Grüße.«

Sich von der Aufschieberitis zu verabschieden, wird nicht immer helfen. Ganz gleich, was die Aufschieberitis auch sagt: Bleiben Sie bei Ihrer »Jetzt nicht«-Strategie. Vermeiden Sie Verbote aller Art. Erlauben Sie sich alles. Seien Sie großzügig! Aber nehmen Sie diese Möglichkeiten *jetzt nicht* wahr. Das ist der Trick.

Die Strategie »Ich diskutiere nicht«. Diese Haltung ist simpel und radikal. Sagen Sie einfach zur Aufschieberitis: »Darüber diskutiere ich nicht.« Punkt. Ende. Aus. Fertig. Ganz gleich, was die Aufschieberitis auch versucht – bleiben Sie bei Ihrer Haltung, und machen Sie nicht den Fehler, auf Argumente einzugehen. Antworten Sie immer gleich: »Darüber diskutiere ich nicht.« Die Aufschieberitis wird versuchen, Sie aus der Reserve zu locken. Sie wird Sie provozieren, locken, Ihnen schmeicheln und Sie vielleicht sogar nachdenklich machen. Umso wichtiger ist es, dass Sie sich inhaltlich nie, nie, nie auf eine Diskussion einlassen und nie, nie, nie etwas aufgreifen, was die Aufschieberitis sagt. Denn sobald Sie etwas kommentieren, sind Sie im Gespräch, und die Diskussion geht los. Das ist genau das, was Sie nicht wollen. Es ist das Gegenteil von Ihrem Ziel: die Diskussion ausschalten und starr an Ihrem Vorhaben festhalten. So könnte sich das Ganze anhören:

Frau Aufschieberitis: »Weißt Du, Sandra, ich bin wirklich stolz auf Dich. Du hast schon die ganzen Umsatzzahlen für das letzte Quartal aufbereitet. Super! Da wäre es doch eigentlich Zeit, mal eine Pause zu machen. Wie wär's mit einem Eis? Schokolade zum Beispiel. Na, wäre das nicht was? So als kleine Belohnung, weil Du so tüchtig bist.«
Antwort von Sandra: »Nein, danke. Ich diskutiere nicht darüber.«
Frau Aufschieberitis: »Ja, kein Problem. Ich verstehe Dich, Du bist eben gerade sehr konzentriert. Toll, ich bewundere das! Wie konsequent und willensstark Du bist! Und das sogar beim Thema Eis – Respekt! Also, ich erkenne das wirklich an. Aber nachdem wir jetzt beide wissen, dass Du dem Eis widerstehen könntest, kannst Du es ja jetzt versuchen. Du musst Dir doch nichts beweisen! Eine kleine Kugel Eis – was macht das schon?«
Antwort von Sandra: »Nein, danke. Ich diskutiere nicht darüber.«
Frau Aufschieberitis: »Jetzt sei doch nicht so verbissen. Mach Dich mal locker. Ich finde es ja gut, dass Du ein klares Ziel hast. Aber Du bist schon so weit, Du kannst locker eine Pause machen. Tatsächlich würde Dir das guttun. Du hast doch gelesen, wie wichtig regelmäßige Pausen sind.«
Antwort von Sandra: »Nein, danke. Ich diskutiere nicht darüber.«
Frau Aufschieberitis: »Aber warum denn nicht? Wir sind hier doch nicht in einer Diktatur, oder? Bist Du etwa eine Diktatorin, die jeder Diskussion aus dem Weg geht?«
Antwort von Sandra: »Nein, danke. Ich diskutiere nicht darüber.«
Frau Aufschieberitis: »›Ich diskutiere nicht darüber, ich diskutiere nicht darüber.‹ – Fällt Dir sonst nichts ein? Na hör mal, mit solchen Floskeln lasse ich mich

aber nicht abspeisen. Der einzige Grund, warum Du alles abblockst, ist, dass Du insgeheim weißt, dass ich recht habe. Du möchtest es nur nicht zugeben, aber in Wirklichkeit denkst Du doch genauso. Du bist schon soooo weit, hast schon die ganzen Quartalszahlen aufbereitet – da ist es doch nur recht und billig, sich mal eine kleine Pause zu gönnen und ein Eis zu essen. Es muss ja auch kein Eis sein. Ein Kaffee, ein Stück Kuchen – alles in Ordnung, aber Du beißt Dich unnötig an der Arbeit fest.«
Antwort von Sandra: »Nein, danke. Ich diskutiere nicht darüber.«
Frau Aufschieberitis: »Okay, fangen wir noch mal von vorne an ...«

Die Strategie »Festungswall«. Nehmen wir an, Sie arbeiten gerade und spüren dabei, dass Ihr Verlangen nach Ablenkung immer stärker wird. Leider fehlen Ihnen aber noch 20 Prozent von Ihrem geplanten Tagespensum. Was nun?
Sie könnten eine Pause machen, sich eine Deadline setzen und dann weiterarbeiten. Oder Sie beschließen, eisern zu bleiben und nicht nachzugeben.
Ein Bild, das Ihnen dabei helfen kann, ist das einer Festungsmauer, gegen die mächtige Feinde anstürmen. Vielleicht kennen Sie so ein Bild aus dem Kino. Zum Beispiel aus »Der Herr der Ringe: Die zwei Türme«. Oder aus »The Great Wall«. Beides sind Paradebeispiele für große Schlachten, in denen die Verteidiger einer Mauer scheinbar übermächtigen Gegnern gegenüberstehen und sie zurückschlagen müssen. Das Bild von der Mauer, die Sie um jeden Preis verteidigen müssen, hebt die Aufgabe auf ein neues Level voller Abenteuer und Emotionen (Gamification). Dieses Bild können Sie nutzen, wenn es darum geht, ob Sie sich mit 80 Prozent zufriedengeben wollen. Das würde bedeuten, Sie lassen einen guten Teil der Feinde auf die Mauer gelangen, ohne sie zu attackieren. Die Feinde können so hinter Ihre Linien gelangen, für Verwirrung und Tumult sorgen und so Ihre Verteidigung empfindlich schwächen. Seien Sie also kon-

Dumm für uns:

Die Aufschieberitis ist genauso intelligent wie wir selbst.

sequent, und tun Sie alles dafür, die Mauer sauber zu halten. Ganz gleich, wie wuchtig der Ansturm wird: Sie halten stand. Sie halten das Arbeitspensum und weichen nicht zurück. Sie sorgen für ein 100-prozentiges Ergebnis. Nicht für 94 Prozent, nicht für 97 Prozent, sondern für 100 Prozent.
Wer so konsequent vorgeht und keine Spielräume akzeptiert, muss bei der Planung des Arbeitspensums besonders sorgfältig und realistisch vorgehen. Fragen Sie sich immer wieder, ob Sie nicht zu ehrgeizig sind. Machen Sie lieber ein bisschen langsamer, als sich zu überfordern. Es sorgt für schlechte Stimmung, wenn Sie Ihre Pläne nach unten korrigieren müssen, und untergräbt die Moral. Also: Seien Sie ruhig ambitioniert, aber überfordern Sie sich nicht.

Die Strategie »Ablenkung von der Ablenkung«. Die Aufschieberitis möchte Sie von Ihrer Arbeit ablenken. Als Gegenmaßnahme können Sie versuchen, sich von der Ablenkung abzulenken. Das kann etwa gelingen, indem Sie in einen Flow-Zustand kommen. So bezeichnet man einen Zustand, in dem Sie vollkommen in Ihre Arbeit versunken sind und von außen nur wenig wahrnehmen. Sie spüren keinen Hunger und keinen Durst, haben nur Augen für die Aufgabe und sind voll darauf konzentriert. Dieser Flow-Zustand kommt nicht per Fingerschnippen. Sie müssen sich allmählich hineinarbeiten.

> **Wer ganz in seine Arbeit vertieft ist, der nimmt die Dinge um sich herum gar nicht mehr richtig wahr – und die Aufschieberitis zum Glück auch nicht.**

Was Sie dagegen bewusst steuern können, sind Routinen, die Sie von der Aufschieberitis ablenken. Wie wäre es zum Beispiel, wenn Sie sich angewöhnen, bei einer Tasse heißem Tee auf die Suche nach Ideen zu gehen? Oder wenn Sie sich angewöhnen, mit Ohropax oder einem Kopfhörer und einer bestimmten Musik zu arbeiten. Sie können auch beginnen, Kaugummi zu kauen. Solche Rituale können Ihnen dabei helfen, sich zu konzentrieren und sich in die Aufgabe zu vertiefen. Sie entwickeln mit der Zeit Signalwirkung, Ihr Körper gleitet dadurch mit der Zeit immer besser in einen anderen Modus.

Die Strategie »Weitblick«. Diese Strategie ist nicht von mir, sondern von Steve Jobs, dem legendären Kopf hinter Apple. Am 14. Juni 2005 sprach Jobs auf der Abschlussfeier der Stanford University. Er erzählte drei Geschichten aus seinem Leben. Hier ein Auszug aus seiner dritten Rede. Sie können sich die Rede auch im Ganzen ansehen. Suchen Sie auf YouTube einfach nach »Steve Jobs Stanford deutsch«.

»Bei meiner dritten Geschichte geht es um den Tod. Als ich 17 war, las ich irgendwo ein Zitat, das ungefähr so lautete: ›Lebt man jeden Tag, als wär's der letzte, liegt man eines Tages damit richtig.‹ Das ist hängen geblieben. Seitdem frage ich jeden Morgen mein Spiegelbild: ›Wenn heute der letzte Tag meines Lebens ist, würde ich dann gern das tun, was ich heute tun werde?‹ Und wenn die Antwort an zu vielen Tagen hintereinander ›Nein‹ lautet, weiß ich, dass ich etwas ändern muss.

Mir ins Gedächtnis zu rufen, dass ich bald sterbe, ist mein wichtigstes Hilfsmittel, um weitreichende Entscheidungen zu treffen. Fast alles – alle Erwartungen von außen, aller Stolz, alle Angst vor Peinlichkeit oder Versagen –, das alles fällt im Angesicht des Todes einfach ab. Nur das, was wirklich zählt, bleibt. Sich daran zu erinnern, dass man eines Tages sterben wird, ist in meinen Augen der beste Weg, um nicht zu denken, man hätte etwas zu verlieren. Man ist bereits nackt. Es gibt keinen Grund, nicht dem Ruf des Herzens zu folgen.

Vor etwa einem Jahr wurde bei mir Krebs diagnostiziert. Morgens um halb acht wurde die Aufnahme gemacht, und sie zeigte deutlich einen Tumor auf meiner Bauchspeicheldrüse. Ich wusste nicht einmal, was die Bauchspeicheldrüse war. Die Ärzte erklärten mir, dass diese Art von Krebs mit ziemlicher Sicherheit unheilbar sei, und ich sollte mich darauf einstellen, dass ich nur noch drei bis sechs Monate zu leben hätte.

Mein Arzt riet mir, nach Hause zu gehen und meine Sachen in Ordnung zu bringen. In der Sprache der Ärzte heißt das: Bereiten Sie sich aufs Sterben vor. Es bedeutet: Versuchen Sie Ihren Kindern in wenigen Monaten all das zu sagen, von dem Sie dachten, Sie hätten die nächsten zehn Jahre dafür Zeit. Es bedeutet: Sehen Sie zu, dass alles unter Dach und Fach ist, damit es für Ihre Familie so einfach wie möglich wird. Es bedeutet: Nehmen Sie Abschied.

Ich trug diese Diagnose den ganzen Tag mit mir herum. Später am Abend wurde eine Biopsie gemacht. Dabei wurde mir ein Endoskop in den Rachen durch den Magen in meine Eingeweide gesteckt, eine Nadel in meine Bauchspeicheldrüse gestoßen und einige Tumorzellen entnommen. Meine Frau erzählte mir später, dass der Arzt, als er die Zellen unterm Mikroskop betrachtete, zu weinen begann. Es stellte sich nämlich heraus, dass es sich um eine sehr seltene Art Krebs handelte, die operativ behandelt werden kann. Ich wurde operiert, und mir geht es heute gut.

So direkt hatte ich dem Tod noch nie ins Gesicht gesehen, und ich hoffe, das war’s jetzt auch für die nächsten paar Jahrzehnte. Nun, da ich das durchgestanden habe, kann ich Ihnen das mit etwas mehr Gewissheit sagen als zu der Zeit, da der Tod noch ein nützliches, aber rein geistiges Konzept war.

Niemand will sterben. Sogar die Menschen, die in den Himmel kommen wollen, wollen dafür nicht sterben. Und doch ist der Tod das Schicksal, das wir alle teilen. Niemand ist ihm jemals entronnen. Und so soll es auch sein: Denn der Tod ist wohl die mit Abstand beste Erfindung des Lebens. Er ist der Katalysator des Wandels. Er räumt das Alte weg, damit Platz für Neues geschaffen wird.

»Ihre Zeit ist begrenzt, verschwenden Sie sie nicht damit, das Leben eines anderen zu leben.«

Steve Jobs

Jetzt sind Sie das Neue. Doch eines Tages in nicht allzu ferner Zukunft werden Sie das Alte sein und aus dem Weg geräumt werden. Bitte entschuldigen Sie, dass ich so dramatisch werde, aber es ist so. Ihre Zeit ist begrenzt, verschwenden Sie sie nicht damit, das Leben eines anderen zu leben. Lassen Sie sich nicht von Dogmen gefangen nehmen – das würde bedeuten, mit dem zu leben, was andere Leute erdacht haben. Lassen Sie nicht zu, dass der Lärm, den die Meinungen anderer erzeugen, Ihre innere Stimme, die Stimme Ihres Herzens, Ihre Intuition überdröhnt.«

Von Steve Jobs Rede können wir lernen, wie hilfreich es ist, sich etwas wenig Erfreuliches bewusst zu machen. Etwas, was wir zwar wissen, was wir aber gern verdrängen: Unsere Zeit auf Erden ist begrenzt. Eines Tages – und niemand kann wissen, ob das morgen oder erst in Jahrzehnten sein wird – wird es heißen: »Vielen Dank für Ihren Aufenthalt auf dem kleinen blauen Planeten. Ihre Reise endet hier, bitte aussteigen.«

Dann ist unser Leben auf der Erde vorbei. Erst vor diesem Hintergrund wird einem bewusst, wie wertvoll das Leben ist. Wie kostbar die Zeit ist, die uns frei zur Verfügung steht. Die Angst vor dem Ende ist die Angst vor der eigenen Endlichkeit, vor dem Unbekannten und vor dem Fall, nicht so gelebt zu haben, wie man leben wollte. Sich damit auseinanderzusetzen, erfordert Mut und Gelassenheit, eröffnet aber eine Perspektive, die unermesslich viel Energie und Produktivität freisetzt. Ich kann mir gut vorstellen, dass dieser Gedankengang für viele Menschen, die Probleme damit haben, einfach anzufangen, eine nachhaltige Lösung sein kann. So gehen Sie vor:

- Sehen Sie in den Spiegel.
- Machen Sie sich bewusst, dass Ihre Zeit auf der Welt begrenzt ist.
- Fragen Sie sich, was Sie mit Ihrer Zeit anfangen wollen. Was wollen Sie heute mit Ihrer Zeit anfangen?
- Bieten Sie sich zwei Möglichkeiten an. Zum Beispiel Fernsehen schauen oder eine Sprache lernen. Playstation spielen oder zum Sport gehen. Mit der besten Freundin telefonieren oder an Ihrem Projekt arbeiten.
- Entscheiden Sie sich, wie Sie jetzt Ihre Zeit nutzen möchten.

Die Idee »Noch 1 Jahr«. Ich habe das nicht ausprobiert, aber ich finde den Gedanken interessant und möchte ihn daher mit Ihnen teilen: Wie würde man sich eigentlich verhalten, wenn man nur noch ein einziges Jahr zu leben hätte? Wie würde man sich verändern? Hätte man weiterhin Probleme, seine Projekte anzugehen? Oder würde man sich plötzlich bewusst werden, wie kostbar jeder einzelne Tag ist?

Im Moment verdrängen wir unseren Tod. Das ist ganz natürlich, denn wer denkt schon gern an sein Ende? Aber dadurch, dass wir plötzlich unser Ende am Horizont sehen (Himmel! Nur noch 365 Tage!), müssen wir uns damit auseinandersetzen.

Zur Inspiration empfehle ich Ihnen den Film »Das Beste kommt zum Schluss«. Eine Tragikomödie mit Jack Nicholson und Morgan

Freeman. In diesem Film lernen sich zwei todkranke Männer kennen. Der eine, Edward Cole (Jack Nicholson), ist ein Milliardär. Der andere, Carter Chambers (Morgan Freeman), ein kluger Automechaniker. Sie beschließen, die letzten Monate, die ihnen noch bleiben, ihre *Bucket List* abzuhaken (so übrigens auch der Originaltitel des Films, »The Bucket List«). Das ist eine Liste mit Dingen, die sie noch erleben möchten. Ein großartiger Film, der berührt und dazu inspiriert, auch über die eigene *Bucket List* nachzudenken.

Die Strategie »Zerstörte Brücke«. Der innere Dialog mit Frau Aufschieberitis ist im Prinzip auch nichts anderes als eine Diskussion zwischen zwei Personen. Das heißt, hier gelten die gleichen psychologischen Gesetze wie bei normalen Menschen.
Bei der Strategie der zerstörten Brücke machen wir uns das zunutze. Der Name deutet es bereits an: Hier geht es darum, alle Brücken hinter sich abzureißen, sich also – ähnlich wie bei den verbrannten Schiffen – keine Möglichkeit für den Rückzug zu lassen. Wie macht man das? Nun, auch nicht anders als im realen Leben. Wer sich in seine Haltung hineingesteigert hat und die Ansichten des anderen als völlig unsinnig abgetan hat, der kann nun nicht mehr so ohne weiteres klein beigeben, ohne das Gesicht zu verlieren. Die Voraussetzung dafür ist, dass Sie es wirklich extrem übertreiben. Gerade dann, wenn Sie jemand sind, der eigentlich immer kompromissbereit ist.

Treiben Sie es so weit, dass Sie nicht mehr zurückrudern können.

Machen Sie klare Ansagen. Seien Sie dabei ruhig emotional. Steigern Sie sich in Ihre ablehnende Haltung hinein. Diffamieren Sie die Aussagen der Aufschieberitis, so gut Sie nur können, und sorgen

Sie dafür, dass Sie sich am Ende unmöglich auf den Weg der Aufschieberitis einlassen können. Das wäre gegen Ihre Ehre, das geht einfach nicht. Wenn Sie an diesem Punkt sind, sieht es gut für Sie aus.

Auch wenn Sie ein freundlicher, höflicher Mensch sind: Bei dieser Strategie sind diese positiven Charakterzüge eher hinderlich. Machen Sie sich einen Spaß daraus, mal das Gegenteil zu sein: ein richtiger Kotzbrocken ohne Manieren. Poltern Sie munter drauflos, und übertreiben Sie hemmungslos. Hier ein Beispiel:

Frau Aufschieberitis: »Heute ist so ein schöner Tag. Schau nur, wie toll die Sonne draußen scheint. Da wäre es doch eine Sünde, drinnen zu sitzen und über der dummen Facharbeit zu schwitzen. Komm, geh lieber ein bisschen nach draußen, frische Luft schnappen. Muss ja auch nicht lange sein. Nur ein bisschen. Eine Stunde oder so. Das wird Dir guttun.«

Ihre mögliche Antwort: »Hallo? Geht's noch? Das ist der dämlichste Vorschlag, den ich je gehört habe. Du weißt doch ganz genau, dass ich eh schon im Zeitplan hinten liege und mich jetzt ganz schön anstrengen muss, um die Facharbeit gut abschließen zu können.

Höflichkeit und Diplomatie sind gute Eigenschaften – aber bei dieser Strategie völlig fehl am Platz.

Außerdem wissen wir beide, dass es am Ende nicht bei einer Stunde bleiben wird, wenn ich jetzt draußen eine Pause einlegen würde. Das wäre der Anfang vom Ende. Erst mache ich eine Stunde Pause, dann zwei, dann drei – und schon ist der Zeitplan richtig im Eimer. Die Facharbeit wäre dann so gut wie gelaufen. Erst geht die Facharbeit den Bach runter, dann die Prüfungen, dann mein ganzes Abi. Am Ende sitze ich ohne Abschluss auf der Straße, muss um jeden Cent betteln und Plastikflaschen sammeln. Mein Leben ist zerstört. All meine Hoffnungen und Möglichkeiten liegen im Straßendreck! Und das alles nur, weil Du mich dazu verleitet hast, nach draußen zu gehen und zu faulenzen, statt mich um meine Arbeit zu kümmern.

Willst Du das? Willst Du das wirklich? Ich rate Dir, mir gefälligst aus dem Weg zu gehen mit Deinen dämlichen Ideen. Wer so dummes Zeug von sich gibt wie Du, der gehört eigentlich in eine Anstalt eingewiesen. Wie kann man nur so dämlich sein? Ist ja nicht zu fassen! Und jetzt: Zieh Leine! Aus meinen Augen, bevor ich mich vergesse.«

Bäm! Der haben Sie's aber gegeben. Wunderbar, das sollte Ihnen zumindest eine Vorstellung davon gegeben haben, wie die Methode im Prinzip gedacht ist. Ich bin sicher, Sie werden viel Spaß mit dieser Strategie haben.

Die Strategie »Verkehrte Welt«. Diese Strategie ist ein Experiment mit einer interessanten Grundidee: Wenn Ihnen eine Sache schwerfällt und Sie sich kaum dafür begeistern können, dann beschließen Sie, Ihre bisherigen Empfindungen radikal umzudrehen. Es fällt Ihnen unendlich schwer, sich aufzuraffen und die Steuererklärung zu machen? Beschließen Sie, für nichts mehr Leidenschaft zu haben als für Steuerfragen. Steuern sind ab sofort etwas Faszinierendes für Sie. Nichts ist spannender für Sie als die Geheimnisse des Steuerrechts. Geht nicht? Doch, das geht. Denn es gibt nur einen Menschen auf der Welt, der entscheidet, wie Sie zu Steuern stehen: Sie selbst. Es ist Ihre freie Entscheidung, wie Sie sich mit diesem Thema fühlen wollen. Damit beschäftigen müssen Sie sich ja sowieso. Warum also nicht mit Begeisterung auf das Thema rennen und es umarmen?
Sie studieren BWL und können mit dem Thema Bilanzierung nichts anfangen? Beschließen Sie, sich ab sofort brennend dafür zu interessieren. Stürzen Sie sich in Ihre Fachbücher, und gehen Sie mit Feuereifer ans Werk.
Die Strategie der Aufschieberitis ist klar: Sie wird Ihnen einreden, dass Sie das Thema schrecklich finden, und Sie ermuntern, es möglichst auf die lange Bank zu schieben und zu verdrängen.

Halten Sie dagegen, dass das gar nicht wahr sei. Ganz im Gegenteil: Es gebe nichts Spannenderes für Sie als dieses Thema. So ein Dialog könnte zum Beispiel so aussehen:

Frau Aufschieberitis: »Ja, meine Liebe, das mit der Bilanzierung ist wirklich ätzend. Zum Glück ist die nächste Vorlesung erst Ende der Woche. Nee, also, mit so einem Mist beschäftigen wir uns erst, wenn es gar nicht mehr anders geht. Donnerstagabend müsste reichen. Oder am Freitagmorgen. Wirklich ätzend, dieser ganze Zahlensalat.«
Darauf könnten Sie antworten: »Was? Wie? Ätzend? Nein, gar nicht! Was laberst Du denn für einen Unsinn. Ich finde das Thema Bilanzierung total spannend und superinteressant! Hammer! Da setz ich mich doch am besten jetzt sofort dran und schau mir das mal ganz genau an. Supercool! Ich freu mich richtig darauf. Ich möchte die beste Arbeit von allen dazu schreiben. Das wird superklasse!«

Wow. Darauf muss die Aufschieberitis erst mal eine Antwort finden. Übertreiben Sie ruhig hemmungslos. Das macht Spaß und verwirrt die Aufschieberitis zusätzlich.

Die Strategie »Bessere Alternative«. Wenn die Aufschieberitis mit einem Vorschlag lockt, ist es oft schwer, dagegenzuhalten. Manchmal sind die Ideen der Aufschieberitis so verführerisch, dass wir uns kaum beherrschen können. In so einem Fall hilft oft nur noch eines: Ja, greifen Sie zu. Aber entscheiden Sie sich dabei für eine bessere Alternative.
Wenn Sie zum Beispiel an einem Café vorbeikommen und die Aufschieberitis Ihnen vorschlägt, die Diät auf nächste Woche zu verschieben und ein leckeres Kuchenstück zu genießen, dann bieten Sie etwas Gesünderes an: einen Becher Obstsalat zum Beispiel. Oder einen Gemüseshake. Eben etwas, was Sie mit Ihren Zielen vereinbaren können. Gar nicht zuzugreifen geht natürlich auch. Wenn

Sie aber das Gefühl haben, gleich schwach zu werden, dann ist es besser, zur gesunden Alternative zu greifen. So könnte sich der Dialog anhören:

Frau Aufschieberitis: »Ich weiß, Du willst eigentlich eine Diät anfangen. Aber wir wissen beide, dass Dir das keinen Spaß macht. Verschieb diese Tortur lieber auf nächste Woche, da soll es regnen, und wir kommen nicht ständig an diesem Café vorbei, das den besten Kuchen der Stadt hat. Da muss man ja einfach schwach werden. Man kann sich gar nicht dagegen wehren. Das ist höhere Gewalt.«
Darauf könnten Sie antworten: »Okay, ich greife zu und gönne mir etwas Leckeres. Aber etwas, was gleichzeitig zu meinen Vorsätzen passt. Nämlich den Green Shake vom Laden um die Ecke. Der ist superlecker und gesund.«

Die Strategie »Zu faul, um zu sündigen«. Verbünden Sie sich mit einem Verwandten der Aufschieberitis gegen sie: mit der Faulheit. Wann immer die Aufschieberitis etwas vorschlägt, sagt Ihre Faulheit (oder »Trägheit«, wenn Ihnen dieser Begriff besser gefällt): *Ach nö, ich mag jetzt nicht, ist mir zu anstrengend.*
Mit dieser Haltung können Sie so ziemlich jeden Vorschlag abblocken, der eine Tätigkeit von Ihnen fordert. Sehen wir uns einige konkrete Beispiele an.

Frau Aufschieberitis: »Komm, draußen ist so ein schönes Wetter. Wer möchte da schon im Büro sitzen? Los! Auf! Wir gehen ein Eis essen. So ein richtig leckeres mit Erdbeere und Schokolade.«
Ihre Faulheit: »Ach nö, ich mag jetzt nicht, rausgehen ist mir zu anstrengend. Ich bleibe lieber hier sitzen.«
Frau Aufschieberitis: »Diese Diät ist doch einfach nur furchtbar. Komm, wir gehen in den Supermarkt und kaufen mal anständig ein. Das wird ein Fest!«
Ihre Faulheit: »Ach nö, ich mag jetzt nicht einkaufen gehen, lass mal gut sein.«

Die Strategie »Belohnung«. Wenn der Druck zu groß wird und die Aufschieberitis mit einer besonders reizvollen Ablenkung lockt, dann bieten Sie ihr einen Handel an. Sagen Sie zum Beispiel: »Okay, kein Problem, ich lege eine kleine Pause ein und schaue auf Facebook nach, was es Neues gibt. Schließlich habe ich jetzt schon einiges geleistet, bin gut vorangekommen und kann mir eine Belohnung und Pause gönnen. Also beschließe ich, jetzt eine Pause zu machen und um Punkt 14 Uhr weiterzuarbeiten.«
Das ist vollkommen in Ordnung. Wichtig ist nur, vorauszusehen, dass die Aufschieberitis versuchen wird, die kleine Pause so lange auszuweiten, bis Sie gar nicht mehr weitermachen. Aber das wissen Sie ja inzwischen. Setzen Sie sich also eine präzise Frist, bis zu der Sie wieder loslegen wollen, um Ihr Tagespensum zu schaffen. An diesem Punkt sind Sie besonders verwundbar. Die Aufschieberitis wird versuchen, Ihre bisherige Leistung in den Himmel zu heben.

Für jede Leistung und Anstrengung bekommt die Aufschieberitis eine Pause und Ablenkung.

Sie möchte Ihnen das Gefühl vermitteln, als hätten Sie heute schon mehr als genug getan und als könnten Sie es sich locker leisten, für heute Schluss zu machen.
Zudem werden Sie deutlich fühlen, dass es Ihnen nicht leichtfallen wird, wieder anzufangen. Es ist, als müsste man auf dem Fahrrad einen Berg hinaufstrampeln. Oft hilft es, einen neuen Handel einzugehen: Nur noch drei weitere Seiten der Steuererklärung bearbeiten, dann klicke ich wieder auf Facebook.
Natürlich ist es effizienter, auf solche Gegengeschäfte zu verzichten, aber das sagt sich so leicht. Wohl dem, der unbeirrt und zielstrebig weiterarbeiten kann. Wer nicht so konsequent sein kann, der ist zumindest mit solchen Geschäften in der Lage, dranzubleiben.

Die Tricks der Aufschieberitis – UND WAS SIE DAGEGEN TUN KÖNNEN

Frau Aufschieberitis ist kein Roboter, der immer die gleichen Strategien anwendet. Nein, sie ist ein hochintelligenter Gegner, der sich ständig anpasst. Trotzdem gibt es einige Klassiker, denen wohl jeder so oder so ähnlich immer wieder begegnet. Diese Aussagen wollen wir uns ansehen und Gegenmaßnahmen dazu besprechen. Vergleichen können Sie das Ganze mit einem Tennisspiel. Sie treten gegen Frau Aufschieberitis an und müssen die Bälle, die sie in Ihr Feld schlägt, parieren. Es gibt Standardbälle, auf die Sie sich im Vorfeld (also in diesem Kapitel) einstellen können. Und es gibt immer wieder überraschende, kreative Bälle, auf die Sie flexibel reagieren müssen. Auf alles kann man sich nicht vorbereiten. Auf manches jedoch schon. Ich denke, Sie werden die eine oder andere Aussage wiedererkennen.

Die Aussage »Dafür habe ich keine Zeit«. Wir alle kennen die Entschuldigung »Dafür habe ich keine Zeit«. Doch ob man Zeit hat oder nicht, ist eine subjektive Entscheidung. Tatsächlich steht jedem Menschen jeden Tag die exakt gleiche Summe an Zeit zur Verfügung. Bekanntlich sind das 24 Stunden. Und schon jetzt erlaube ich mir den Hinweis: Nein, lassen Sie bitte die Finger von Ihrer Schlafenszeit. Dieser Trick geht auf Dauer nach hinten los und führt nur zu noch größeren Problemen.

Wir haben alle gleich viel Zeit am Tag. Aber die einen setzen Prioritäten gemäß ihren Zielen, die anderen nicht.

Fakt ist also, dass Sie jeden Tag viele Stunden Zeit haben. Aber: Vermutlich gehören Sie zu den Menschen, die das Gefühl haben, zu viele Aufgaben in zu kurzer Zeit erledigen zu müssen. Das eigentliche Problem ist also der Unterschied zwischen dem, was wir tun wollen, und dem, was wir tatsächlich schaffen. Das führt zu Stress. Und dem Gefühl, keine Zeit zu haben. Dem Gefühl, gehetzt und unter Druck zu sein.

Die gute Nachricht: Sie haben nicht zu wenig Zeit, Sie setzen nur die falschen Prioritäten – oder vielleicht sogar gar keine. Es gibt genug Zeit. Und wer genügend Zeit hat, der kann viel bewegen. Was Sie gestresst und unzufrieden macht, ist der innere Kampf zwischen dem, was Sie sich vorgenommen haben, und dem, was tatsächlich ist.

Übrigens: Wer zu viel Zeit hat, ist davon ebenfalls genervt. Denken Sie nur an das lästige Warten beim Arzt. Oder an den verspäteten Zug. Auch in diesem Fall stellen wir uns die Zeit als Schuldigen vor. Dabei ist die Zeit so neutral wie die Schweiz. Sie bringt Ordnung in diese Welt und strukturiert unser Leben. Eigentlich müssten wir ihr dafür dankbar sein und nicht bei jeder Gelegenheit auf ihr herumhacken.

Lassen Sie das Argument »Dafür habe ich keine Zeit« nicht mehr gelten. Setzen Sie es außer Kraft. Es gilt ab sofort nicht mehr. Wahr

Sie haben nicht zu wenig Zeit,
Sie setzen nur die falschen Prioritäten. Es gibt genug Zeit. Und wer genügend Zeit hat, der kann viel bewegen.

ist jedoch, dass Sie viele Dinge erledigen müssen und dass die Zeit pro Tag begrenzt ist. Es wäre abenteuerlich, das zu leugnen.

Zeitdruck entsteht, wenn Sie sich mehr vornehmen, als Sie umsetzen können.

Priorisieren Sie! Stellen Sie eine Liste zusammen mit allen Dingen, die Sie heute erledigen wollen. Noch besser: Planen Sie nicht morgens, sondern schon am Vorabend. Ordnen Sie diese Liste nach Prioritäten. Was ist am wichtigsten? Was müssen Sie heute auf jeden Fall schaffen? Was ist weniger wichtig? Die wichtigen Dinge erledigen Sie zuerst.

Der Grund dafür ist unter anderem, dass Sie morgens noch frisch und ausgeruht sind. Überlegen Sie, wie viel Sie heute tatsächlich schaffen können. Gehen Sie davon aus, dass Sie trotzdem nicht alles realisieren werden, weil Menschen grundsätzlich dazu neigen, sich bei To-do-Listen zu viel zuzutrauen. Korrigieren Sie Ihre Liste also etwas nach unten. Kontrollieren Sie, ob Sie wirklich die richtigen Prioritäten gesetzt haben. So gehen Sie vor:

1. Stellen Sie am Vorabend eine To-do-Liste für den folgenden Tag zusammen. Schreiben Sie die Punkte einfach untereinander auf.
2. Priorisieren Sie. Der wichtigste Punkt bekommt eine Eins. Der zweitwichtigste Punkt eine Zwei und so weiter.
3. Fragen Sie sich, was Sie an einem Tag tatsächlich schaffen können. Streichen Sie alles, was Ihnen nicht möglich erscheint.
4. Gehen Sie nun davon aus, dass Sie von Ihrer To-do-Liste trotzdem nicht alles realisieren können. Streichen Sie also einen oder zwei Punkte heraus.

5. Überprüfen Sie, ob Sie die richtigen Prioritäten gesetzt haben. Korrigieren Sie gegebenenfalls die Nummerierung.
6. Legen Sie am nächsten Morgen los.

Ein weiterer Tipp ist: **Zerlegen Sie Projekte in kleine Schritte!** Wer kleine Schritte macht, kommt auch ans Ziel. Warum sich unter Druck setzen und meinen, man müsse alles sofort erledigen? Der Trick ist, das Projekt, für das Sie früher angeblich keine Zeit hatten, langfristig zu planen. Stellen Sie einen Handlungsplan auf, in dem Sie jeden Tag ein bisschen Zeit dafür vorsehen. 15 Minuten für eine neue Sprache erscheinen auf den ersten Blick nicht viel. Aber auf die Woche gerechnet sind das schon 105 Minuten. Pro Monat sind es 420 Minuten, also 7 Stunden. Sie sehen: Die Zeit ist nicht Ihr Feind, sondern ein mächtiger Verbündeter. So gehen Sie vor:

1. Legen Sie ein Ziel fest.
2. Erstellen Sie einen Handlungsplan, der Ihnen täglich wenig Zeit abverlangt.
3. Planen Sie langfristig, wie Sie in kleinen Schritten Tag für Tag Ihrem Ziel immer näher kommen.
4. Halten Sie den Plan jeden Tag durch. Der Erfolg hängt davon ab, ob Sie die vielen kleinen Schritte langfristig durchhalten können.
5. Überprüfen Sie regelmäßig Ihre Fortschritte. Wenn Sie Schwierigkeiten haben, regelmäßig aktiv zu werden, dann sind die Schritte vermutlich noch zu groß. Planen Sie neu und diesmal mit noch kleineren Schritten.

Nutzen Sie unbewusste Möglichkeiten. Ich weiß: Sie haben unfassbar viel um die Ohren, Sie sind immer beschäftigt. Aber: Nutzen Sie Ihre Zeit wirklich bestmöglich? Warum im Zug oder in der

U-Bahn aus dem Fenster schauen, wenn Sie auch Vokabeln lernen könnten? Warum zum sechsten Mal in den Nussknacker gehen, wenn Sie sich auch Ihrem Projekt widmen könnten? Warum im Fitnessstudio Fernsehen schauen, wenn Sie auch über Ihr Projekt nachdenken könnten? Verstehen Sie mich nicht falsch, ich bin kein Fan davon, aus Menschen durchorganisierte Roboter zu machen, die jede freie Minute nutzen. Ich glaube nicht, dass so ein Leben erstrebenswert ist. Ich möchte Sie nur dazu ermuntern, bewusst wahrzunehmen und zu hinterfragen, wie Sie Ihre Zeit verbringen. So gehen Sie vor:

1. Gehen Sie gedanklich Ihren Alltag durch. Von morgens bis abends.
2. Überlegen Sie, wo es Möglichkeiten gibt, produktiver zu sein. Wo können Sie sich mit Ihrem Projekt beschäftigen?
3. Übertreiben Sie es nicht. Sie sind kein optimierter Roboter, der keine Freizeit braucht, sondern auch nur ein Mensch. Wenn Sie sich zu wenig Ruhe und Freizeit zugestehen, werden Sie auf Dauer unzufrieden.

Wo schlummern versteckte Chancen im Alltag, noch produktiver zu werden?

Und noch etwas: **Beseitigen Sie Zeitfresser.** Aber nicht alle. Wie gesagt: Freizeit ist wichtig, und ich werde Ihnen nicht raten, hier einen Kahlschlag zu veranstalten. Trotzdem lohnt es sich, den eigenen Tagesablauf auch daraufhin zu durchleuchten, ob es irgendwo große und unnötige Zeitfresser gibt, die nicht zu Ihrem Wohlbefinden beitragen. Das ist nämlich der zweite Punkt, auf den es ankommt: Ihr Wohlbefinden. Es ist in Ordnung, wenn Sie Ihre Fernsehserie schauen, weil Sie das zufrieden macht. Weniger sinnvoll

ist es jedoch, wenn Sie die Serie nur zur Ablenkung schauen und eigentlich gar nichts dabei empfinden. Solche Aktivitäten kann man sich sparen.
Mein Fazit: Sie haben genügend Zeit. Die Kunst besteht darin, die richtigen Prioritäten zu setzen. Wenn Ihnen ein Ziel wichtig ist, werden Sie einen Weg finden, es zu erreichen. Es muss ja nicht sofort sein. Nutzen Sie die Macht der Zeit, und bewegen Sie sich jeden Tag in kleinen Schritten auf Ihr Ziel zu. Mit kleinen Schritten kommt man schließlich auch ans Ziel.

Wer sagt: »Ich habe keine Zeit«, hat meistens verlernt, wahrzunehmen, was Zeit eigentlich ist.

Kommen wir nun zu einem interessanten Thema, und zwar **wie Achtsamkeit gegen das Gefühl hilft, keine Zeit zu haben**. »Achtsamkeit« ist ein Wort, das uns immer häufiger begegnet. Auch vom »Jetzt« ist oft die Rede, in dem wir leben müssten. Es gebe nur das »Jetzt«, den Augenblick. Alles andere, so heißt es, sei eine Illusion. Das mag alles richtig sein, aber es ist schwer zu verstehen. Deshalb drehen sich ganze Seminare tagelang um das Thema und versuchen, zu erklären, was das Ganze eigentlich bedeuten soll.
Ich möchte versuchen, Ihnen eine kleine Abkürzung anzubieten. Lassen Sie mich an den Anfang drei Beobachtungen stellen.

1. Wir Menschen neigen dazu, uns mehr vorzunehmen, als wir schaffen können.
2. Wir haben immer etwas auf unserer To-do-Liste. Den Zustand, nichts auf der To-do-Liste stehen zu haben, gibt es nicht.
3. Punkt eins und zwei sorgen dafür, dass wir uns gestresst und unzufrieden fühlen. Wir haben das Gefühl, dass die Zeit rast und wir nicht mitkommen.

So weit, so klar. Eine Gegenmaßnahme besteht nun darin, Ihre Wahrnehmung der Zeit grundlegend zu verändern. Es geht darum, den Augenblick wieder bewusst wahrzunehmen. Denn wenn Sie unter Druck stehen und gehetzt sind, dann nehmen Sie den einzelnen Augenblick gar nicht wahr. Sie sind wie im Cockpit eines Formel-1-Wagens und rasen durchs Leben. Von der schönen Landschaft am Straßenrand bekommen Sie nur das wenigste mit, sie rast an Ihnen vorbei. Ausweg: Nehmen Sie das Fahrrad. Lernen Sie, den Augenblick wahrzunehmen. Eine konkrete Übung, die Sie sofort und mühelos umsetzen können, zeigt Ihnen, wie das geht. Es ist die Übung **»Den Augenblick bewusst wahrnehmen«**. Beschreiben Sie gedanklich, was Sie gerade tun. Sie kennen das vielleicht aus dem Fernsehen, wenn ein Moderator sagt, was er gerade macht, weil er das Publikum ja ständig unterhalten muss und es seltsam wirken würde, wenn in der Sendung Stille herrscht. »So, jetzt gehe ich mal rüber zu unserer Wettkönigin und schaue mir mal an, ob das Team schon fertig vorbereitet ist«, sagt der Moderator zum Beispiel, während er über die Bühne zur Wettkönigin geht. Das machen Sie hier im Prinzip auch. Beschreiben Sie, was Sie gerade tun. Das könnte zum Beispiel so aussehen:

»Aha«, denke ich mir, »klingt ja eigentlich ganz einfach, was da im Buch steht. Okay, dann probier' ich das mal aus.« Ich lege also mein Lesezeichen ins Buch, schlage es zu und lege es zur Seite. Dann schlage ich die Bettdecke zur Seite, stehe auf und gehe ans Fenster. Ich bemerke, dass es draußen schon ganz dunkel ist, und kratze mich am Ohr. Interessant, ich höre aus der Ferne Autos vorbeifahren. Ist mir vorher gar nicht aufgefallen. Ich reibe mir die Augen. »Schon ganz schön spät«, denke ich mir. »Wie lange das Kapitel wohl noch geht? Okay, dieses Kapitel lese ich noch, aber dann schalte ich das Licht aus. Ist die Übung eigentlich jetzt vorbei? Wie lange soll ich das nochmal machen?« Ich gehe zurück zum Bett und

lege mich wieder hinein. Jetzt greife ich wieder zum Buch und schlage es beim Lesezeichen auf. Ich lese weiter.

Bei dieser Übung geht es darum, ein Bewusstsein für den Augenblick zu bekommen. Das ist ungeheuer wertvoll, denn wenn Sie dieses Bewusstsein nicht haben, dann fliegt Ihr Leben an Ihnen vorbei. Sie fühlen sich ständig gehetzt und unzufrieden. Wie sagt Lothar J. Seiwert doch so schön: »Wenn Du es eilig hast, gehe langsam.«

Nehmen Sie das, was ist, bewusst wahr. Mit anderen Worten: Leben Sie intensiver.

Ein weitere Übung in diesem Bereich heißt **»Die Welt bewusst wahrnehmen«**. Wie bereits dargestellt, führt Stress dazu, dass wir uns wie im Cockpit eines Formel-1-Wagens fühlen und rastlos durchs Leben rasen. Wir sehen zwar die Welt um uns herum, aber wir nehmen vieles an ihr gar nicht mehr bewusst wahr. Das liegt daran, dass wir nicht bei der Sache sind. Eigentlich sind wir in Gedanken nämlich schon bei der nächsten Herausforderung.

Bei dieser Übung geht es darum, wieder richtig hinzuschauen. Nehmen Sie sich einen beliebigen Alltagsgegenstand, und stellen Sie ihn vor sich auf den Tisch. Geben Sie sich fünf Minuten, und betrachten Sie den Gegenstand. Das kann zum Beispiel ein Frühstücksbrötchen sein. Oder eine Tasse, aus der Sie Tee getrunken haben. Es kann ein Stift sein. Oder ein Bügeleisen. Oder das Blatt einer Pflanze. Sie werden erstaunt sein, wie viel es an so einem scheinbar banalen Objekt zu entdecken gibt. Sie werden sich wundern und fragen, ob Sie diesen Gegenstand jemals richtig angeschaut haben. Und Sie werden feststellen, wie lang fünf Minuten sein können. Probieren Sie das ruhig mal aus.

Machen Sie diese Übung, um wieder mehr Gefühl für den Augenblick und die Zeit zu bekommen. Halten Sie Ihren Formel-1-Wagen an, steigen Sie aus, und betrachten Sie die Wolken, die langsam am Himmel vorbeiziehen. Stellen Sie einen Wecker, und beschäftigen Sie sich fünf Minuten mit den Wolken. Was spüren Sie? Haben sich die fünf Minuten lange angefühlt?

Die Aussage »Nur noch ein letztes Mal«. Eine sehr beliebte Strategie der Aufschieberitis ist die Haltung, Ihnen bei Ihren Zielen grundsätzlich recht zu geben, aber darum zu bitten, ein letztes Mal noch sündigen zu dürfen. Nur noch ein einziges Mal! Bitte! Sozusagen zum Abschied. Frau Aufschieberitis wirkt hier wie ein kleines Kind, das die Mutter anbettelt, noch eine Kugel Eis zu bekommen. Das könnte sich zum Beispiel so anhören:

Frau Aufschieberitis: »Okay, Du hast recht, Schokoladeneis ist nicht gut für Dein Gewicht. Völlig richtig, ich stimme Dir absolut zu. Du wolltest ja abnehmen, natürlich, alles klar.«

»Aber dieses eine Mal darfst Du noch naschen. Keine Sorge, es ist ja das letzte Mal. Nur noch ein einziges Mal, okay? Was macht es schon, wenn Du noch einmal sündigst? Na komm schon, gib Dir einen Ruck! Auf dieses letzte Mal kommt es doch jetzt auch nicht mehr an. Du weißt doch, wie unendlich lecker dieses zart schmelzende Eis schmeckt … Dieser intensive Geschmack von Schokolade – einfach unbeschreiblich köstlich! Also: Komm schon! Nur noch einmal. Zum Abschied. Und dann ganz lange nicht mehr, dann beginnt ein ganz neues Leben. Jeden Tag Sport und gesunde Ernährung. Nennen wir es eine Art Vorschuss für all das, was Du bald beim Sport auf Dich nehmen wirst.«

Wow, das hört sich wirklich gut an, nicht wahr? Wie soll man nur gegen so eine Argumentation ankommen? – Am besten, Sie sagen der Aufschieberitis die Wahrheit unumwunden ins Gesicht. Zum Beispiel so:

»Früher wäre ich vielleicht darauf hereingefallen, aber heute bin ich schlauer. Ich weiß, dass nach dem »letzten Mal« ein »allerletztes Mal« kommt und dann ein »allerallerletztes Mal« und dann ein »finales allerallerletztes Mal« und dann ein »superfinales allerallerletztes Mal«. Kurzum: Dieses »letzte Mal«, von dem Du sprichst, verlängert sich in alle Ewigkeit und hört niemals auf. Das ist die Wahrheit und der Grund, warum ich mich nicht darauf einlasse. Dein »letztes Mal« ist der letzte Mist! Ende der Durchsage.«

Die Aussage »Einmal ist keinmal«. Frau Aufschieberitis schafft es auch, uns völlig abwegige Dinge schmackhaft zu machen. Ein klassisches Beispiel dafür: Sie wollen abnehmen und beschließen, aus diesem Grund die nächsten sechs Wochen lang auf Süßigkeiten zu verzichten. Nun plagt Sie die Aufschieberitis und möchte Sie dazu überreden, Ihre guten Vorsätze über Bord zu werfen und zu schummeln. Das beliebte Argument: Einmal ist keinmal. Einmal kann man sich schon einen kleinen Ausrutscher erlauben, meint Frau Aufschieberitis. Wer sechs Wochen lang auf Süßigkeiten verzichtet, der kann ja wohl ein einziges Mal sündigen, oder etwa nicht? – Diese Argumentation ist absolut nachvollziehbar und meiner Meinung nach sogar richtig. Genau deshalb ist sie so gefährlich. Denn der entscheidende Punkt ist, dass man so nicht einmal in Versuchung geführt wird, sondern häufig. Wenn Sie in sechs Wochen tatsächlich nur einmal zur Tafel Schokolade greifen würden, hätte das vermutlich kaum negative Auswirkungen, und Sie könnten sehr stolz auf sich sein. Aber in der Praxis ist es nun mal so, dass die Aufschieberitis dieses »Einmal ist keinmal« häufiger bemüht. Einmal ist keinmal, aber fünfzehnmal ist ja nun doch einiges. Das Sündenregister wird immer länger, die Vorsätze rücken in weite Ferne.

Kurzum: Sobald dieses Argument kommt, sollten Sie energisch dagegenhalten.

Schwierig wird es, wenn man nicht nur einmal sündigt, sondern mehrmals.

Das Argument »Einmal ist keinmal« ist allerdings so überzeugend und einleuchtend, dass man kaum dagegen ankommt. Sie könnten sich daher eine einzige Sünde durchaus erlauben. Dann ist das Argument weg, der Trumpf ist ausgespielt. Sobald Frau Aufschieberitis erneut mit diesem Spruch um die Ecke kommt, können Sie sofort abwinken und sagen: Okay, das stimmt, aber dieses eine Mal habe ich schon genutzt. Wenn ich jetzt ein weiteres Mal sündige, dann brechen alle Dämme, und die guten Vorsätze sind dahin. Also: Lass mal gut sein. So könnte der Dialog mit der Aufschieberitis aussehen:

Frau Aufschieberitis: »Ich finde es ja toll, dass Du Dich in den letzten Tagen so unter Kontrolle hattest. Aber schau nur, wie schön die Sonne scheint. Ein Eis gehört jetzt einfach dazu. Einmal ist keinmal. Es muss ja kein großes Eis sein, ein kleines reicht auch. Einmal fällt doch gar nicht ins Gewicht. Man muss ja den ganzen Zeitraum betrachten, nicht wahr?«

Sie könnten jetzt versuchen, eisern zu bleiben, und zum Beispiel antworten, dass Sie nicht über Ihre Entscheidungen diskutieren. Das ist sicher eine tolle Antwort und eine gute Strategie. Aber: Das muss man erst mal durchhalten!
Für legitim und auf lange Sicht sogar schlau halte ich daher ein kleines Zugeständnis. Das schadet zwar faktisch etwas Ihren Zielen, aber auf lange Sicht haben Sie das »Einmal ist keinmal«-Argument damit ausgehebelt. Sie könnten also zustimmen und sagen:

Du hast recht,
sagt die
Aufschieberitis.
Mach das.
Aber nicht jetzt.
Morgen passt es besser.

»In Ordnung, einmal ist keinmal. Ich gönne mir ein Eis. Aber: Damit ist das Argument dann wirklich weg. Einmal ist keinmal, aber fünfzehnmal ist alles andere als keinmal. Ich weiß schon, dass Du es bald wieder mit diesem Argument versuchen wirst. Aber dann werde ich nicht nachgeben, denn dann ist das Argument schon verbraucht. Zweimal ist keinmal kannst du vergessen, denn wenn ich darauf eingehe, dann brechen alle Dämme, und ich kann meine guten Vorsätze vergessen. Also: Einmal sündigen ist okay, zweimal sündigen schon nicht mehr.«

Jede Wette: Die Aufschieberitis wird zustimmen, schon bald aber wieder mit dem gleichen Argument auf Sie zukommen. So, als sei nichts gewesen. So, als würde »Einmal ist keinmal« noch immer gelten. Jetzt müssen Sie klare Kante zeigen. Wenn Sie einknicken, ist es schnell vorbei mit Ihren guten Vorsätzen. Dann brechen bald wirklich alle Dämme. Also könnten Sie zum Beispiel antworten:

»Einmal ist keinmal, das ist gut und schön, aber das hatten wir ja schon. Zweimal ist zweimal – und nicht keinmal. Also lautet meine Antwort ganz klar: nein. Ende der Diskussion.«

Die Aussage »Das muss gefeiert werden«. Verblüffend: Gründe zum Feiern finden sich immer. Kaum hat man auch nur eine Kleinigkeit ordentlich erledigt, meldet sich die Aufschieberitis und drängt einen, die guten Vorsätze beiseitezuschieben. Nach dem Motto: Toll, Du hast Dir eine Belohnung verdient! Belohnungen sind im Prinzip absolut sinnvoll. Das Problem ist: Wenn man sich ständig belohnt, verliert man jede Disziplin, und der Anreiz verliert an Wirkung. Deshalb sollten Sie auch hier gegensteuern.

Die Aufschieberitis findet immer einen Vorwand, um zu feiern.

Machen Sie sich bewusst, dass der Wunsch »Das muss gefeiert werden« von der Aufschieberitis ständig an Sie herangetragen wird. Ihre Haltung könnte sein: Ja, nichts gegen eine Belohnung, aber nicht ständig und nur so, wie *ich* es festlege. Überlegen Sie sich, ab wann Sie wirklich eine Belohnung verdient haben. Setzen Sie diese Belohnung strategisch als Ansporn und Motivation ein. Kurzum: Gehen Sie bewusst damit um, und lassen Sie sich nicht aus einem spontanen Impuls heraus dazu verführen, sich auf jede Belohnung einzulassen. Der Dialog mit der Aufschieberitis könnte zum Beispiel so aussehen:

Frau Aufschieberitis: »Glückwunsch! Hast Du super hingekriegt, klasse! Das muss gefeiert werden. Wer so etwas Tolles leistet, der muss belohnt werden. Ja, ich weiß schon: Du wolltest Dich eigentlich zurückhalten. Aber nach so einer Leistung muss man sich einfach belohnen.«

Darauf könnten Sie antworten: »Danke, liebe Frau Aufschieberitis. Richtig, Leistung muss belohnt werden. Aber ich halte mich lieber an meinen eigenen Belohnungsplan. Wenn ich mich jetzt außerhalb der Reihe belohnen würde, dann kämst Du doch bestimmt spätestens morgen schon wieder an und würdest eine Belohnung vorschlagen. Nein, danke. Ich nutze Belohnungen lieber genau nach Plan, das bringt mir langfristig mehr.«

Die Aussage »Du kannst ruhig schummeln, es sieht ja niemand«. Eigentlich möchten Sie sich gesund ernähren. Doch wenn ein nettes Café mit köstlichem Gebäck in Sichtweite kommt, flüstert die Aufschieberitis verführerisch: »Na komm schon, gib Dir mal einen Ruck. Es sieht ja niemand.« Doch das stimmt nicht ganz. Sagen Sie am besten: »Doch, das sieht schon jemand. Nämlich ich.«

Die Strategie der Aufschieberitis ist, Ihnen das Gefühl zu geben, unbehelligt schummeln zu können, weil ja niemand da ist, der Sie kritisiert. Die Botschaft: Kein Problem, Sie können heimlich sündigen.

Ihre Antwort ist klar: Da mache ich nicht mit. Ich kontrolliere mich selbst und bin nicht abhängig von der Meinung anderer. Es kommt nicht darauf an, was andere denken, sondern darauf, was ich selbst denke. Wenn ich also beschließe, ein Vorhaben umzusetzen, dann ist das *mein Projekt* und wird auch von *mir selbst* kontrolliert. Es bringt daher nichts, liebe Frau Aufschieberitis, so zu tun, als würden andere mich kontrollieren. Ich bin selbst verantwortlich. Deshalb sage ich ganz klar: Nein, danke, ich ziehe mein Projekt durch.

Die Aussage »Andere sind noch schlimmer«. Diese Strategie der Aufschieberitis ist ebenso einfach wie genial: Sie vergleicht einen Mangel oder eine negative Eigenschaft mit jemandem, der noch schlechter dasteht als Sie. Dadurch sieht es für Sie – verglichen mit dem noch Schlechteren – wieder ganz gut aus. Machen wir es konkret. Nehmen wir an, Sie möchten wieder mit dem Sport anfangen, weil Sie etwas Übergewicht angesetzt haben. Sie sind auf dem Weg ins Fitnessstudio, da kommen Sie an einem Eiswagen vorbei.

Schon haben Sie die Aufschieberitis im Ohr: »Ach, heute ist das Wetter so schön, heute gehst Du mal in den Park statt zum Training. Such Dir ein leckeres Eis aus, und mach Dir eine schöne Zeit in der Sonne. Das hast Du Dir verdient, Du warst immerhin inzwischen schon fünfmal beim Sport! Das ist doch super! Also: Her mit dem Eis! – Wie? Was sagst Du? Du bist zu dick und kannst deshalb kein Eis essen? Haha! Was für ein Unsinn! Du bist doch nicht dick! Ich bitte Dich, das ist ja lächerlich. Schau mal, der Typ da hinten, der ist dick. Der ist ein richtiges Fass. Im Vergleich zu dem bist Du ja fast schon magersüchtig. Ja, magersüchtig. Also, mach Dir keinen Kopf, gönn Dir mal was.«

Ihre Antwort muss in diesem Fall den Maßstab wieder zurechtrücken. Machen Sie sofort klar, dass Sie nicht bereit sind, sich mit diesem Mann zu vergleichen. Das kann nicht Ihr Maßstab sein.

»Netter Versuch, aber so läuft das nicht. Es kommt nicht in Frage, dass ich meinen Maßstab verschiebe und mich mit einem Fettwanst vergleiche. Ich vergleiche mich mit den top trainierten Leuten im Fitnessstudio und sonst mit niemandem. Das ist so und das bleibt so. Darüber diskutiere ich nicht. Ende der Durchsage.«

Machen Sie klar, dass Sie nicht bereit sind, auch nur einen Millimeter von Ihrer Linie abzuweichen. Wenn Sie das nicht tun, wird die Aufschieberitis nicht lockerlassen. Nun ja, ehrlich gesagt, wird sie das niemals tun.

Die Aussage » (…) «. Die Aussage Punkt, Punkt, Punkt? Was soll das denn bedeuten? – Die drei Punkte in der Klammer sollen darstellen, dass die Aufschieberitis auch gern mal dafür sorgen möchte, dass überhaupt nichts gesagt und diskutiert wird. Die Aufschieberitis möchte, dass Sie nicht denken, sondern einfach nur einem Impuls folgen. Ein klassisches Beispiel: Sie stehen an der Supermarktkasse und nehmen – ohne nachzudenken – noch einen Schokoriegel mit. Sie überlegen nicht, Sie tun es einfach. An dieser Stelle ist die Aufschieberitis mucksmäuschenstill. In Ihrem Kopf herrscht absolute Funkstille. Nur der Impuls, das Verlangen ist aktiv und steuert Sie. Damit ist klar, wie Sie reagieren sollten: Wachen Sie auf! Denken Sie! Sprechen Sie! Diskutieren Sie! Schlagen Sie Alarm! Sie sind gerade auf dem besten Weg, sich von einem simplen, dummen Impuls dominieren und beherrschen zu lassen. Sorgen Sie dafür, dass Ihr Kopf wieder anspringt. Werden Sie sich bewusst, was da gerade passiert. Schlagen Sie den Angriff zurück, indem Sie sagen:

»Moment mal, was passiert hier? Ich greife, ohne nachzudenken, zu einem Schokoriegel, obwohl ich doch anfangen möchte, mich gesund zu ernähren. Jetzt hätte ich mich fast von der Aufschieberitis überrumpeln lassen. Aber nicht mit mir. Den Riegel lege ich einfach wieder zurück. So, fertig. Angriff abgewehrt. Denken hilft.«

Hilfsmittel gegen die AUFSCHIEBERITIS

Wie wir gesehen haben, ist die Aufschieberitis ein genialer Gegner. Wir können sie nicht endgültig besiegen, denn sie ist ein Teil von uns und gehört zum Menschsein dazu. Alles, was wir tun können, ist, sie immer wieder zurückzuschlagen. Wenn uns das langfristig gelingt, haben wir uns einen vernünftigen Lebensstil angewöhnt, und es wird ein bisschen leichter. Doch selbst dann werden wir von der Aufschieberitis immer wieder aufs Neue in Versuchung geführt. Aber wie sagte schon der bereits zitierte Ferdinand Foch (1851–1929): »Sagt mir nicht, ein Problem sei schwierig. Wenn es nicht schwierig wäre, wäre es kein Problem.« Und daher sehen wir uns nun im Folgenden die Hilfsmittel an, die uns dabei unterstützen, nicht einzuknicken und den Wünschen der Aufschieberitis nicht zu folgen.

Orientierungskarte und Handlungsplan. Wir haben uns bereits ausführlich mit der Orientierungskarte und Handlungsplänen beschäftigt. Besonders der Handlungsplan spricht eine klare Sprache. Wenn die Aufschieberitis uns einreden möchte, dass wir die Arbeit von heute auch morgen erledigen können, dann sagt der Handlungsplan, wie es wirklich ist. Auch unsere Orientierungskarte sagt auf den ersten Blick, wo unsere Prioritäten wirklich liegen.
Zusätzlich stärken können Sie diese beiden Hilfsmittel, indem Sie sie als besonders wertvoll ansehen. Behandeln Sie sie entsprechend.

Die Aufschieberitis möchte die Arbeit verschieben. Ein Blick auf den Handlungsplan macht klar, ob das geht oder nicht.

Wenn eine Orientierungskarte Fettflecken hat, weil Sie das Blatt Papier als Unterlage benutzt haben, als Sie ein Brot verspeist haben, dann spricht das für sich. Der Plan ist Ihnen ganz offensichtlich nicht so wichtig. Wenn Sie den Plan dagegen sorgfältig in einer Klarsichtfolie aufbewahren und peinlich genau darauf achten, das Papier nicht zu knicken, dann haben Sie offenbar Respekt vor der Karte und halten sie für etwas Kostbares. Das Gleiche gilt für Ihren Handlungsplan. Wenn Sie beides respektvoll behandeln und als wertvoll ansehen, dann haben Ihre Aussagen automatisch viel Gewicht und können die Aufschieberitis überstimmen. Ein Dialog mit der Aufschieberitis könnte zum Beispiel so aussehen:

Frau Aufschieberitis: »Moment mal, jetzt kommt gleich Deine Lieblingsserie im Fernsehen. Du hast heute wirklich genug geleistet. Also: Mach Schluss für heute, und schau Deine Sendung. Morgen ist auch noch ein Tag.«
Darauf könnten Sie antworten: »Lass mich mal einen Blick auf meinen Plan werfen … Nein, tut mir leid, liebe Aufschieberitis, das wäre zwar schön, ist aber heute leider nicht drin. Auf dem Plan steht, dass ich noch nicht fertig bin für heute. Wenn ich die Arbeit jetzt verschiebe, dann öffne ich Dir Tür und Tor. Dann verschiebe ich morgen wieder meine Arbeit und kann den Plan nicht einhalten. Also: Nein, danke, ich halte mich an den Plan.«

Der Eine-Sekunde-Schutzschild. Wann die Aufschieberitis auf Sie zutritt, kann man nicht vorhersehen. Es kann im Prinzip jederzeit sein. Und es gibt kaum Mittel, sich dagegen zu schützen, von ihr angesprochen zu werden. Hinzu kommt: Wir sind alle nur Menschen, die neben ihrem Verstand auch Gefühle und Bedürfnisse haben. Einen Roboter kann man zuverlässig auf ein bestimmtes Verhalten hin programmieren. Bei einem Menschen klappt das nicht. Unsere Emotionen und Bedürfnisse machen uns gerne mal einen Strich durch die Rechnung. Selbst dann, wenn wir uns hundertmal überlegt haben, warum wir uns auf eine bestimmte Art verhalten wollen. Kurzum: Schwache Momente wird es immer geben. Auch darauf müssen Sie gefasst sein.

Jeder Mensch ist mal mehr und mal weniger anfällig für die Argumente der Aufschieberitis.

Was können Sie tun, wenn Sie mal schwanken? Eine Möglichkeit, in so einer Situation schnell reagieren zu können, ist der Eine-Sekunde-Schutzschild. Diesen Schild müssen Sie parat haben. Sie können ihn sich in der Situation nicht erst zurechtlegen, Sie müssen ihn stets griffbereit dabeihaben – im Kopf.
Das Prinzip ist, sich einen Gedanken zurechtzulegen, der Sie in schwachen Momenten vor der Aufschieberitis schützt. Die »eine Sekunde« soll deutlich machen, dass der Gedanke schnell und einfach sein muss. Wenn die Aufschieberitis aus dem Hinterhalt angreift, haben Sie keine Zeit für lange Volksreden. Ein Gedanke – mehr Zeit bleibt nicht. Dieser Gedanke kann zum Beispiel Ihr Traumbild sein. Oder Ihre Vision. Das liegt nahe. Überlegen Sie trotzdem, was in so einem Moment der beste Gedanke sein kann, um die Aufschieberitis zurückzuschlagen. Vielleicht ist es ja auch etwas ganz anderes, was Ihnen in dieser Situation noch besser hilft. Je ausgefeilter und durchdachter Ihr Eine-Sekunde-Schutzschild ist, desto besser stehen Ihre Chancen, dem Angriff der Aufschieberitis auch in schwachen Momenten standhalten zu können.

Hier ein Beispiel zur Inspiration. Sie wollen mit dem Laufen anfangen und nehmen sich vor, jeden Tag ein bisschen zu joggen. Seit zwei Wochen halten Sie nun schon durch. Plötzlich, aus heiterem Himmel, schlägt die Aufschieberitis zu.

»Na hör mal«, raunt sie Ihnen zu. »Heute regnet es doch so heftig. Da können wir das Laufen wirklich mal ausfallen lassen. Schließlich bist Du doch inzwischen schon bestens dabei. Seit zwei Wochen läufst Du jeden Tag! Super, da kannst Du doch mal einen einzigen Tag aussetzen, nicht wahr? Komm, wir machen es uns lieber in der Wohnung mit der Playstation gemütlich. Du hast viel zu lange nicht mehr gezockt.«

Oha! Eine gefährliche Situation. Sobald die Playstation an ist, ist es aus. Dann fällt der Lauf garantiert ins Wasser. Viel Zeit bleibt nicht. Der Eine-Sekunde-Schutzschild könnte nun zum Beispiel der Gedanke sein, beim New-York-Marathon ins Ziel einzulaufen. Versuchen Sie, nicht nur ein Bild davon schnell abrufbereit zu verankern, sondern auch ein Gefühl damit zu verbinden. In diesem Fall könnte das das Gefühl von Glück, Stolz und Freude sein.

Das Erfolgsbüchlein. Zweifel sind ganz normal. Die Kunst besteht darin, nicht auf diese Stimme zu hören. Machen Sie sich bewusst, was Sie schon erreicht haben. Das kann sich doch sehen lassen! Also: Bleiben Sie einfach auf Ihrem eingeschlagenen Weg, und lassen Sie sich nicht von der Aufschieberitis beirren.
In diesem Zusammenhang ist es hilfreich, ein Büchlein oder eine Datei anzulegen, in der Sie Erfolgserlebnisse zusammenstellen: das Erfolgsbüchlein. In schwachen Momenten kann Sie diese Zusammenstellung motivieren, nicht aufzugeben. Sie sehen doch, dass Sie es können. Also: Bleiben Sie dran, bleiben Sie stark.

Im Erfolgsbüchlein könnte zum Beispiel stehen:

2.8. Heißhungerattacke im Supermarkt. War in Versuchung, eine Tafel Schokolade in den Einkaufswagen zu legen. Schnell an mein Traumbild gedacht – und weitergegangen. Geil! Geschafft. Hat geklappt.
5.8. Heike lädt mich zum Eis ein. Sie nimmt drei Kugeln, ich verkneife es mir und bestelle einen Cappuccino. Hatte erst Sorge, dass sie beleidigt ist, aber sie meinte, sie findet's super, wie konsequent ich bin.
9.8. Ich habe ja noch die zwei kleinen Schokoladenosterhasen von Ostern im Kühlschrank. Abends war die Versuchung groß, dem einen Hasen die Ohren abzuknabbern. Hab dann aber doch lieber in einen Apfel gebissen. Yeah!
10.8. Super: Die Osterhasen sind weg. Hab sie dem Nachbarjungen geschenkt. Jetzt ist auch die Versuchung weg.

× × ×

07

Keine Angst vor der Angst

WIE SIE DEM LEEREN BLATT GELASSEN BEGEGNEN

Annäherung AN EIN VERBREITETES GEFÜHL

Die Angst vor dem leeren Blatt ist kein Gefühl, das nur einige wenige haben. Es ist kein Gefühl, das nur ein paar schwache oder ängstliche Menschen packt. Nein, es ist vielmehr ein Phänomen, das viele Menschen betrifft. Wenn Sie zu ihnen gehören, dann ist das kein besonderer Makel, es ist nichts Bemerkenswertes, obwohl das vielleicht mancher Betroffene annimmt. Tatsächlich ist die Angst vor dem leeren Blatt so verbreitet wie eine Erkältung. Aber: Es spricht niemand darüber. Dadurch kann man den Eindruck bekommen, man wäre der Einzige auf der Welt, der dieses Problem hat.

> **Viele halten es für ein Zeichen der Schwäche, zu sagen, dass Sie Angst haben. Angst ist ein Tabu.**

Betroffene findet man an den überraschendsten Orten. Auch unter Leuten, die damit Geld verdienen, ein weißes Blatt Papier mit ihren Gedanken zu füllen. Als ich zum Beispiel an der Hamburger Texterschmiede eine Vorlesung hielt, kam in der ersten Pause eine Studentin zu mir und erzählte ganz offen, sie habe manchmal so viel Angst vor dem leeren Blatt, dass sie wie gelähmt sei und nichts tun könne. Ein Gefühl von Hilflosigkeit würde sie dann packen und es ihr unmöglich machen, einen klaren Gedanken zu fassen. Sie sei verkrampft und wie unter Schock. Und das nicht nur einige Minuten lang, sondern einige Tage.

Stellen Sie sich Ihrer Angst. Der erste und vielleicht sogar der wichtigste Schritt auf dem Weg zu einem Leben ohne diese Angst ist es, zu begreifen, dass es vielen Menschen so geht. Nein, Sie sind kein komischer Sonderling. Andere haben ebenfalls damit zu kämpfen. Diese Erkenntnis nimmt Ihnen hoffentlich ein bisschen das Unbehagen und die Unsicherheit, die Betroffene in diesem Zusammenhang oft verspüren. Zum Glück ist die Angst vor dem leeren Blatt etwas, an dem man arbeiten kann. Sie haben sich ein Buch gekauft, das Ihnen eine praktische Hilfestellung geben möchte. Also: Kopf hoch! Das kriegen wir schon hin.

Ich kann mir gut vorstellen, dass Sie es als unangenehm empfinden, mit dem Problem konfrontiert zu werden, und es am liebsten verdrängen möchten. Wenn Sie das Problem aber von sich wegschieben und in den Schrank verbannen, können Sie sich nicht damit auseinandersetzen und es folglich nicht auflösen. Demnach wird alles so bleiben, wie es ist. Das bringt Sie keinen Millimeter weiter. Fassen Sie sich also ein Herz, und gehen Sie die Sache an. Stellen Sie sich Ihrer Angst. Holen Sie ein weißes Blatt Papier, und legen Sie es neben dieses Buch auf den Tisch.

- Betrachten Sie das Blatt. Was fühlen Sie? Wie geht es Ihnen in der Situation?
- Denken Sie an eine aktuelle Aufgabe. Verändert sich das Gefühl?
- Lehnen Sie sich zurück. Entspannen Sie sich.
- Kommt die Angst trotzdem hochgekrochen? Umklammert sie Ihren Brustkorb und packt Sie mit eiserner Hand? Fühlen Sie Panik? Ist Ihr Atem etwas gehetzt? Hämmert Ihr Puls? Flattert Ihr Herz?
- Oder ist es eher so, dass Sie zwar keine Panik haben, aber trotzdem einfach nicht wissen, wie und wo Sie anfangen sollen? Die Aufgabe erscheint Ihnen gewaltig und erinnert Sie an einen Elefanten, der durch ein winziges Nadelöhr soll.

- Versuchen Sie, alles ruhig anzunehmen und dem Gefühl sowie der Situation nicht auszuweichen. Stellen Sie sich ihr. Fühlen Sie, wie es ist, mit der Angst direkt konfrontiert zu werden.
- Werden Sie sich bewusst, dass Sie mit der Situation ein Problem haben, und sagen Sie sich: Okay, dann ist das eben so. Problem erkannt, Problem gebannt.
- Erforschen Sie dieses Gefühl. Woher kommt es? Warum kommt es? Ist es die Angst vor dem Versagen, die Sie lähmt? Ist es der Zeitdruck, der Ihnen die Luft zum Atmen nimmt? Ist es die gewaltige Aufgabe, die einfach nirgends zu fassen ist?
- Bleiben Sie ruhig, und horchen Sie ihn sich hinein.
- Wenn die Angst eine Stimme hätte, wenn sie reden könnte – was würde sie Ihnen wohl sagen? Überlegen Sie, was das sein könnte. Schließen Sie die Augen, und horchen Sie in sich hinein.

Versuchen Sie, diese praktische Übung zu einem Zeitpunkt zu machen, an dem Sie nicht gestresst und unter Zeitdruck sind. Abends zum Beispiel. Wer im Hinterkopf schon das nächste Meeting oder schon die nächste Aufgabe hat, wird sich schwer damit tun, in Ruhe über alles nachzudenken.

Der Gordische Knoten. Wissen Sie, woher der Begriff »Gordischer Knoten« kommt? Im Winter 334 vor Christus kam Alexander der Große auf seinem Feldzug nach Phrygien. Das ist eine Region im westlichen Zentral-Kleinasien in der heutigen Türkei. Einer Sage nach hatte ein Orakel vorhergesagt, dass derjenige die Herrschaft über Asien übernehmen würde, der den Gordischen Knoten lösen kann. Dieser Knoten verband die Deichsel am Streitwagen des phrygischen Königs Gordios mit dem Zugjoch. Viele kluge und starke Männer hatten versucht, die verknoteten Seile zu lösen. Doch ohne Erfolg. Plutarch und Quintus Curtius Rufus beschreiben in ihren

Aufzeichnungen, dass im Frühjahr 333 vor Christus Alexander der Große mit seinem Heer Richtung Persien zog und sich dabei auch dieser Aufgabe stellte. Der Überlieferung nach soll er kurzerhand sein Schwert gezogen und den Knoten einfach zerschlagen haben. Arrian berichtet dagegen etwas anderes und beruft sich dabei auf Aristobulos von Kassandreia, der den Feldherren begleitet hat. Er schreibt, Alexander habe erkannt, dass er sich gar nicht mit der unübersichtlichen Verknotung beschäftigen, sondern nur den Deichselnagel herausziehen musste, um das Joch wegziehen zu können. Genau das tat er – und löste so den Gordischen Knoten.

Es gibt Aufgaben, die als nahezu unlösbar gelten. Wer das glaubt, schlägt gedanklich eine Sackgasse ein.

Für uns bedeutet das: Es gibt mehr als eine Möglichkeit, die Angst aufzulösen und unseren Knoten im Kopf zu öffnen. Unser Schwert ist in diesem Fall die Erkenntnis, die Klarheit und das Wissen. Wir wollen nun herausfinden, was mit der Angst passiert, wenn wir die Sache weiterdenken und so für Klarheit sorgen. Führt es vielleicht zu einer ähnlich radikalen Lösung wie damals bei Alexander?

Durchdenken Sie die Situation. Wer Angst hat, kann sich fragen: *Wovor* habe ich eigentlich Angst? Klar, es ist zunächst einmal die Angst vor dem Versagen. Es ist die Angst, den Erwartungen nicht gerecht zu werden. Sei es den Erwartungen von anderen oder den eigenen Erwartungen. Aber dahinter steckt die noch wesentlich tiefer liegende Existenzangst. Wenn ich versage, verliere ich meinen Job bzw. meinen Auftraggeber bzw. werde exmatrikuliert. Wie soll ich dann mich bzw. meine Familie ernähren? Wie soll ich dann die Zukunft meistern? Das Problem bedroht also meine gesamte Existenz. Kurzum: Es bedroht mein Leben. Das Leben, das ich führe, ist in Gefahr. Dieser Gedankengang läuft nicht bewusst ab, sondern unbewusst. Er ist so dramatisch, dass Betroffene regelrecht vor Angst erstarren. Die Angst lähmt. Das ist eine logische Reaktion, denn wer gelähmt ist, kann keinen Fehler machen. Bevor wir uns blamieren und uns selbst ins Unglück stürzen, machen wir lieber gar nichts. Schockstarre bringt uns jedoch nicht weiter.

Interessant ist, dass wir das Problem nicht zu Ende denken. Unsere unbewusste Überlegung, die blitzschnell abläuft, endet beim vermeintlichen Tod: Job weg bzw. Studium weg bzw. Auftraggeber weg – Leben weg. So einfach ist das. Ende, aus, vorbei, Tod. Lassen Sie uns diesem reflexhaften Denken nun einen bewussten Gedankengang gegenüberstellen.

Nehmen wir an, Sie würden loslegen, die Aufgabe wie geplant bearbeiten und tatsächlich eine überaus schwache Lösung abliefern. Machen wir es konkret:

- Sagen wir, Sie sind ein Journalist, der für ein großes Magazin einen klugen und inspirierenden Essay schreiben soll.
- Stellen wir uns weiterhin vor, alle Befürchtungen würden tatsächlich wahr werden. Sie würden scheitern. Und zwar so richtig.
- Nehmen wir an, Sie hätten Ihrem Chefredakteur einen wirklich schlechten Artikel vorgelegt.
- Was würde passieren? Wahrscheinlich würde Ihr Chefredakteur den Artikel ablehnen und Ihnen sagen, dass er ihn schlecht findet.
- Wenn es dumm läuft, bekommen Sie eine Standpauke zu hören.
- Wenn es ganz dumm läuft, werden Sie sogar angebrüllt.
- Und fatal ist es, wenn Sie abgemahnt werden und um Ihren Arbeitsplatz fürchten müssen. Ja, dumm gelaufen. Aber kein Grund, zu verzweifeln.

Ordnen Sie die Situation ein. Einmal tief durchatmen, bitte! – Fragen Sie sich nun: Sind Sie verletzt worden? Seelisch vielleicht, aber körperlich ja wohl kaum. Mussten Sie ins Krankenhaus? Floss Blut? Haben Sie Schmerzen? Wurden Sie verfolgt, geschlagen und sonst wie misshandelt? Mussten Sie Angst um Ihr Leben ausstehen? Nein, all das blieb Ihnen erspart. Keine Frage: Es ist äußerst unangenehm, wenn Ihr Chefredakteur den Artikel für schlecht befindet und ablehnt. Das ist wirklich sehr bedauerlich. Aber es ist nicht tragisch. Tragisch wäre es, wenn Sie von einem Irren angeschossen werden, viel Blut verlieren, höllische Schmerzen haben und keinen Arzt finden. Tragisch wäre es, wenn Sie auf der Flucht aus einer Diktatur ausgeraubt und zusammengeschlagen werden würden. Für uns ist so eine Situation – zum Glück – weit weg.
Damit möchte ich Ihnen vor Augen führen, dass Sie auf einem hohen Niveau Angst haben. Es geht Ihnen verhältnismäßig gut auf dieser Welt. Sonst könnten Sie schließlich dieses Buch nicht lesen. Immerhin 780 Millionen Erwachsene auf der Welt konnten das 2017 nicht. Sie sind Analphabeten. Sorgen Sie dafür, Ihre Angst richtig einzuordnen und sich nicht von ihr verrückt machen zu lassen, weil sie laut, schrill und dramatisch ist.

Denken Sie den schlimmsten Fall zu Ende. Setzen wir unseren Gedankengang fort. Nehmen wir an, es läuft tatsächlich dramatisch schlecht für Sie. So schlecht, wie man es sich nur vorstellen kann.

- Nehmen wir also an, Ihr Chefredakteur würde ausrasten, Sie beschimpfen, mit Aktenordnern bewerfen und Ihnen einen Aufhebungsvertrag vorlegen.
- Sie unterschreiben und müssen unter Aufsicht in Ihr Büro zurückkehren, wo Ihnen genau fünf Minuten bleiben, um Ihre persönli-

Manche Dinge fühlen sich vielleicht an wie das Ende der Welt. Aber sie sind es nicht.

Überraschung:

Das Leben geht weiter.

chen Gegenstände in einem Umzugskarton zu verstauen. An Ihren Computer dürfen Sie nicht mehr.
- Sie verlassen das Gebäude und sind im wahrsten Sinne des Wortes raus. Sie sind gefeuert worden.

Wow. Das ist wirklich heftig. Aber überprüfen wir die Situation: Sind Sie verletzt? Bluten Sie? Haben Sie Schmerzen? Nein, Sie sind am Leben. Körperlich dürfte alles in Ordnung sein. Sicher, so ein Abgang ist ein Schock. Aber es ist nicht das Ende der Welt. Unbewusst haben Sie die Situation immer für so etwas wie den Tod gehalten. Doch das ist Unsinn. Tatsache ist: Sie haben gerade Ihren Job verloren, aber kein Bein. Halb so schlimm. Eine Tür geht zu, aber dafür geht eine andere auf. Zum Beispiel so:

- Sie gehen nach Hause.
- Sie erzählen Ihrer Familie, was passiert ist.
- Am Boden zerstört fallen Sie mit tausend Gedanken ins Bett.
- Am nächsten Morgen sieht die Welt schon wieder anders aus.
- Sie fassen neuen Mut. Der Chef war doch eh ein Trottel. Ein Choleriker. Ein Idiot, der keine Ahnung hat. Ein unfähiger Banause, der Sie als Mitarbeiter gar nicht verdient hat.
- Sie sind dankbar, dass es endlich vorbei ist. Nie wieder unangenehme Situationen mit dem Chef ausstehen müssen! Das ist super und ein Grund, sich zu freuen.
- Sie gehen auf Arbeitssuche. Sie schicken 40 Bewerbungen raus.
- 39-mal klappt es nicht, aber einmal schon.
- Ihr neuer Chef ist super. Er versteht Sie. Er weiß Ihre Arbeit zu schätzen.
- Sie bedauern, nicht schon früher gefeuert worden zu sein – oder selbst gekündigt zu haben.
- Alles gut. Und viel besser als vorher.

Sicher: Das ist jetzt positiv überzeichnet. Aber warum auch nicht? Sich den Idealfall auszudenken ist ebenso theoretisch, wie sich die drohende Kündigung vor Augen zu führen. Es geht darum, dem Gefühl von »Ich werde gefeuert und dann ist mein Leben zu Ende« ein anderes Gefühl entgegenzusetzen. Nämlich das Gefühl von: Kann schon sein, dass ich gefeuert werde, aber das wäre keine Belastung für mich, denn dann verbessere ich meine Situation vielleicht sogar. Angst vor dem Versagen muss ich nicht haben. Ich strenge mich an und gebe mein Bestes, mehr kann ich nicht tun.

Hinfallen ist nicht schlimm, wenn man wieder aufsteht. Fassen wir noch einmal zusammen:

- Ja, das weiße Blatt signalisiert eine Herausforderung. Es sagt: Ich bin weiß. Ich warte, von Deinen klugen Gedanken gefüllt zu werden.
- Ja, Sie können scheitern, wenn Sie nichts Gutes auf dem Blatt Papier zustande bringen.
- Aber dieses Scheitern wäre nicht tragisch. Sogar, wenn Sie Ihr Chef vor die Tür setzen würde, wäre das nicht das Ende. Es wäre äußerst bedauerlich, sicher. Aber Sie sind nicht mit Ihrem Chef verheiratet. Dann arbeiten Sie eben woanders. Sie haben keinen Arm verloren, nur einen Job. Also bitte: Nehmen Sie sich zusammen.
- Eine Niederlage (vor der Sie ja Angst haben) ist nur dann endgültig und schlimm, wenn Sie nicht bereits sind, sich wieder aufzurappeln. Wer hinfällt und wieder aufsteht, der steht am Ende stärker da als vorher. Es gibt einen schönen Satz von der Basketballlegende Michael Jordan: »Ich habe immer und immer wieder in meinem Leben versagt … das ist der Grund dafür, warum ich es schaffe.« Oder im Original: »I've failed over and over again in my life … and that is why I succeed.« – Also: Nur keine Angst vor der Angst!

So schalten Sie die ANGST AUS

Angst ist im Prinzip etwas Gutes. Sie ist die Alarmanlage des Menschen und fest in seiner DNA verankert. Sie warnt uns, wenn etwas nicht stimmt oder wenn uns etwas bedroht. Sie sorgt dafür, dass wir vorsichtig und nicht leichtsinnig sind. Sie ist wichtig für unser Überleben – auch noch heute, nach so vielen Jahren.

Wenn die Angst etwas Negatives wäre, würde es sie vermutlich nicht mehr geben. Unsere Angst hat sich bewährt.

Die Angst möchte uns also eigentlich nur helfen. Der Mensch hat seiner Angst zu einem guten Teil sein Überleben zu verdanken. Wir sollten also dankbar sein, dass sie ein Teil von uns ist, und nicht versuchen, sie endgültig loszuwerden. Das würde uns auch nur schwer gelingen, denn sie steckt schließlich in unseren Erbanlagen. Eine Alarmanlage, die losgeht, montieren Sie ja auch nicht ab und werfen sie anschließend auf den Müll. Einfach ausschalten reicht. Und das machen wir jetzt auch mit der Angst. In diesem Fall sagt sie: »Achtung, Achtung! Alarm, mein Lieber. Es besteht die Gefahr, dass Du an dieser Aufgabe scheiterst.«

Der Worst Case kann auch gut für Sie sein. Der Gedankengang eben, bei dem wir uns vorgestellt haben, gefeuert zu werden, hat am Ende

zu einer Situation geführt, die viel besser war als vorher. Im Prinzip müssten Sie sich freuen, den undankbaren Cholerikerchef los zu sein. Denken Sie ruhig positiv. Warum auch nicht? In Zukunft stehen Sie gedanklich nicht mehr vor dem Abgrund, denken nicht nur bis zur Kündigung, sondern darüber hinaus.
Mit anderen Worten: Sie haben eigentlich keinen Grund, so viel Angst vor den Folgen Ihres möglichen Versagens zu haben. Die Welt wird dadurch nicht untergehen. Sicher: Erstrebenswert ist das nicht. Aber es ist auch kein Beinbruch. Es besteht also kein rationaler Grund, Angst vor der Angst zu haben.

Machen Sie Ihren Frieden mit der Angst. Nehmen Sie die Angst als Teil Ihres Menschseins an. Schließen Sie Frieden mit ihr. Das Leben hat Höhen und Tiefen. Es ist wie das Wetter: mal gut, mal schlecht. Wie beim Wetter folgen auf schlechte Tage auch wieder gute. Ein Leben, bei dem alles super ist, gibt es nur im Fernsehen, aber nicht in der Wirklichkeit.
Angst haben ist also erst mal in Ordnung und normal. Da wir dieses Gefühl aber so nicht haben wollen, weil es uns von der Arbeit abhält, schalten wir es wie eine Alarmanlage aus. Wir denken nicht nur panisch bis zu unserer angeblichen Vernichtung, sondern darüber hinaus – und stellen fest, dass wir eigentlich gar keine Angst zu haben brauchen und uns entspannen können.

Sagen Sie der Angst Hallo. Wenn man mit der Angst in Kontakt kommt, dann ist der erste Impuls meistens Flucht. Man möchte das Angstgefühl vermeiden und versucht, ihr auszuweichen. Genau das Gegenteil ist sinnvoll. Besser ist es, sich der Angst zu stellen. Oder weniger pathetisch ausgedrückt: ihr guten Tag zu sagen. Überlegen Sie sich Folgendes. Die Angst ist nichts weiter als eine Alarmanlage, die eine Gefahr meldet. Diese Gefahr haben Sie gerade zu Ende gedacht. Sie haben festgestellt, dass im schlimmsten Fall nicht die Welt untergeht und Sie körperlich unversehrt bleiben werden. Mehr noch: Sollten Sie tatsächlich gefeuert werden, können Sie sich dadurch vielleicht sogar verbessern. Am Ende sind Sie vielleicht froh, dass es so gekommen ist. Der Worst Case muss also nicht zwingend schlecht für Sie sein.

Sie müssen keine Angst vor der Angst haben. Sie ist wie eine Alarmanlage, die Sie auf Gefahren hinweist und Ihnen helfen will.

Also: Wenn Ihnen die Angst begegnet, dann erinnern Sie sich daran, dass es sich um Ihre Alarmanlage handelt, die Sie auf eine mögliche Gefahr hinweisen will. Die Angst ist Ihr persönliches Frühwarnsystem. Seien Sie nicht schüchtern, und sprechen Sie Ihre Angst direkt an. Wünschen Sie ihr einen guten Tag, und weichen Sie ihr nicht aus, wenn Sie ihr begegnen. Das hat den Vorteil, dass Sie keine Zeit verlieren und sich sofort an Ihre Aufgabe herantrauen.

Zeit ist ein entscheidender Faktor. Je mehr Zeit Sie haben, desto höher ist die gefühlte Wahrscheinlichkeit für eine gute Lösung. Sie schneiden sich also ins eigene Fleisch, wenn Sie die Arbeit am Projekt hinauszögern. Wenn Sie warten, bauen Sie den Druck nicht ab, Sie erhöhen ihn sogar noch. Also: Beschäftigen Sie sich jetzt mit der Aufgabe. Je länger Sie zögern oder sich verstecken, desto schwieriger wird es. Setzen Sie sich dagegen an die Aufgabe, stärkt diese Tatsache allein schon Ihre Moral und motiviert Sie für mehr.

Wenn die Angst Sie also als eine Art Alarmanlage vor einer möglichen Niederlage warnt (in ihrer Hektik und Dramatik spricht sie sogar von einem »Tod«), dann antworten Sie ruhig:

Die Gedanken sind frei.

Sie haben die Wahl.

»Danke für den Hinweis, sehr freundlich. Aber ich stelle mich dieser Aufgabe jetzt trotzdem. Denn: Lösen muss ich das Problem ja sowieso. Wenn ich mich nicht damit beschäftige, mache ich es mir selbst noch schwerer, weil ich dann noch weniger Zeit dafür zur Verfügung habe. Also: Danke, aber ich löse diese Aufgabe jetzt. Und zwar erfolgreich! Du kannst Dich jetzt ausschalten, liebe Angst.«

Einen Ansatzpunkt finden. Eine Aufgabe kann so gewaltig und umfassend erscheinen, dass man gar nicht weiß, wo man die Sache anpacken soll. Man ist überwältigt und überfordert. Es ist, als wäre das Projekt ein gigantisches Paket, das so gewaltig ist, dass man gar nicht weiß, wo oben und wo unten ist. Man sieht nicht, wo man es anpacken soll. Das Projekt erscheint wie eine Kugel, die so glitschig ist, dass sie einem immer wieder aus den Händen gleitet. Dabei liegt es nicht etwa an mangelnder Vorbereitung, dass man nicht loslegen kann, im Gegenteil! Man hat so viel Wissen im Kopf, dass man einen ganzen Roman über das Thema schreiben könnte – wenn man doch nur einen Anfang finden würde! Doch das ist ein großes Problem. Der Anfang ist das Schwierigste überhaupt und will einfach nicht gelingen.

In diesem Fall empfehle ich Ihnen zunächst, die Aufgabe grundsätzlich zu durchdenken. Arbeiten Sie sich Stück für Stück an den Anfang heran. Fragen Sie sich zum Beispiel:

- Um welches Thema geht es?
- Was ist das Ziel des Projekts?
- Wer ist die Zielgruppe?
- Wer ist der Absender?
- Wie lautet die Botschaft?
- Welche Tonalität ist gewünscht?

Wenn diese Fragen klar sind, dann versuchen Sie, die Aufgabe in einem einzigen Satz zusammenzufassen. Schreiben Sie den Satz auf – und schon haben Sie angefangen und den ersten Schritt gemacht. Erinnern Sie sich an den wichtigsten Grundsatz zum Thema Anfangen: Hauptsache, Sie fangen an. Wie ist egal. Lieber schlecht anfangen als gar nicht. Verbessern können Sie sich später immer noch. Entscheidend ist, erst mal in den Fluss zu kommen.
Erscheint Ihnen das Projekt oder die Aufgabe noch immer zu groß, dann unterteilen Sie es in Teilprojekte bzw. Teilaufgaben. Erstellen Sie eine Zeichnung, wie die Teile zusammenhängen.

Von der anderen Seite der Angst denken. Die andere Seite der Angst ist das Gefühl der Vorfreude auf den Erfolg. Das heißt: Noch besser, als seine Angst bis zu einem positiven Punkt weiterzudenken (etwa ein besseres Arbeitsumfeld nach der Kündigung), ist es, keinen angstvollen Gedanken nachzuhängen, sondern sich auf einen Erfolg zu freuen. Gehen Sie davon aus, dass das Blatt nicht leer bleibt und Sie sich eine exzellente Lösung erarbeiten werden. Freuen Sie sich darauf. Klar: Einfach wird es nicht. Aber wenn Sie einige Dinge beachten, stehen die Chancen ausgesprochen gut. Es ist Ihre freie Entscheidung, ob Sie negative oder positive Gedanken haben wollen.

× × ×

In 10 Schritten zum Ziel

SO KOMMEN SIE EFFIZIENT UND SICHER AN

Auf GEHT'S!

Vielleicht geht es Ihnen ein bisschen wie mir: Wenn ich ein Buch gelesen habe, kann ich mich hinterher nicht mehr an alles erinnern. Einige Punkte sind noch im Kopf, andere verblassen langsam, und wieder andere habe ich bereits vergessen. Damit Sie dieses Buch nicht noch einmal durcharbeiten müssen, habe ich dieses Kapitel eingefügt, um hier die wichtigsten Punkte für Sie in einer praktischen Schritt-für-Schritt-Anleitung zusammenzufassen.
Begeben wir uns auf eine gedankliche Simulation der Situation, um die es in diesem Buch im Wesentlichen geht: Sie haben eine Aufgabe und müssen sie lösen. Also ran an den Speck! So gelangen Sie in 10 Schritten ans Ziel.

- Schritt 1: Finden Sie einen Grund, einfach anzufangen.
- Schritt 2: Entwickeln Sie eine Vision und eine Haltung.
- Schritt 3: Zeichnen Sie eine Orientierungskarte.
- Schritt 4: Stellen Sie Handlungspläne auf.
- Schritt 5: Reduzieren Sie Ablenkungen.
- Schritt 6: Fangen Sie einfach an.
- Schritt 7: Machen Sie die Aufschieberitis unschädlich.
- Schritt 8: Begegnen Sie dem leeren Blatt gelassen.
- Schritt 9: Fokussieren Sie sich auf Ihr Projekt.
- Schritt 10: Bleiben Sie entspannt.

SCHRITT 1 Finden Sie einen Grund, einfach anzufangen

Gehen Sie auf Traumsuche, und überlegen Sie sich ein Traumbild. Es sollte so begehrenswert für Sie sein, dass Sie motiviert sind, sich zu überwinden und loszulegen. Was verändert die Perspektive von »Ich muss das machen« zu »Ich will das machen«?

Setzen Sie sich ein ambitioniertes, hohes Ziel, das aber realistisch ist. Sie sollten dadurch herausgefordert werden, aber auch das Gefühl haben, es wirklich schaffen zu können.

Achten Sie darauf, dass Sie das Ziel aus eigener Kraft erreichen können. Sie sollten dabei nicht abhängig sein von anderen Personen oder vom Zufall bzw. Schicksal.

Setzen Sie sich Termine. Legen Sie schriftlich und so konkret wie möglich fest, bis wann Sie diesen Traum umsetzen wollen.

Erwecken Sie Ihr Traumbild zum Leben. Denken Sie sich eine Szene oder eine kurze Geschichte aus, die diesen Traum zum Ausdruck bringt.

Beschreiben Sie das Bild so detailliert wie möglich. Sprechen Sie dabei alle Sinne an: Was hören, fühlen, sehen, schmecken, riechen Sie in dieser Situation? Schreiben Sie in der Jetzt-Zeit, so, als würde die Handlung jetzt gerade ablaufen. Beziehen Sie Details ein, das macht das Bild noch realistischer. Sie können das Bild mit Worten darstellen, als

Skizze oder auch als Film in Ihrem Kopf. Arbeiten Sie so lange daran, bis Sie sich die Szene wirklich lebhaft vorstellen können.

Schmücken Sie das Traumbild mit Fotos, Zeichnungen und anderen Dingen aus. Fassen Sie alles in einem Umschlag, einer Mappe oder in einem Aktenordner zusammen. Dieses Material hilft Ihnen, sich das Bild einzuprägen.

Erinnern Sie sich immer wieder an Ihr Traumbild. Zum Beispiel, indem Sie es als Bildschirmhintergrund auf Ihrem Computer, Tablet und Smartphone speichern. Sehen Sie sich Ihren Text und die Bilder mindestens einmal am Tag an, um Ihr Bild im Kopf zu verankern.

Hinterfragen Sie Ihr Traumbild ab und zu. Ist es noch das, was Sie wirklich wollen? Oder haben Sie inzwischen einen neuen Traum, der Sie weitaus stärker motivieren würde? Traumbilder sind nicht unveränderlich in Stein gemeißelt, im Gegenteil. Es ist ganz normal, wenn sich Ihr Traum verändert. Halten Sie also nicht starr an einem Bild fest, sondern verändern Sie es, wenn nötig, flexibel. Das Ziel ist, sich zu motivieren.

SCHRITT 2 Entwickeln Sie eine Vision und eine Haltung

Ordnen Sie das Traumbild ein. Es ist eine Zwischenstation zu einer noch größeren Vision. Denken Sie groß und langfristig. Sehen Sie die Vision wie eine Art Lebensentwurf. Was ist Ihre große Vision?

Machen Sie Termine. Legen Sie konkret fest, bis wann Sie Ihre Vision umsetzen wollen.

Erwecken Sie Ihre Vision zum Leben. Malen Sie sie sich so deutlich wie möglich aus. Schmücken Sie Ihre Vision so detailliert aus, wie Sie können. Beziehen Sie alle Sinne mit ein. Nutzen Sie Materialien wie Bilder und Skizzen, um es sich klar vorstellen zu können.

Ordnen Sie dieses Material ein. Verwenden Sie ebenfalls wieder den Umschlag, die Mappe oder den Aktenordner.

Erinnern Sie sich an Ihr Traumbild. Finden Sie eine Möglichkeit, sich diese Vision mindestens einmal am Tag vor Augen zu führen.

Leiten Sie aus dem Traumbild und Ihrer Vision eine Haltung ab. Was bedeutet das für Sie? Wer müssen Sie sein, um die Ziele zu erreichen?

Überprüfen Sie das Traumbild. Kontrollieren Sie regelmäßig, ob Sie noch das richtige Traumbild und die richtige Vision verfolgen oder ob Ihr Herz längst an etwas anderem hängt.

SCHRITT 3 Zeichnen Sie eine Orientierungskarte

Tragen Sie Ihre Vision und Ihr Traumbild in die Karte ein. Finden Sie ein Symbol, eine Skizze und Stichworte, die Vision und Traumbild auf den Punkt bringen.

Wie muss Ihre Haltung sein? Halten Sie auch fest, welche Haltung Sie einnehmen müssen, um Ihre Ziele erreichen zu können.

Ergreifen Sie nun Maßnahmen. Leiten Sie daraus ab, welche Maßnahmen Sie ergreifen müssen, um Ihre Ziele zu erreichen. Halten Sie diese Maßnahmen stichpunktartig fest. Planen Sie noch keine Details, die sind im Handlungsplan besser aufgehoben.

Betrachten Sie Ihre Orientierungskarte regelmäßig. Mindestens einmal am Tag. Prägen Sie sie sich gut ein. Das ist Ihr Kompass, der Ihnen immer sagt, wie Sie am besten reagieren und was Sie eigentlich wollen.

SCHRITT 4 Stellen Sie Handlungspläne auf

Legen Sie das Timing fest. Bestimmen Sie, bis wann Sie Ihr Projekt beenden wollen. Überlegen Sie sich, was Sie am Tag leisten müssen, um im Zeitplan zu bleiben.

Tragen Sie Termine ein. Tragen Sie Datum, Uhrzeit der Arbeitseinheiten und die angestrebte Leistung pro Tag in den Handlungsplan ein.

Nutzen Sie den Trick »Vorsprung«. Planen Sie für den ersten Tag keine Leistung ein. So können Sie ganz ohne Druck anfangen und haben am Ende des Tages das gute Gefühl, sich einen Vorsprung herausgearbeitet zu haben.

Nutzen Sie den Trick »Wachsender Vorsprung«. Versuchen Sie, einen wachsenden Vorsprung zu schaffen und sich dadurch jeden Tag zu motivieren, noch mehr zu erreichen.

Nutzen Sie Gamification-Elemente. Etwa eine Fortschrittsanzeige, die Sie mit Leuchtstift aktivieren und nach getaner Arbeit durchstreichen und abhaken können. Feiern Sie nach der Hälfte des Weges ein Bergfest, und motivieren Sie sich mit einem Belohnungssystem.

Nutzen Sie den Schwung und die Freude, die durch Ihren Vorsprung entsteht. Sehen Sie sich an der Spitze einer Erfolgswelle.

Machen Sie regelmäßig Pausen. So können Sie den Tag effizient nutzen und werden nicht irgendwann auf dem Zahnfleisch gehen. 5 Minuten Minipause nach 45 Minuten. 15 Minuten Kaffeepause nach 2 Stunden. 60 Minuten Erholungspause nach 4 Stunden.

Musik hilft! Probieren Sie aus, sich zusätzlich durch Musik und Filme zu motivieren.

SCHRITT 5 Reduzieren Sie Ablenkungen

Lassen Sie sich nicht durch Gedanken an unerfüllte Aufgaben und Termine ablenken. Damit Sie Ihr Unterbewusstsein nicht willkürlich daran erinnert, lagern Sie diese Gedanken an einen Terminkalender aus. Sie müssen ihn aber regelmäßig durchgehen, sonst funktioniert das nicht. Listen Sie unerfüllte Aufgaben auf, und schließen Sie sie ab. Dann müssen Sie auch nicht mehr daran denken.

Süchtig nach E-Mails, Online-News und Social Media? Machen Sie diese Sucht zu einem Vorteil, und nutzen Sie sie als Belohnung für erfüllte Aufgaben.

Lassen Sie sich helfen. Probieren Sie Apps und Programme aus, die bestimmte Onlineseiten blockieren und Ihnen helfen, sich nicht ablenken zu lassen. Zum Beispiel: Freedom, Offtime, Productivity Owl und Writer's Block.

Bieten Sie Ihrem Geist nur die Aufgabe an. Keine Ablenkung. Kein Facebook, keinen Kaffeeklatsch, keine Mails, kein Telefon, kein WhatsApp, nichts. Am besten, Sie entfernen alles von Ihrem Arbeitsplatz, was Sie ablenken könnte.

Schaffen Sie in allen Lebensbereichen Ordnung. Vom Büro über die Küche bis hin zum Keller und Ihrem Kopf.

Beseitigen Sie Unklarkeiten sofort. Nehmen Sie berufliche Aufgaben nur an, wenn Ihnen das Briefing wirklich klar ist. Ansonsten stellen Sie sofort Fragen, um die Unklarheiten zu beseitigen.

Sorgen Sie dafür, dass Sie an Ihrem Arbeitsplatz gut arbeiten können. Wenn es zu laut ist, versuchen Sie mit Ohrstöpseln, Schallschutzkopfhörern, Musik oder Apps wie »Relax Melodies« eine ruhige Arbeitsatmosphäre zu schaffen.

Wenn Ihnen das nicht gelingt: Verlagern Sie Ihren Arbeitsplatz. Gehen Sie in ein Café, eine Hotellobby, nach Hause, in den Park etc. Leiden Sie nicht still vor sich hin, nehmen Sie die Sache selbst in die Hand.

Ein Ritual hilft. Legen Sie sich ein Ritual zurecht, das Sie automatisch und ohne Umwege zu Ihrem Projekt führt.

Freude reduziert ebenfalls Ablenkungen aller Art. Versuchen Sie, dem Projekt etwas Positives abzugewinnen. Betrachten Sie die Aufgabe wie ein Detektiv von allen Seiten. Fragen Sie sich: Was ist für mich drin? Wie kann ich das Projekt für mich nutzen? Erinnern Sie sich an die Mohrrübe, an das Wunschbild. Denken Sie nicht an die Schwierigkeiten auf dem Weg zur Lösung, sondern an das großartige Ergebnis.

Probieren Sie aus, früh am Morgen zu arbeiten, wenn andere noch schlafen. Erstellen Sie dazu Ihren Handlungsplan möglichst schon am Vorabend. Priorisieren Sie den Plan, und beginnen Sie mit der wichtigsten Aufgabe des Tages.

SCHRITT 6 Fangen Sie einfach an

Fassen Sie die Aufgabe in einem einzigen Satz zusammen. Schreiben Sie ihn auf ein Blatt. Und schon haben Sie angefangen.

Bleiben Sie sitzen. Stellen Sie sich vor, Ihr Hosenboden wäre mit Sekundenkleber am Stuhl befestigt. Sie können nicht weg, Sie müssen sitzen bleiben. Und zwar so lange, bis Sie eine exzellente Lösung gefunden haben bzw. bei Ihrem Projekt weitergekommen sind.

Gehen Sie die folgenden Strategien durch. Wählen Sie die Strategie, die Ihnen am meisten zusagt. Allen gemeinsam ist, dass sie Ihnen helfen, in den Prozess hineinzufinden. Es geht an dieser Stelle nicht darum, eine geniale Lösung zu finden. Es geht einzig und allein darum, einfach anzufangen.

Die Strategie des schwachen Anfangs. Gehen Sie erst völlig ambitionslos an die Aufgabe heran. Wie würde eine wirklich schwache Lösung aussehen? Der Trick: Sie haben sich zwar nur eine schlechte Lösung einfallen lassen, aber Sie haben immerhin angefangen! Versuchen Sie nun, Ihr Ergebnis zu steigern und sich in kleinen Schritten immer bessere Ideen einfallen zu lassen.

Die Strategie »Das nehme ich persönlich«. Stellen Sie sich vor, die Aufgabe nicht im Auftrag eines anderen zu erledigen, sondern selbst dieser Auftraggeber zu sein. Tun Sie so, als würden Sie selbst das unternehmerische Risiko tragen. Plötzlich fühlt sich das Ganze völlig anders an. Das Engagement ist deutlich höher, wenn Ihr eigenes Ansehen und Geld an diesem Projekt hängt.

Die Strategie »Alternativer Anfang«. Wenn es schwierig für Sie ist, sich mit der Lösung zu beschäftigen, dann fangen Sie eben mit etwas anderem an. Arbeiten Sie die Hintergründe weiter aus. Beschäftigen Sie sich zum Beispiel intensiv mit der Zielgruppe: Wer ist das? Was wollen diese Leute? Was denken sie? Was ist relevant für sie? Auf diese Weise kommen Sie irgendwann unbewusst auch mit der Lösung in Berührung.

Die Strategie »Andere Perspektive«. Versetzen Sie sich in eine andere Person, und fragen Sie sich, wie zum Beispiel Ihr Chef, der Firmengründer oder Ihr Ausbilder die Aufgabe angehen würde. Wie würde Ihr fähigster Konkurrent herangehen? Welche Lösung würde der Beste Ihres Fachs wohl präsentieren? Zur Auflockerung: Was würde einem Praktikanten einfallen? Was wäre Ihnen selbst eingefallen, als Sie noch Praktikant waren?

Die Strategie »Assoziieren«. Nehmen Sie den Aufgabensatz als Ausgangsbasis, und notieren Sie sich alles, was Ihnen spontan dazu einfällt. Seien Sie nicht kritisch mit Ihren Gedanken. Auch hier geht es darum, den Prozess in Gang zu setzen.

Die Strategie »Mindwriting«. Schreiben Sie auf, was Sie denken. Lassen Sie nichts aus, notieren Sie alles, was Ihnen in den Sinn kommt, Ihren ganzen Gedankenfluss. Auf diese Weise kommt der Denkprozess besser in Gang, und das weiße Blatt verschwindet zügig. Trick: Stellen Sie sich selbst Fragen. Es geht nicht darum, nur kluge Gedanken aufzuzeichnen. Das Mindwriting ist eher ein Hilfsmittel, um den Gedankenfluss anzukurbeln und sich selbst zu zeigen, dass man unterwegs zur Lösung ist.

Die Strategie »Künstlicher Zeitdruck«. Um mehr Dampf im Kessel zu erzeugen, können Sie sich unter einen künstlichen Zeitdruck setzen. Schließlich macht nichts träger, als zu viel Zeit zu haben. Wenn das Projekt also noch drei Monate Zeit hat, dann geben Sie sich drei Wochen. Und schon gibt es einen Grund, nicht irgendwann loszulegen, sondern sofort.

Die Strategie »60 Minuten«. Heute ist nicht Ihr Tag? Nichts geht? Schließen Sie einen Pakt mit sich: Geben Sie 60 Minuten Vollgas, und lassen Sie es dann für heute gut sein. Wer weiß, vielleicht kommen Sie in den 60 Minuten auf den Geschmack und haben wieder Lust, weiterzuarbeiten.

Die Strategie »Nur noch bis«. Zerlegen Sie Ihr Ziel in viele Miniziele. Sagen Sie: Nur noch bis zum Miniziel. Haben Sie das Ziel erreicht, sagen Sie: Nur noch bis zum nächsten Miniziel. Und so weiter.

Die Strategie »Arbeitszeitrestriktion«. Definieren Sie zwei gleich lange Zeitfenster, die mindestens 20 Minuten auseinanderliegen müssen. In diesen Zeitfenstern dürfen Sie arbeiten, sonst nicht. Beginnen Sie zum Beispiel mit jeweils zwei Stunden, je nach Aufgabe. Die Dauer der Zeitfenster für die nächste Sitzung berechnet sich aus der Effizienz der letzten Sitzung. Dieser Effizienzwert ergibt sich so: Tatsächliche Arbeitszeit x 100 : Geplante Arbeitszeit. Erst bei einer Effizienz zwischen 51 und 75 Prozent darf die Arbeitszeit um 25 Prozent erhöht werden. Bei einer Effizienz von 76 Prozent und mehr darf die Arbeitszeit um 50 Prozent erhöht werden. Sie bestimmen selbst, ob Sie die Arbeitszeit anheben wollen oder nicht.

Die Strategie »Arbeitszeitrestriktion mit Energie«. Ziehen Sie den Stecker Ihres Notebooks heraus, und stellen Sie sich vor, für die Bearbeitung Ihres Projekts nur noch diese Energie zur Verfügung zu haben. Ein Wiederaufladen ist nicht möglich. Das zwingt Sie, sofort loszulegen und Gas zu geben.

Die Strategie »Sozialer Druck«. Erklären Sie vor Publikum, so konkret und verbindlich wie möglich, was Sie vorhaben. Achten Sie dabei darauf, sich keine Hintertür offen zu lassen. Noch stärker wird die Methode, wenn Sie mit jemandem wetten, dass Sie es schaffen, und einen Wetteinsatz festlegen, den Sie auf keinen Fall einlösen möchten. Zum Beispiel: Ich laufe am 15. Mai beim Stadtlauf mit oder ich färbe mir die Haare zwei Wochen lang komplett grün.

Die Strategie »Gemeinsam mehr erreichen«. Legen Sie Ihr Ziel so konkret fest wie möglich (Was wollen Sie wie, wo und bis wann erreichen?). Suchen Sie sich Weggefährten, die Ihr Ziel teilen. Versuchen Sie, eine Gruppe zu bilden, die sich gegenseitig stützt, mitzieht und motiviert.

Die Strategie »Wettbewerb«. Überlegen Sie, wer ein gleichwertiger Gegner auf Augenhöhe wäre, bei dem Sie sich wirklich anstrengen müssten, um besser zu sein. Laden Sie ihn oder sie ein, sich an der Lösung zu beteiligen. Sie können auch mehrere Personen fragen. Zu viele sollten es aber nicht sein. Ich halte maximal vier für sinnvoll. Geben Sie Vollgas! Wenn Sie die beste Lösung erarbeitet haben: Herzlichen Glückwunsch! Ist der oder die andere besser: Ebenfalls herzlichen Glückwunsch! Ist doch toll: Sie haben ein exzellentes Ergebnis. Zeigen Sie sich fair, und sorgen Sie dafür, dass die Lösung nicht als Ihre Idee wahrgenommen wird.

Die Strategie »Persönlicher Coach«. Googeln Sie nach Suchwörtern wie Coach, Berater, Dr, Prof, Experte oder Klinik, und klicken Sie anschließend auf »Bilder«, um eine Auswahl an Fotos zu bekommen. Gehen Sie die Personen der Reihe nach in Ruhe durch. Wer ist Ihnen spontan sympathisch? Wer erscheint kompetent? Picken Sie sich Ihren persönlichen Berater oder Ihre persönliche Beraterin heraus. Betrachten Sie das Foto, und designen Sie sich nun die Persönlichkeit Ihres Beraters. Wie heißt er? Welchen fachlichen Hintergrund hat er? Gibt es bestimmte Besonderheiten und Macken? Wie sieht seine Vita aus? Schildern Sie Ihrem Experten nun Ihr Problem und Ihre Situation. Betrachten Sie das Bild, und überlegen Sie, was er wohl sagen würde. Vertrauen Sie darauf, dass Sie klüger sind, als Sie ahnen, und dass die Methode funktioniert.

Beobachten Sie sich selbst. Legen Sie ein Notizbuch mit Ihren Erfahrungen an. Reflektieren Sie, was Sie erleben und empfinden, wenn Sie Ihr Projekt anfangen und daran arbeiten.

Bewerten Sie Ihre Handlungspläne. Schreiben Sie nach jeder Arbeitseinheit auf, was Sie von Ihren Vorsätzen umgesetzt haben. Reflektieren Sie, wie es lief. Was war gut? Was war schwierig?

Vor **schwierigen** Situationen muss man nur dann Angst haben, **wenn man nicht auf sie** vorbereitet **ist.**

SCHRITT 7 Machen Sie die Aufschieberitis unschädlich

Machen Sie sich bewusst, dass es das Ziel der Aufschieberitis ist, dafür zu sorgen, dass Sie *jetzt* nicht anfangen. Die Aufschieberitis verspricht alles, nur damit Sie Ihr Projekt auf später verschieben. Das ist ihr Prinzip. Sie zu erkennen und zu enttarnen, ist schon der erste Schritt, sie unschädlich zu machen. Nutzen Sie die folgenden Strategien, um an Ihrem Plan festzuhalten.

Die Strategie »Gedanklich beide Wege durchspielen«. Sie haben immer die Wahl. Sie können der Aufschieberitis folgen oder Ihrem Projekt. Denken Sie beide möglichen Entscheidungen zu Ende, und fragen Sie sich, mit welcher von beiden Sie sich besser fühlen. Ein Trick, um sich Zeit für das Durchdenken nehmen zu können und nicht sofort der Versuchung zu erliegen: Leichter fällt es Ihnen, in diesem Moment nicht sofort der Aufschieberitis zu folgen, wenn Sie etwas anderes Hochbegehrliches dazwischenschieben. Zum Beispiel einen Espresso, einen Kaffee oder eine Süßigkeit. Erkaufen Sie sich Zeit.

Die Strategie »Angeblich zustimmen«. Geben Sie der Aufschieberitis in allen Punkten absolut recht, und stimmen Sie ihr hundertprozentig zu. Das bringt die Aufschieberitis zum Schweigen. Während Sie also Ihre Ruhe haben, setzen Sie sich an den Schreibtisch und fangen sofort mit Ihrem Projekt an. Das ist etwas, was man als den sofortigen finalen Todesstoß der Aufschieberitis bezeichnen kann. Nicht einfach umzusetzen, aber sehr wirksam.

Die Strategie »Plan und Gamification«. Wenn Ihnen die Aufschieberitis einreden möchte, dass Sie es sich locker erlauben können, die Arbeit an Ihrem Projekt auf morgen zu verschieben, dann schauen Sie auf Ihren Handlungsplan, ob das wirklich stimmt. Einen Menschen kann man bequatschen, einen Plan nicht.

Die Strategie »Zustimmen und dabei den Plan enthüllen«. Stimmen Sie der Aufschieberitis zu, decken Sie dabei aber gleichzeitig ihren Plan auf. Auf diese Weise sprechen Sie unumwunden aus, was die Aufschieberitis insgeheim beabsichtigt. Darin liegt eine befreiende Kraft.

Die Strategie »Gleich, gleich«. Bei dieser Strategie stimmen Sie den Argumenten der Aufschieberitis zu, um sie zum Schweigen zu bringen. In Wirklichkeit verfolgen Sie jedoch das Ziel, sich mit der »Nur noch ein kleines Stückchen«-Methode weiter voranzukämpfen. Halten Sie die Aufschieberitis immer wieder aufs Neue hin. »Gleich komme ich Deinen Wünschen nach, liebe Aufschieberitis. Gleich mache ich, was Du willst. Vorher muss ich nur noch dieses und jenes an meinem Projekt machen. Aber dann geht's sofort los. Ja, sicher, gleich, gleich.«

Die Strategie »Ich könnte, aber ich will jetzt nicht«. Sich Dinge konsequent zu verbieten, ist häufig keine clevere Strategie. Denn damit machen wir sie nur umso begehrlicher für uns. Sagen Sie lieber, dass Sie das durchaus tun könnten, was die Aufschieberitis vorschlägt, es aber jetzt gerade nicht tun wollen. Verbieten Sie sich nichts. Sagen Sie nur: Ja, könnte ich machen, will ich jetzt aber gerade nicht. Vielleicht später. Jetzt aber nicht.

Die Strategie »Ich diskutiere nicht«. Diese Haltung ist simpel und radikal. Sagen Sie einfach zur Aufschieberitis: »Darüber diskutiere ich nicht.« Punkt. Ende. Aus. fertig. Ganz gleich, was die Aufschieberitis auch versucht – bleiben Sie bei Ihrer Haltung, und machen Sie nicht den Fehler, auf Argumente einzugehen. Antworten Sie immer gleich: »Darüber diskutiere ich nicht.« Sobald Sie auf einen Punkt der Aufschieberitis eingehen, stehen Ihre Chancen deutlich schlechter. Die Aufschieberitis hat dann wieder einen Fuß in der Tür.

Die Strategie »Festungswall«. Betrachten Sie Ihr Arbeitspensum wie den Auftrag, einen gewaltigen Festungswall gegen anstürmende Horden zu verteidigen. 100 Prozent der geplanten Leistung bedeuten, dass Sie die Mauern vor allen Angreifern verteidigen können. Aber schon bei 5 Prozent fehlender Leistung haben es Angreifer über den Wall geschafft. Ihr Ziel in diesem Abenteuerspiel ist es, alle Angreifer zurückzuschlagen (Gamification).

Die Strategie »Ablenkung von der Ablenkung«. Versuchen Sie eine Routine zu entwickeln, um direkt in den Flow zu kommen. Wenn Sie sich ganz in Ihr Projekt versenken, nehmen Sie Ablenkungen durch die Aufschieberitis gar nicht mehr wahr.

Die Strategie »Weitblick«. Sehen Sie in den Spiegel. Machen Sie sich bewusst, dass Ihre Zeit auf der Welt begrenzt ist. Fragen Sie sich, was Sie mit Ihrer Zeit anfangen wollen. Was wollen Sie heute mit Ihrer Zeit anfangen? Bieten Sie sich zwei Möglichkeiten an. Zum Beispiel Fernsehen schauen oder eine Sprache lernen. Playstation spielen oder zum Sport gehen. Mit der besten Freundin telefonieren oder an Ihrem Projekt arbeiten. Entscheiden Sie sich, wie Sie jetzt Ihre Zeit nutzen möchten.

Die Idee »Noch 1 Jahr«. Fragen Sie sich, wie Sie sich verhalten würden, wenn Sie nur noch ein einziges Jahr zu leben hätten. Wie würden Sie sich verändern? Hätte Sie weiterhin Probleme, Ihre Projekte anzugehen? Oder würde Ihnen plötzlich bewusst werden, wie kostbar jeder einzelne Tag ist?

Die Strategie »Zerstörte Brücke«. Reden Sie sich um Kopf und Kragen. Attackieren Sie die Aussagen der Aufschieberitis emotional und so entschieden, dass Sie nicht mehr diesen Wünschen nachkommen können, ohne das Gesicht zu verlieren.

Die Strategie »Verkehrte Welt«. Verwirren Sie die Aufschieberitis, indem Sie behaupten, etwas eigentlich Lästiges sei in Wirklichkeit Ihre große Leidenschaft.

Die Strategie »Bessere Alternative«. Sie können sich nicht mehr beherrschen? Dann greifen Sie zu. Aber zu einer besseren Alternative. Zum Beispiel: gesunder Shake statt Kuchen.

Die Strategie »Zu faul, um zu sündigen«. Verbünden Sie sich mit Ihrer Faulheit gegen die Aufschieberitis. Erklären Sie auf jeden Vorschlag der Aufschieberitis, der eine Tätigkeit von Ihnen verlangt: »Ach nö, das ist mir jetzt zu anstrengend, lass mal gut sein.«

Die Strategie »Belohnung«. Wenn der Druck der Aufschieberitis zu groß wird, dann geben Sie nach. Machen Sie eine Pause, und nutzen Sie sie als Belohnung. Machen Sie aber sofort klar, dass Sie um eine bestimmte Uhrzeit weiter an Ihrem Projekt arbeiten werden, um den Tagesplan erfüllen zu können.

Lesen Sie in Kapitel 7. Wie können Sie auf beliebte Argumente und Aussagen der Aufschieberitis reagieren?

Nutzen Sie Ihre Orientierungskarte und Ihren Handlungsplan als Hilfsmittel gegen die Aufschieberitis. Vertrauen Sie diesen beiden Dingen, und halten Sie sich konsequent an Ihre Pläne und Ziele.

Legen Sie sich einen Eine-Sekunde-Schutzschild zu. Das Prinzip ist, sich einen Gedanken zurechtzulegen, der Sie in schwachen Momenten vor der Aufschieberitis schützt. Die »eine Sekunde« soll deutlich machen, dass der Gedanke schnell und einfach sein muss. Wenn die Aufschieberitis aus dem Hinterhalt angreift, haben Sie keine Zeit für lange Volksreden. Ein Gedanke – mehr Zeit bleibt nicht. Dieser Gedanke kann zum Beispiel Ihr Traumbild oder Ihre Vision oder auch etwas anderes sein.

Führen Sie ein Erfolgsbüchlein. Hier tragen Sie ein, was Ihnen bereits gut gelungen ist. In schwachen Momenten kann Sie diese Zusammenstellung motivieren, nicht aufzugeben. Sie sehen doch, dass Sie es können. Also: Bleiben Sie dran, bleiben Sie stark.

SCHRITT 8 Begegnen Sie dem leeren Blatt gelassen

Angst führt zum Wunsch, wegzulaufen oder unangenehme Dinge zu verdrängen. Angst lähmt uns. Aber weglaufen oder starr dasitzen, das bringt uns nicht weiter. Also: Stellen Sie sich der Angst.

Denken Sie den schlimmsten Fall zu Ende, der eintreten kann. Machen Sie sich bewusst, dass die Sache halb so wild ist und sich sogar eine bessere Situation als vorher daraus ergeben kann.

Machen Sie sich bewusst, dass die Angst nur eine Art Alarmanlage ist, die Sie auf etwas hinweisen möchte. Sagen Sie der Angst Hallo, und schalten Sie diese Alarmanlage aus:»Danke für den Hinweis, sehr freundlich. Aber ich stelle mich dieser Aufgabe jetzt trotzdem. Denn: Lösen muss ich das Problem ja sowieso. Wenn ich mich nicht damit beschäftige, mache ich es mir selbst nur noch schwerer. Also: Danke, aber ich löse diese Aufgabe jetzt. Und zwar erfolgreich! Du kannst Dich jetzt ausschalten, liebe Angst.«

Finden Sie einen Ansatzpunkt, um die Aufgabe angehen zu können. Versuchen Sie, die Aufgabe in einem Satz zusammenzufassen. Wenn die Aufgabe zu groß erscheint, zerlegen Sie sie in Teilprojekte.

Denken Sie von der anderen Seite der Angst. Aus dem Projekt können sich großartige, positive Folgen für Sie ergeben. Versuchen Sie, der Angst eine positive Vision entgegenzustellen.

SCHRITT 9 Fokussieren Sie sich auf Ihr Projekt

Vergewissern Sie sich, dass Sie alle Ablenkungen beseitigt haben. Lenken Sie Ihre Aufmerksamkeit auf Ihre Aufgabe.

Ihr Geist steuert Ihre Aufmerksamkeit, Sie steuern Ihren Geist. Wenn Sie merken, dass Ihre Gedanken zu einem anderen Thema abschweifen, dann lenken Sie sie sanft wieder zurück zur Aufgabe.

Bleiben Sie sitzen. Und zwar so lange, bis Sie eine gute Lösung gefunden haben.

SCHRITT 10 Bleiben Sie entspannt.

Wenn es nicht so läuft, wie Sie wollen. Es bringt nichts, sich aufzuregen oder sich in etwas hineinzusteigern. Keine Panik. Bleiben Sie gelassen, ruhig und entspannt. Seien Sie großzügig mit sich. Machen Sie sich keine Vorwürfe. Sie sind kein Roboter. Und außerdem: Nobody is perfect.

Bei einer Schreibhemmung. Nur keine Panik. Lesen Sie bitte am Ende von Kapitel 5, was zu tun ist.

Wenn nichts mehr geht. Gehen Sie. In den Park. Ins Kino. Ins Café. In eine Buchhandlung. Oder nach Hause. Mit Druck richten Sie wenig aus. Geben Sie Ihrem Kopf die Chance, sich mit etwas anderem beschäftigen zu können und auf andere Gedanken zu kommen. Lenken Sie sich ab. So wird Ihr Kopf wieder frei, und Sie können einen neuen Anlauf starten.

Legen Sie den unbedingten Willen ab, sich jetzt gewaltig anstrengen zu müssen. Dieser Versuch ist verständlich, weil Sie damit hoffen, das Problem unter Kontrolle zu haben. Lassen Sie sich auf das Gegenteil ein: den Kontrollverlust. Versuchen Sie, wie ein Fluss zu sein. Ein Fluss fließt einfach, er bemüht sich nicht, er folgt keinem eisernen Willen, er tut es einfach. Geben Sie sich also keine unbedingte Mühe, lassen Sie es einfach geschehen. Konzentrieren Sie sich entspannt auf die Aufgabe, und fangen Sie an.

09

Dranbleiben und auch wieder aufhören

SO MACHEN SIE NACH DEM ANFANGEN WEITER

Hören Sie nie mit dem ANFANGEN AUF

Die Arbeit an einem Projekt besteht aus immer neuen Anfängen. Tag für Tag fangen Sie immer wieder an. Sie werden kaum anfangen, arbeiten und das Projekt abschließen. Nein, nach dem ersten Schritt folgt eine Pause. Und dann ein neuer Anfang. Jeder neue Tag bringt auch einen neuen Anfang. Das macht es so schwer für uns, denn wir müssen diesen Anfang immer wieder aufs Neue meistern. Die Kunst des Dranbleibens besteht also im Wesentlichen darin, sich immer wieder aufs Neue zu motivieren, erneut anzufangen. Das hat auch sein Gutes. Wir brauchen die Pausen, um uns zu erholen, Abstand zur bisherigen Arbeit zu gewinnen und überprüfen zu können, ob die letzten Schritte überhaupt richtig waren. Nicht umsonst heißt es, man sollte erst einmal darüber schlafen. Mit der Distanz verbessert sich die Sicht auf das bisher Geleistete.

Dranbleiben heißt die Devise. Der erste Schritt ist der schwerste. Schön, wenn man ihn hinter sich gebracht hat. Nun gilt es, dranzubleiben! Wir haben bereits Hilfsmittel kennengelernt, die uns dabei helfen.

1. Da ist zum einen das **Traumbild und die Vision**, die Sie entwickelt haben. Bauen Sie sie so in Ihren Alltag ein, dass Sie die Bilder nicht übersehen können. Zum Beispiel als Bildschirmhintergrund oder als Passwort für Ihren Computer.
2. Nutzen Sie den **Handlungsplan** in Kombination mit Gamification als Motivationstool. Genießen Sie das Gefühl, schon jetzt

weiter zu sein, als Sie laut Zeitplan eigentlich sein müssten. Surfen Sie auf dieser großartigen Gefühlswelle, und setzen Sie alles daran, Ihren Vorsprung weiter auszubauen. Es fühlt sich gut an, eine Aufgabe nicht nur erfolgreich abgeschlossen zu haben, sondern auch noch deutlich vor dem eigentlichen Zeitplan.

3. Sorgen Sie für **Freude**. Am besten ist es, wenn Sie sich nicht nur auf das Erreichen Ihres Ziels freuen, sondern schon der Weg dorthin Spaß macht. Wer sich immer nur quälen muss, hat es schwer. Und wird wohl irgendwann aufgeben. Deshalb ist es wichtig, sich den Weg dorthin so interessant wie möglich zu gestalten. Seien Sie sich aber auch darüber im Klaren, dass es ohne Anstrengung nicht geht. Es gibt wohl kaum ein Projekt, das immer nur Spaß macht. Seien Sie also nicht enttäuscht, wenn es auch mal schwierig und unerfreulich wird. Das gehört dazu.

4. Lassen Sie sich nicht hinter den Zeitplan zurückfallen und fangen Sie nicht damit an, sich auf Ihren bisherigen Erfolgen auszuruhen. **Bleiben Sie aktiv, bleiben Sie dran.** Der häufigste Fehler in diesem Prozess ist es, den Eindruck gewonnen zu haben, jetzt erst mal genug getan zu haben, und anzuhalten. Pausen sind gut, aber ein wirklicher Stopp kann schnell dazu führen, dass Sie das Projekt unvollendet lassen. Es kostet Kraft, den Prozess wieder ins Rollen zu bringen. Sie müssen sich von Neuem motivieren, von Neuem einarbeiten und Ihre bisherige Arbeit von Neuem sichten. Denn leider halten die Erinnerungen an die Details vermutlich nicht so lange, wie Sie das gerne hätten. Daher ist es leichter, zumindest ein bisschen weiterzumachen, als ganz zum Stehen zu kommen. Ihr Zeitplan ist nicht in Stein gemeißelt. Sie können ihn flexibel anpassen. Wenn Sie das Gefühl haben, dass es gerade sehr schwierig wird, können Sie die nächsten geplanten Schritte auch verkleinern. Zur Not

arbeiten Sie am Tag nur 60 Minuten. Aber bleiben Sie unter keinen Umständen stehen.

5. Schützen Sie sich vor Routine. **Sorgen Sie für Abwechslung.** Wer sagt denn, dass Sie immer am Schreibtisch arbeiten müssen? Können Sie nicht auch mal in einen Besprechungsraum ausweichen? Oder sich in ein Café setzen? Nicht wenige Kreative glauben, dass man die besten Ideen nicht unbedingt im Büro hat. Also: Lassen Sie keine Langeweile aufkommen, und verändern Sie immer mal wieder etwas.
6. **Erfrischen Sie sich.** Wer schon einige Stunden arbeitet, verliert automatisch an Elan. Putzen Sie sich die Zähne, waschen Sie sich das Gesicht, trinken Sie einen Kaffee oder einen Tee. Kurzum: Tun Sie etwas dafür, nach einer Pause wieder frisch an Ihre Aufgaben herangehen zu können.
7. Machen Sie sich am Ende eines Arbeitstags das Anfangen am nächsten Tag so einfach wie möglich. Am besten, Sie arbeiten schon ein Stück vor und ebnen sich so den Weg zu einem möglichst leichten Wiedereinstieg. Legen Sie die Arbeit nicht einfach weg, sobald Sie Ihr Tagespensum erledigt haben. **Denken Sie voraus!** Fragen Sie sich: Was kann ich heute noch tun, damit ich morgen schnell und einfach loslegen kann? Je einfacher der Wiedereinstieg ist, desto schneller sind Sie im Fluss.

Regelmäßigkeit wird belohnt – und zur Gewohnheit. Wenn Sie es schaffen, bestimmte Dinge regelmäßig in Ihren Tagesablauf zu integrieren, dann werden diese Tätigkeiten mit der Zeit zur Gewohnheit. Sie haben sich daran gewöhnt, es gehört zu Ihrem Alltag dazu und kostet keine Willensanstrengung mehr. Sie müssen sich nicht aufs Neue überwinden und dazu durchringen. Es geht nahezu automatisch.

Der Mensch ist tatsächlich ein Gewohnheitstier. Was er über einen längeren Zeitpunkt durchführt, das geht ihm in Fleisch und Blut über. Die entscheidende Frage ist: Wie lange müssen Sie durchhalten, bevor Sie sich eine neue Gewohnheit angeeignet haben? Populär geworden ist die pauschale Antwort »21 Tage«. Sie geht auf Maxwell Maltz zurück, einen Chirurgen für plastische Chirurgie. Maltz stellte fest, dass es »mindestens drei Wochen« dauert, bis sich seine Patienten an ihr verändertes Aussehen gewöhnt hatten. Diese und andere Erkenntnisse hielt er 1960 in seinem Buch »Psycho-Cybernetics« fest. Über die Jahre ging jedoch das Wort »mindestens« verloren, und aus »mindestens drei Wochen« wurden »genau 21 Tage«. So entstand die populäre Überzeugung, nach genau 21 Tagen habe sich eine neue Gewohnheit verankert. Das ist leider nicht so. Leider, weil drei Wochen recht flott sind.

Je öfter Sie etwas tun, desto mehr gewöhnen Sie sich daran.

So weit zum populären Irrtum. Die Wahrheit ist komplizierter. Im Juli 2009 erschien im »European Journal of Social Psychology« ein Artikel mit dem Titel »Wie Gewohnheiten entstehen: Modellierung der Gewohnheitsbildung in der echten Welt«[4]. Die Autoren Phillippa Lally, Cornelia H. M. van Jaarsveld, Henry W. W. Potts und Jane Wardle vom University College London untersuchten 96 Personen über einen Zeitraum von 12 Wochen. Jeder Teilnehmer berichtete dem Team täglich, ob er seine Gewohnheit eingehalten hat oder nicht. Dabei ging es den Forschern darum, herauszufinden, wie lange es dauert, bis die Tätigkeit automatisch abläuft. Das Ergebnis: Im Durchschnitt dauerte es 66 Tage, bis eine Gewohnheit automatisch ablief. Eine allgemeine Regel kann man daraus jedoch nicht ableiten. Denn die Studie ergab auch, dass die Zeitdauer von der Testperson, den Umständen und der Gewohnheit abhängt. So gab es Testpersonen, bei denen sich die Gewohnheit schon nach 18 Ta-

---

4 Originaltitel: »How are habits formed: Modelling habit formation in the real world«, hier nachzulesen: http://onlinelibrary.wiley.com/doi/10.1002/ejsp.674/abstract

gen eingeprägt hatte, und es gab Personen, bei denen sich dieser Zustand erst nach 254 Tagen einstellte.
Weiterhin ergab die Untersuchung, dass es nicht negativ ist, wenn man die Gewohnheit an einem Tag mal nicht einübt. Einen Tag auszusetzen ist offenbar kein Problem. Schlecht ist es jedoch, wenn man die Gewohnheit an zwei aufeinanderfolgenden Tagen ruhen lässt. Dranbleiben heißt die Devise.

Trick 1: Leichter zur Gewohnheit mit Wiederholungen. Wer auf dem Weg zur Gewohnheit schneller vorankommen möchte, der sollte mit möglichst vielen Wiederholungen arbeiten. Konkret bedeutet das: Wenn Sie zum Beispiel wieder mit dem Laufen anfangen wollen und es sich zur Gewohnheit machen wollen, täglich zu joggen, dann ist es sinnvoll, nicht einmal eine Stunde zu laufen, sondern zweimal 30 Minuten. Zum Beispiel morgens nach dem Aufstehen und in der Mittagspause oder abends nach der Arbeit. Der Grund: Unser Gehirn lernt durch Wiederholungen. Tätigkeiten, die wir oft wiederholen, prägen sich intensiver ein und werden so schneller zur Gewohnheit.

Sie wollen, dass eine neue Tätigkeit schneller zur Gewohnheit wird? Die Zauberformel heißt: Wiederholen, wiederholen, wiederholen.

Trick 2: Leichter zur Gewohnheit mit einem Auslöser und einem Belohnungssystem. Hilfreich dabei, langfristig am Ball zu bleiben, sind ein Auslöser und ein Belohnungssystem. Unter einem Auslöser versteht man in diesem Zusammenhang etwas, was zur gewünschten Tätigkeit führt. Wenn Sie zum Beispiel morgens nach dem Aufstehen mit dem Joggen anfangen wollen, dann stellen Sie Ihr Sportoutfit so neben das Bett, dass Sie es beim Aufstehen gleich sehen. Das Aufstehen wird auf diese Weise durch den Auslöser, eben das Sportdress, mit dem Joggen verknüpft. Für Sie heißt es dann automatisch: Aufstehen + Sportkleidung (Auslöser) = Joggen.

Bei unserem Beispiel ADC Gold könnte der Auslöser ein ADC-Jahrbuch mit den besten Arbeiten eines Jahrgangs sein, das morgens aufgeschlagen auf dem Schreibtisch im Büro liegt. Hier würde die Formel so aussehen: Morgens ins Büro kommen + aufgeschlagenes ADC-Jahrbuch (Auslöser) = von 9 Uhr bis 9.10 Uhr die ADC-Gewinnerarbeiten anschauen. Die grundsätzliche Formel lautet also: Ereignis + Auslöser = gewünschtes Verhalten.

Weiter verbessern können Sie Ihre Ergebnisse, wenn Sie mit einem Belohnungssystem arbeiten. Wir sind also wieder bei der Mohrrübe, die vor unserer Nase baumelt. Eine schöne Belohnung für das Joggen früh am Morgen könnte zum Beispiel ein leckeres Frühstück sein. Richten Sie am besten am Abend vorher schon alles appetitlich und verlockend her. Gehen Sie nach dem Aufstehen laufen, und belohnen Sie sich danach mit dem Frühstück.

Beim ADC Gold ist zwar schon das Ziel eine starke Belohnung, aber leider in weiter Ferne. Belohnen sollten Sie aber vor allem die kleinen Schritte zum Ziel. Und zwar möglichst unmittelbar nach der Handlung. Das hilft Ihnen, ein Verlangen zu erzeugen. Ein »Ich will!« statt ein »Ich muss!«. Je weiter entfernt eine Belohnung ist, desto schwächer wird sie wahrgenommen. Stark und wirksam sind Belohnungen, die unmittelbar zu haben sind.

Ereignis + Auslöser = gewünschtes Verhalten, motiviert durch Belohnung.

Wie wäre es zum Beispiel, wenn Sie sich für jeden Haken an den Aufgaben Ihres Handlungsplans mit einem Schokobonbon belohnen? Oder für jeden fünften Haken mit einem leckeren Joghurt?

Oder für jeden zwanzigsten Haken mit einem Besuch im Kino? Vielleicht läuft gerade ein Film, auf den Sie ganz heiß sind. Nutzen Sie dieses Verlangen, und koppeln Sie es als Belohnung an Ihre Aufgaben. Aber beachten Sie: Je länger es dauert, sich eine Belohnung zu verdienen, desto schwächer ist oft die Anziehungskraft. Am besten, die Belohnung kommt direkt nach der erbrachten Leistung. Joggen – leckeres Frühstück ist ein ideales Beispiel dafür.
Zusammenfassend können wir uns merken: Situation plus Auslöser führt zur gewünschten Handlung, eine Belohnung motiviert zusätzlich. Oder als Formel: Ereignis + Auslöser = gewünschtes Verhalten, motiviert durch Belohnung.

Trick 3: Leichter zur Gewohnheit mit dem »Wenn ... dann ...«-Schema. Arbeiten Sie mit Wenn-dann-Sätzen, um Dinge miteinander zu verknüpfen und so mit der Zeit eine Gewohnheit herzustellen. Im Wenn-Satzteil wird der Auslöser beschrieben, im Dann-Satzteil das gewünschte Verhalten. Der Satz ist wie eine Regel oder ein Gesetz formuliert, an das man sich zu halten hat. Einige Beispiele:

- Wenn der Wecker klingelt, dann ziehe ich meine Sportsachen an und laufe eine halbe Stunde.
- Wenn ich morgens am Schreibtisch Platz nehme, dann gehe ich als Erstes meinen Plan für den Tag durch.
- Wenn ich ins Auto einsteige, dann schnalle ich mich als Erstes an.
- Wenn ich abends ins Bett gehe, dann lese ich noch 30 Minuten.
- Wenn ich mich an den Schreibtisch setze, dann stehe ich erst wieder mit einer exzellenten Lösung auf.
- Wenn ich ins Restaurant gehe, dann nehme ich immer ein Fischgericht mit Gemüse und bestelle ein stilles Wasser.
- Wenn ich im Supermarkt an Süßigkeiten vorbeikomme, dann gehe ich weiter, ohne sie mitzunehmen.

Das Schöne an Wenn-dann-Sätzen ist, dass Sie damit Ihr gewünschtes Verhalten »programmieren« können. Sie können in Ruhe festlegen, wie Sie sich verhalten wollen. Schreiben Sie am besten auf einem Zettel auf, wie Sie sich Ihr Verhalten vorstellen. Werfen Sie ab und zu einen Blick auf den Zettel, um sich Ihre Regeln besser einprägen zu können. Wenn Sie sich lange genug daran halten, werden die Wenn-dann-Aussagen zu einer festen Gewohnheit.

Trick 4: Leichter zur Gewohnheit mit einem einschneidenden Erlebnis. Wer sein Verhalten nachhaltig ändern möchte, hat es schwer. Praktisch wird uns das immer wieder vor Augen geführt, wenn wir unsere Silvestervorsätze endgültig über Bord werfen und kopfschüttelnd feststellen, es auch dieses Jahr wieder nicht geschafft zu haben. Warum ist es nur so schwer, sich zu ändern?

Der Mensch liebt es, wenn sein Leben in den gewohnten Bahnen verläuft. Damit er sich ändert, braucht es ein Erdbeben.

Doch es gibt einen Trick. Forscher haben herausgefunden, dass tiefgreifende Verhaltensänderungen durchaus gelingen können. Und zwar dann, wenn sich die Lebenssituation einschneidend ändert: Krankheit, Scheidung, Unfall, Jobverlust, plötzlicher Tod eines Freundes und so weiter. In solchen Momenten muss man sein Leben wieder neu zusammensetzen. Nie ist es leichter, sich zu verändern, als in solchen Situationen. Nun kann keine Rede davon sein, solche Momente herbeizusehnen oder sie sogar aktiv herbeiführen zu wollen. Der Himmel bewahre! Aber es ist ein interessantes Experimentierfeld, sich bestimmte Ereignisse als einschneidendes Erlebnis bewusst zu machen. Dabei kann man ruhig etwas übertreiben.

Manchmal erlebt man Situationen, die in diesem Moment als dramatisch empfunden werden. Zum Beispiel: Sie kommen 30 Minuten zu spät ins Büro – und der Erste, den Sie am Eingang treffen, ist der Chef. Hoppla, das hinterlässt keinen besonders guten Eindruck. Vielleicht ärgern Sie sich in diesem Moment über sich selbst, bekommen einen roten Kopf, sind peinlich berührt, haben Herzklopfen und eilen schuldbewusst zu Ihrem Platz. Vielleicht schwören Sie sich in diesem Moment, garantiert und ganz bestimmt nie, nie, nie, nie wieder im Leben zu spät zu kommen. In diesem Moment wissen Sie ganz sicher, dass Ihnen so eine Peinlichkeit niemals wieder passieren wird. Nein, ganz bestimmt nicht! Doch eine Woche später haben Sie die Sache schon wieder vergessen. Sollten Sie sich doch einmal daran erinnern, wird Ihnen das Zuspätkommen eher als ungeschickte Kleinigkeit in Erinnerung sein. Peanuts. Passiert schon mal. Solche Momente können Sie sich zunutze machen:

- Schreiben Sie so detailliert wie möglich auf, was Sie erlebt haben.
- Beziehen Sie dabei so viele Sinne wie möglich ein. Je klarer Sie das Bild zeichnen, desto besser prägt es sich ein. Was haben Sie gesehen, gehört, gefühlt, gedacht, gerochen, geschmeckt?
- Was hat dieses Ereignis emotional in Ihnen ausgelöst? Wie haben Sie sich gefühlt? Waren Sie geschockt? Starr wie eine Salzsäule? Kurz davor, loszuheulen? Versuchen Sie, Ihre Gefühle in Worte zu fassen.
- Welchen Schluss für Ihr Verhalten ziehen Sie daraus? Was möchten Sie ändern? Und warum? Selbst wenn Sie denken, dass doch alles klar sei: Das ist es vielleicht jetzt – aber Sie fertigen diese Aufzeichnungen ja für die Zukunft an. In einigen Wochen werden Sie sich nicht mehr so gut erinnern können, dann ist jede noch so kleine Bemerkung Gold wert. Also: Geizen Sie nicht mit Beschreibungen. Nehmen Sie sich Zeit.

- Arbeiten Sie in einem Satz heraus, welches Ziel Sie warum verfolgen. Also zum Beispiel: Ich bin ein absolut pünktlicher Mensch, weil ich damals durch sieben Höllen gegangen bin, als der Chef gesehen hat, dass ich eine halbe Stunde zu spät komme. Das möchte ich nie wieder durchleiden.
- Wählen Sie emotionale, dramatische Formulierungen, um den Gedanken Dringlichkeit und Wichtigkeit zu verleihen. Formulieren Sie Ihr Ziel so, als hätten Sie es bereits erreicht (»Ich bin ein absolut pünktlicher Mensch« statt »Ich möchte ein absolut pünktlicher Mensch werden«).

Gut zu wissen beim Aufbau von Gewohnheiten. Hier noch einige Erkenntnisse, die Ihnen helfen sollen, beim Aufbau Ihrer Gewohnheit erfolgreich zu sein.

- Einfache Gewohnheiten sind schnell antrainiert (Hausschuhe anziehen, immer mit Regenschirm aus dem Haus gehen, sich im Auto anschnallen).
- Je komplexer die Gewohnheit, desto länger dauert es, bis sie automatisch abläuft.
- Sich komplett neue Gewohnheiten anzueignen, fällt leichter, als alte Gewohnheiten zu ändern. Denn Änderungen benötigen mehr Aufwand. Die alte Gewohnheit muss verändert und die neue Gewohnheit eingeübt werden.
- Gewohnheiten, die schon lange bestehen, sind schwerer abzulegen als Gewohnheiten, die man erst seit kurzer Zeit hat.

Die Kunst des Dranbleibens besteht darin, sich immer wieder aufs Neue zu motivieren, **erneut anzufangen.**

Die Alternativen ZUM ANFANGEN

Es gibt auch Dinge, bei denen man nicht unbedingt selbst anfangen muss. Wenn Sie zum Beispiel endlich damit anfangen wollen, Ihre Wohnung in einem tadellosen Zustand und ständig blitzblank zu halten, dann kann es auch Sinn machen, diese Aufgabe nicht selbst in Angriff zu nehmen, sondern sie zu delegieren. Zum Beispiel an eine Putzfrau. Oder – wenn Sie in einer WG leben – an einen Mitbewohner, dem Sie dann im Gegenzug bei der Seminararbeit helfen. Oder Sie einigen sich mit Ihrem Partner, dass er die Seminararbeit übernimmt und Sie dafür die Einkäufe erledigen und sich um den Garten kümmern. Mit anderen Worten: Wenn Sie sich nicht mit dem Gedanken anfreunden können, eine bestimmte Tätigkeit zu beginnen, dann kann die Suche nach Alternativen auf Dauer die bessere Lösung sein.

Lieber geschickt ungeliebte Aufgaben tauschen oder delegieren, als sich mit ihnen abzuquälen.

Vergessen Sie dabei aber nicht, im Gegenzug etwas dafür zu bieten, dass jemand Ihre Aufgabe übernimmt. Oft macht es tatsächlich Sinn, Tätigkeiten so zu tauschen, dass es beiden Seiten damit besser geht. Fragen Sie einfach mal, ob es hier nicht eine Möglichkeit gibt. Fragen kann man ja mal.

Man muss auch AUFHÖREN KÖNNEN

Wer viel arbeitet, der ist in unserer Gesellschaft hoch angesehen. Zum Glück hat sich in den letzten Jahren die Einsicht durchgesetzt, dass ein Burn-out keine Auszeichnung und alles andere als erstrebenswert ist. Ich selbst habe Kollegen kennengelernt, die sich überarbeitet haben und sich mühsam aus dem Burn-out-Loch herausarbeiten mussten. Ich kann daher nur raten, diese Erfahrung nach Kräften zu vermeiden. Ja, es ist gut und wichtig, etwas leisten zu wollen. Ja, es ist super, wenn man motiviert und ehrgeizig an seine Aufgaben herangeht. Aber es ist ungesund und unklug, sein ganzes Leben auf die Arbeit auszurichten. Das kann böse ins Auge gehen. Versuchen Sie lieber, eine Balance zwischen Leben und Arbeiten zu finden.

Karoshi ist japanisch und bedeutet so viel wie »Tod durch Überarbeiten«. Für uns bedeutet das: Auch das Aufhören will gelernt sein.

Tipps, wie Sie Leben und Arbeiten ausbalancieren können. Hier einige Tipps und Hinweise. Wohlgemerkt: Es sind keine starren Regeln, sondern Ideen, die Sie inspirieren sollen.

- Beginnen Sie Ihren Arbeitstag mit einem **Handlungsplan**, was Sie heute schaffen wollen.

- Überfrachten Sie Ihren Plan nicht. Es fühlt sich besser an, mehr zu schaffen, als man eigentlich geplant hat, als weniger zu erreichen, als eigentlich vorgesehen war.
- Machen Sie regelmäßig **Pausen**.
- Bauen Sie in Ihren Plan Zeitabschnitte ein, in denen nichts ansteht. Hier geht es um bewusst eingeplante **Leerzeiten**. In der Praxis zeigt sich, dass immer wieder unvorhergesehene Dinge geschehen, die man nicht einplanen kann. Gut, wenn Ihr Zeitplan Lücken für das Unvorhersehbare lässt. Passiert nichts, werden Sie sicher wissen, was Sie mit der freien Zeit anfangen können.
- Je intensiver und konzentrierter Sie arbeiten, desto kürzer kann Ihre Arbeitszeit sein. Lieber vier Stunden hochkonzentriert über einer Aufgabe brüten, als acht Stunden ständig abzuschweifen.
- Reservieren Sie sich Zeit für ein **Hobby**. Planen Sie es fest ein. Lassen Sie nicht zu, dass Ihre Arbeit Ihr Privatleben auffrisst.

- Sehen Sie **Freizeit** nicht als verlorene Zeit, sondern als notwendiges Mittel, um langfristig gesund zu bleiben. Machen Sie sich klar, dass es einfacher ist, gesund zu bleiben, als sich aus einer Krankheit oder einem Burn-out-Loch wieder herauszuarbeiten. Freizeit ist die Zeit, die Sie in Ihre Gesundheit und Ihr seelisches Gleichgewicht investieren.
- **Schlafen** Sie ausreichend lange. Sieben oder acht Stunden sollten es schon sein. Erliegen Sie nicht der Versuchung, den Schlaf zu reduzieren, um noch mehr schaffen zu können. Sicher, manchmal kommen Sie vielleicht nicht darum herum, extralange arbeiten zu müssen. Das ist okay, solange es nicht zur Gewohnheit wird. Schlaf bedeutet Regeneration. Wer sich diese Erholung in ausreichendem Maß langfristig verwehrt, schädigt seine Gesundheit und seine Leistungsfähigkeit. Kurzum: Sie gewinnen Stunden, wenn Sie Raubbau an Ihrem Schlaf betreiben, aber Sie verlieren womöglich Wochen und Monate, wieder ins Gleichgewicht zu kommen.

- Lassen Sie sich von außen helfen. Familie und Freunde geben wertvolle Hinweise, wenn Sie es mit der Arbeit übertreiben. Lernen Sie, zuzuhören und Bedenken von anderen ernst zu nehmen. Überwinden Sie den ersten Reflex, die Bedenken einfach vom Tisch zu wischen. Vergessen Sie nicht: Die anderen meinen es gut mit Ihnen.

Die Kunst, einfach aufzuhören. Aller Anfang ist schwer. Aber hat man erst einmal angefangen und in den Flow hineingefunden, dann fällt oft auch das Aufhören schwer. Es läuft einfach zu gut. Warum dann plötzlich anhalten? Machen Sie sich klar, dass Freizeit keine Zeitverschwendung ist. Sie ist notwendig, um langfristig ausgeglichen und gesund zu bleiben. Stellen Sie sich ein Messinstrument vor, dessen Zeiger nach links und rechts ausschlagen kann. Der linke Bereich ist blau und steht für Freizeit, der rechte Bereich ist rot und steht für Arbeit. Wenn Sie zu viel arbeiten, kommen Sie immer tiefer in den roten Bereich. Das ist gefährlich. Wenn Sie ausgesprochen gerne an Ihrem Projekt arbeiten und Schwierigkeiten haben, damit aufzuhören, dann betrachten Sie Ihre Freizeit doch einfach als **Arbeit an Ihrer Gesundheit**.

Für Autos gibt es Stoppschilder, für Workaholics leider nicht.

Wenn wir auf die andere Seite des Messinstruments schauen, auf der nur Freizeit herrscht, dann stellen wir fest, dass es alles andere als erstrebenswert ist, nur noch seinen Hobbys nachzugehen. In diesem Fall müssen Sie mit Arbeit gegensteuern. Am besten ist es, wenn beide Bereiche in Balance sind und der Zeiger in der Mitte zwischen Arbeit und Freizeit steht. Wenn das gelingt, haben Sie die besten Voraussetzungen dafür geschaffen, auf lange Sicht gesund, zufrieden und ausgeglichen zu bleiben.

Die Kunst, MIT MISSERFOLGEN UND FEHLSCHLÄGEN UMZUGEHEN

Zum Abschluss noch einige Betrachtungen, die mir hilfreich erscheinen. Halten Sie durch, Sie haben es bald geschafft. Das Ziel ist schon in Sichtweite!

Pleiten, Pech und Pannen – das Leben ist manchmal voll davon. Besonders dann, wenn man sich etwas vorgenommen hat, was alles andere als leicht zu erreichen ist. Sie wollten zum Beispiel mit dem Laufen anfangen. Durchgehalten haben Sie es nur eine Woche. Sie wollten unbedingt Italienisch lernen, um im Urlaub damit glänzen zu können. Aufgegeben haben Sie schon nach der ersten Lektion. Sie wollten unbedingt eine tolle Köchin werden. Aber Sie sind schon nach drei Tagen verzweifelt. Der Start war furios und voller Hoffnung. Sie schwebten schon im siebten Himmel. Doch dann kam die harte Landung auf dem Boden der Realität.

Wie geht man damit um? Wie verkraftet man es, wieder nur ein paar Tage durchgehalten zu haben? Trotz aller guten Vorsätze, trotz Handlungsplan, trotz Traumbild, trotz Vision, kurzum: trotz allem. Trösten Sie sich: Anderen geht es auch nicht anders. Sie sind keine Ausnahme. Alle haben mit Rückschlägen und Hindernissen zu kämpfen. Warum? Weil der Mensch ein Mensch ist. Wir sind alle nicht perfekt. Wir sind keine Maschinen, wir sind Menschen. Scheitern gehört zum Leben dazu. Erinnern Sie sich daran, was der Basketballstar Michael Jordan gesagt hat: »Ich habe immer und immer wieder in meinem Leben versagt … das ist der Grund dafür, warum ich es schaffe.«

Ein Fehlschlag hat auch sein Gutes: Das nächste Mal strengt man sich mehr an.

Genau das macht den Reiz vieler Erfolgsgeschichten aus. Wenn Sie sich einen Hollywoodfilm ansehen, werden Sie den Helden etwa in der Mitte des Films oft am Boden vorfinden. Er scheint schon geschlagen, und es sieht so aus, als sei alles verloren. Die Niederlage zeigt ihre hässliche Fratze. Doch der Held schafft es, sich zu verändern. Er macht eine innere Wandlung durch. Er hat auf seiner Reise etwas gelernt und schafft es unter dem Eindruck der unmittelbar bevorstehenden Niederlage, es endlich anzuwenden oder für sich anzunehmen. Dadurch gelingt es ihm, das Blatt in letzter Sekunde zu wenden und am Ende doch noch erfolgreich zu sein.

Ohne diese Spannungskurve wäre die Geschichte langweilig. Stellen Sie sich vor, der Held würde vor eine Herausforderung gestellt werden, ginge geradewegs darauf zu und würde ohne Probleme siegen. Langweilig, oder? Erst durch die drohende Niederlage und seine eigene Verwandlung wird die Geschichte spannend und interessant.

Bei Ihnen ist es ganz ähnlich: Sie scheitern manchmal, das geht jedem so. Aber erst dadurch können Sie eine dramatische Erfolgsgeschichte erleben. Der Sieg schmeckt erst süß, wenn man auch die bittere Niederlage kennt. Hinfallen ist nicht schlimm – wenn man wieder aufsteht. Seien Sie also großzügig mit sich selbst. Werfen Sie sich nichts vor. Gehen Sie nicht zu hart mit sich selbst ins Gericht. Das macht nichts besser. Es bringt Sie keinen Millimeter voran, wenn Sie sich selbst fertigmachen. Versuchen Sie, die Niederlage anzunehmen, daraus zu lernen (was waren die Ursachen?) und es beim nächsten Mal besser zu machen. Geben Sie niemals auf. Albert Einstein hat einmal gesagt: »Du scheiterst niemals – solange du nicht aufgibst.«

Die Übung »Von der Niederlage zum Erfolg«. Machen Sie eine kleine Übung. Fragen Sie sich, wann Sie in Ihrem Leben erst gescheitert sind – und es danach aber doch noch geschafft haben. Sind Sie zum Beispiel einmal sitzen geblieben? Sind Sie durch eine Prüfung gerasselt, haben sie dann aber im zweiten Anlauf doch noch geschafft? Oder haben Sie beim Tennis gegen jemanden immer nur verloren, es eines Tages dann doch geschafft, auch mal zu gewinnen? Überlegen Sie mal. Ich bin sicher, es fällt Ihnen etwas ein.

Eine Niederlage ist super. Sie zeigt, dass man es versucht hat.

Mit Ihrem Projekt wird es genauso sein. Sie haben sich einer Herausforderung gestellt. Wenn es einfach wäre, dann wäre es ja keine Herausforderung. Daher ist es ganz normal, erst mal Schwierigkeiten zu haben. Der Trick besteht darin, nicht den Kopf in den Sand zu stecken, sondern an den Problemen zu wachsen, sich zu verändern und es immer weiter zu versuchen.

Die Strategie »Plan B«. Sie wollen dreimal in der Woche zum Sport und ärgern sich über sich selbst, wenn Sie den zweiten Termin versäumt haben? Kein Problem, noch ist nichts verloren. Legen Sie sich für solche Fälle einen Plan B zurecht. In diesem Fall gehen Sie einfach am nächsten Tag zum Sport und dann das dritte Mal.

Ein anderes Beispiel: Sie wollen Spanisch lernen, haben aber eine Schwächephase hinter sich und hinken Ihrem Handlungsplan nun

140 Vokabeln hinterher. Kein Problem. Noch ist nichts verloren. Motivieren Sie sich durch den Gedanken, es trotzdem zu schaffen, und stellen Sie einen neuen Handlungsplan auf, durch den Sie die Vokabeln nachholen. Machen Sie nicht den Fehler, sich zu überfordern. Das führt nur dazu, dass Sie erneut scheitern und am Ende gar keine Lust mehr haben. Nutzen Sie lieber die Macht der Zeit: Verteilen Sie die 140 Vokabeln auf 14 Tage. Sie haben also am Tag zehn zusätzliche Vokabeln zu lernen. Das scheint realistisch und machbar. Super! In 14 Tagen haben Sie alles aufgeholt und sind sogar an einem Punkt, als hätte es die Schwächephase nie gegeben. Plan B ist demnach voll aufgegangen, und Sie sind zurück auf der Erfolgsspur.

Wenn Sie der Niederlage ins Auge blicken, verpassen Sie ihr einen Kopfstoß.

Die Strategie »Plan B« soll deutlich machen, dass man – ähnlich wie die Aufschieberitis – nie aufgeben sollte. Selbst dann nicht, wenn man eigentlich schon verloren hat. Oder wenn es zumindest so aussieht. Ganz gleich, wie ungünstig es steht: Das ist alles kein Grund, die weiße Fahne zu hissen, die Hände zu heben und sich der Aufschieberitis zu ergeben. Vielleicht am besten hat diese Haltung Ferdinand Foch zum Ausdruck gebracht, ein französischer Marschall im Ersten Weltkrieg (1851–1929), den ich bereits in diesem Buch zitiert habe. Von ihm stammt der Ausspruch: »Mein Zentrum weicht zurück, meine rechte Flanke wird zurückgedrängt. Eine großartige Ausgangsbasis. Ich greife an.«

Ein Mensch ohne Vision ist wie ein führungsloses Schiff, das von den Wellen hin- und hergeworfen wird. **Lichten Sie den Anker. Setzen Sie Segel.** ***Brechen Sie auf zu einem Ziel.***

Das ist nicht das Ende, sondern ein NEUER ANFANG

Das Ende dieses Buchs kann für Sie ein neuer Anfang sein. Es war schön, von Ihnen gelesen zu werden. Ich wünsche Ihnen, dass Ihnen das Anfangen von nun an leichter fällt und Sie inspiriert worden sind, einige neue Dinge auszuprobieren oder aus einem anderen Blickwinkel zu betrachten. Machen Sie's gut. Und: Machen Sie's einfach! Was auch immer Sie vorhaben.

Philipp Barth

PS: Wie hat Ihnen das Buch gefallen? Haben Sie noch weitere Tipps, wie man leichter anfangen kann? Oder vielleicht eine interessante Geschichte? Schreiben Sie mir gern an *philipp.barth@adc.de*.

Über den AUTOR

Philipp Barth arbeitet als freier Texter, Konzeptioner und Autor und gibt sein Wissen rund um die Themen Ideenfindung, Storytelling und »Einfach anfangen« in Vorträgen und Workshops weiter. Davor war er 13 Jahre für die Agentur Jung von Matt tätig. Als Creative Director und Geschäftsleiter Kreation entwickelte er Werbekampagnen für Marken wie BMW, Bosch, DHL, IWC, Mey und Mercedes-Benz. Mehr unter philippbarth.com. In seiner Freizeit reist Philipp Barth gern durch die Welt und teilt seine Eindrücke auf seinem Reiseblog WowPlaces.de.

Herzlichen DANK

Liebe Leserin, lieber Leser, herzlichen Dank für Ihr Interesse. Schön, dass Sie angefangen und bis hierhin durchgehalten haben. Ich bedanke mich bei meiner Lektorin, Ruth Lahres, und beim ganzen Team des Rheinwerk Verlags für die vertrauensvolle Zusammenarbeit. Außerdem lieben Dank an Anna für Inspiration und Motivation.

Die Aufschieberitis gibt niemals auf.

Nicht einmal dann, wenn sie eigentlich schon verloren hat.

Index

C

D

E

F

L

M

N

O

P

T

U

V

Das E-Book zum Buch

Sie haben das Buch gekauft und möchten es zusätzlich auch elektronisch lesen? Dann nutzen Sie Ihren Vorteil.
Zum Preis von nur 5 Euro bekommen Sie zum Buch zusätzlich das E-Book hinzu.

Dieses Angebot ist unverbindlich und gilt nur für Käufer der Buchausgabe.

So erhalten Sie das E-Book

1. Gehen Sie im Rheinwerk-Webshop auf die Seite: www.rheinwerk-verlag.de/E-Book-zum-Buch
2. Geben Sie dort den untenstehenden Registrierungscode ein.
3. Legen Sie dann das E-Book in den Warenkorb, und gehen Sie zur Kasse.

Ihr Registrierungscode

NE4F-VK3W-9811-7XRH-38

Sie haben noch Fragen? Dann lesen Sie weiter unter:
www.rheinwerk-verlag.de/E-Book-zum-Buch